DF em Questão

A Universidade e as Eleições 2006 no DF

CB123308

UNIVERSIDADE DE BRASÍLIA
Reitor: *Prof. Timothy Martin Mulholland*
Vice-Reitor: *Prof. Edgar Nobuo Mamiya*
Decano de Ensino de Graduação: *Prof. Murilo Silva de Camargo*
Decano de Pesquisa e Pós-Graduação: *Prof. Márcio Martins Pimentel*
Decana de Extensão: *Profa. Leila Chalub Martins*
Decano de Assuntos Comunitários: *Prof. Reynaldo Felipe Tarelho*
Decano de Administração: *Prof. Érico Paulo Siegmar Weidle*
Secretaria de Planejamento: *Prof. Eduardo Tadeu Vieira*
Laboratório de Estudos do Futuro: *Profa. Dóris Santos de Faria*

EDITORA UNIVERSIDADE DE BRASÍLIA
Diretor: *Henryk Siewierski*
Diretor-Executivo: *Alexandre Lima*

Conselho Editorial
Beatriz de Freitas Salles
Dione Oliveira Moura
Henryk Siewierski
Jader Soares Marinho Filho
Lia Zanotta Machado
Maria José Moreira Serra da Silva
Paulo César Coelho Abrantes
Ricardo Silveira Bernardes
Suzete Venturelli

DF em Questão
A Universidade e as Eleições 2006 no DF

Timothy Mulholland e Dóris de Faria
(Organizadores)

Colaboradores
Marcos Formiga
Tânia Costa

Universidade de Brasília
Laboratório de Estudos do Futuro
Editora Universidade de Brasília
2006

Equipe editorial:
Regina Marques – Editora Responsável
Mauro Pereira Bento – Projeto Gráfico, Editoração Eletrônica
Marcelo Terraza – Capa
Apoio Técnico – Secretaria de Planejamento

Copyright © 2006 *by* Editora Universidade de Brasília

Impresso no Brasil

Direitos exclusivos para esta edição:
Editora Universidade de Brasília
SCS Q. 02, Bloco C, nº 78. Ed. OK, 1º andar. 70300-500 Brasília-DF
Tel: (0xx61) 3035-4211. Fax: (0xx61) 3035-4223
editora@unb.br

Todos os direitos reservados. Nenhuma parte desta publicação poderá ser armazenada ou reproduzida por qualquer meio sem autorização por escrito da Editora.

Ficha catalográfica elaborada pela Biblioteca Central da Universidade de Brasília

D614 DF em questão: a universidade e as eleições 2006 no DF / Timothy Mulholland e Dóris Santos de Faria. (organizadores). – Brasília : Editora Universidade de Brasília, 2006.
352 p.

ISBN : 85-230-0871-3

1. Universidade. 2. Eleição. 3. Distrito Federal.
I. Mulholland, Timothy. II. Faria, Dóris Santos de.

CDU 378

Sumário

A UNIVERSIDADE E AS PERSPECTIVAS DE FUTURO NO CONTEXTO DAS ELEIÇÕES DE 2006 NO DISTRITO FEDERAL

Timothy Mulholland

Na condição de centro de produção de conhecimento, a Universidade está ciente de seu papel no debate público sobre as perspectivas futuras para o Brasil e, especialmente, para o Distrito Federal e Entorno, comunidade esta que representa nosso público mais imediato.

Nas sociedades democráticas, o processo eleitoral é muito propício à elaboração de perspectivas. Por ser a capital da República, o Distrito Federal aglutina as condições para servir de modelo institucional em todas as frentes de atuação do Estado brasileiro. A Universidade de Brasília, por sua vez, criada sob a égide da transformação social, tem uma histórica contribuição na

Timothy Mulholland – Reitor da Universidade de Brasília – Professor da UnB desde 1976, no Departamento de Processos Psicológicos Básicos (PPB) – Instituto de Psicologia. Doutor pela Universidade de Pittsburgh (EUA, 1976). Exerceu diversas funções de direção acadêmica na UnB, tendo sido Vice-Reitor por dois períodos consecutivos (1997 a 2005).

busca de soluções das grandes questões que preocupam o Brasil, como também das questões do Distrito Federal e região próxima.

A realização do *Fórum DF em Questão,* e a publicação desta obra coletiva, denota nossa decisão institucional de transformar a UnB em uma universidade dinâmica e descentralizada que atinja toda a região. Em seus sete capítulos, esta obra analisa os cenários socioeconômicos, os programas estratégicos de desenvolvimento, as políticas de incentivo, os tópicos em cultura, cidadania, educação e saúde e, por fim, as estratégias de segurança social. Os autores foram escolhidos entre expoentes da intelectualidade e da gestão executiva do Distrito Federal. Convidamos cientistas e representantes de instituições de atuação local – com posições absolutamente suprapartidárias – por estarem aptos a contribuir com reflexões e propostas que subsidiem não somente as candidaturas e suas equipes de planejamento, como também a sociedade civil organizada.

Ao mesmo tempo, a seleção dos temas para debate também foi realizada pelo Laboratório de Estudos do Futuro da UnB em consulta a lideranças governamentais e não-governamentais, assim como aos indicadores socioeconômicos do Distrito Federal. Sabemos que as principais áreas temáticas para o desenvolvimento do DF estão aqui compreendidas. Portanto, esta publicação representa uma contribuição efetiva da UnB ao desenvolvimento das vocações das várias regiões do DF.

Ao passo que nos detemos para convidar lideranças para se debruçarem acerca do futuro do DF e região, implantamos e está em pleno funcionamento o *campus* UnB/Planaltina – um sinal efetivo de nossa política acadêmica pelo desenvolvimento do DF e Entorno. Estão no nosso horizonte os *campi* UnB/Ceilândia e UnB/Gama. Precisamos saber agir no presente com o olhar voltado para o futuro.

Trabalhamos com a perspectiva de formar um maior número de jovens no contexto de suas regiões para, ao mesmo tempo, permitir o desenvolvimento da própria região e expandir as fronteiras dessas comunidades. Por isso, implantamos o curso de Agronegócios e de Licenciatura em Ciências em Planaltina. Uma das frentes de atuação desta UnB voçacionada para o DF e Entorno se concretiza na ampliação do nosso alcance, atingindo nossas cidades-satélites com a mesma excelência e compromisso que são a marca histórica da UnB.

Nossa missão primeira é atender a população do Distrito Federal e Entorno, por isso nos propomos a continuar a ser a universidade que promove transformações no Plano Piloto, nas cidades-satélites e no Entorno. Sabemos que, para sermos esta UnB, precisamos também da parceria do setor produtivo, do Governo do Distrito Federal, enfim, de uma ampla aliança com os diversos setores sociais. Assim, apresentar esta obra é uma forma de a UnB abrir suas portas para o desenvolvimento de estudos que contribuam para os avanços relevantes para nossa sociedade em todas as esferas.

Os conteúdos apresentados na presente obra atestam que precisamos dedicar-nos intensamente para que venhamos a ser referência de atuação local e contribuição regional, exemplo para todo o País. Esse é o grande desafio que nos cabe neste momento de definição de novos parâmetros para o desenvolvimento socioeconômico.

A série de artigos apresentados demonstra que não é mais defensável que o Estado invista somente no crescimento econômico. O compromisso com o desenvolvimento social tem de ser absolutamente definitivo e deve estar associado aos parâmetros de sustentabilidade ambiental exigidos pelo século XXI. No curto prazo de nossas preocupações, todo e qualquer desses temas deve ser capaz de apontar direções para o desenvolvimento científico-tecnológico e para o estabelecimento de políticas públicas que agreguem valor econômico-financeiro e reflitam na melhoria das condições de vida de nossa população, especialmente dos setores mais carentes.

Neste ano de 2006, cumpro o dever de dar seguimento a uma ação iniciada na gestão do professor Lauro Morhy, quando, em 2002, o então Reitor da UnB liderou a promoção de uma série de debates intitulada *Brasil em Questão*. Naquela ocasião, trouxemos para os palcos da UnB a essência dos grandes temas brasileiros, debatidos por especialistas e pelos candidatos à Presidência da República.

Neste momento, podemos considerar que esta obra reforça essa tradição da UnB como instituição presente no processo democrático. Ainda temos a dizer que o Fórum que a precedeu, assim como esta obra coletiva, traz novas luzes para o debate sobre os horizontes futuros do DF e região. Entendemos que dessa forma legitimamos o desafio de sermos parceiros no encaminhamento de todas as questões aqui levantadas. Trata-se, logo, de um desafio para a universidade pública e, ao mesmo tempo, para os futuros governantes e legisladores do DF.

Considerando a contribuição que a UnB tem a prestar para o cenário nacional e ainda para temas internacionais, dedicamo-nos a participar efetivamente do debate e da busca de perspectivas que resultem em melhoria da qualidade de vida e no desenvolvimento econômico, social, artístico e cultural de nossa região.

Nessa perspectiva, a Universidade de Brasília sente-se cumpridora de seu dever como a universidade pública da região. Este foi o princípio inspirador do *Fórum DF em Questão* e, portanto, da obra que ora trazemos a público por meio do Laboratório de Estudos do Futuro da UnB.

Por fim, nosso reconhecimento a todos os expositores dos temas que compuseram o Fórum e o agradecimento pelas valiosas contribuições escritas, sem as quais não seria possível a concretização desta obra. Agradecemos a participação dos Secretários de Estado do DF que dispuseram de um horário em suas agendas para vir até a UnB e colaborar com esse esforço coletivo em prol do desenvolvimento do DF.

Somos gratos a todos os colaboradores da Universidade de Brasília que prestaram relevante apoio à realização do Fórum, especialmente ao Gabinete do Reitor, ao Decanato de Extensão, ao Decanato de Graduação, ao Cerimonial, à Assessoria de Comunicação, ao CESPE, ao Centro de Informática, ao CPCE e à Editora Universidade de Brasília.

Atenção especial dispensamos à FAP-DF pelo apoio a este empreendimento.

O FUTURO DO DF

Dóris de Faria

Ao longo do presente encontro, nos dois dias inteiros de debates sobre a situação e as perspectivas para o DF, muito se analisou sobre suas alternativas de desenvolvimento, de modo que claramente podemos identificar idéias importantes para o futuro desta localidade.

Uma primeira evidência decisiva é de que as demandas e as necessidades locais estão profundamente interligadas com seu entorno, já identificado regionalmente como Região Integrada de Desenvolvimento do Distrito Federal e Entorno – RIDE, cujo projeto de implantação efetivamente não avançou. Com isso, grande

---

Dóris de Faria – Doutora em Psicologia, com Pós-Doutorado em Antropologia Biológica, e Professora aposentada do Departamento de Ecologia do Instituto de Biologia da UnB. Atualmente é Pesquisadora Associada do Centro de Educação a Distância (CEAD/UnB), coordenando diversos cursos nacionais. Dirige o Laboratório de Estudos do Futuro da UnB, onde desenvolve programas estratégicos sobre o desenvolvimento do País.

parte dos problemas do DF tem sua raiz nesse entorno, mas como nada foi feito na direção da superação destes, pouco se pode avançar no DF. A pressão centrípeta em relação a esta UF – especialmente por emprego e renda, mas também por educação e saúde, o que acarreta fortes demandas por transporte e outros serviços públicos em geral – implica a formulação de políticas públicas cuja direção centrífuga depende da complexa integração entre governos estaduais e municipais, o que dificulta sobremaneira as perspectivas de desenvolvimento desta região do País. Portanto, para pensar o futuro do DF, é imperioso que sejamos capazes de realizações no interior da RIDE.

O DF tem vocações especiais que vão além da vocação histórico-administrativa como capital da República ou como seu campo de construção civil, mas que também descartam segmentos industriais tradicionais, especialmente aqueles que geram poluição. A vocação agropecuária do Centro-Oeste também implica diversificação no interior do DF, possivelmente na linha de agronegócios de base tecnologicamente mais avançada.

O quadro do DF sugere bom futuro para setores produtivos e ocupacionais mais diversificados e qualificados, aproveitando-se de sua capacidade nos setores de serviços. Além de educação, informática e saúde, que adquiriram expressão nacional e, por conseguinte, dispõem de excelentes perspectivas, há também boas condições para o desenvolvimento do turismo, especialmente o cívico e o de negócios, lazer e entretenimento, e setores mais relacionados, como hotelaria, gastronomia (bares e restaurantes), entre outros.

Muito especiais são também as perspectivas para o desenvolvimento no Distrito Federal das áreas de informática e biotecnologia, as quais inclusive, de modo análogo à saúde, com a

Cidade da Saúde, já dispõem de projetos estratégicos como os da Cidade Digital, Cidade Biotecnológica e Cidade do Conhecimento. Enfim, consolidar o desenvolvimento econômico do DF, com projetos como Porto Seco e PRÓ-DF I e II, além da ampliação da malha rodoferroviária, que estende o processo para o eixo Anápolis–Goiânia. Sem dúvida, tais iniciativas também implicam assumir nosso desenvolvimento social, combatendo, com projetos realísticos, o desequilíbrio do desenvolvimento regional e a exclusão social, que nos tocam no presente forçando nosso empenho na direção de políticas de geração de emprego e renda que visem a dinamizar a economia regional, respeitando as particularidades de cada município da RIDE, com suas marcadas disparidades e acentuadas desigualdades sociais, formulando novos arranjos institucionais que também passam por novos mecanismos em torno das parcerias público-privadas (PPP).

As mudanças que já se observam no perfil das ocupações do DF também nos direcionam para novas políticas de renda e de bem-estar da população, inclusive sugerindo atenção a novos segmentos, como, por exemplo, os jovens e os idosos e suas peculiaridades de demandas, de necessidades e, portanto, de futuras ofertas locais.

Sob qualquer prisma que olharmos prospectivamente o cenário do DF e Entorno, vê-se que é fundamental a interação entre os governos, em todos os níveis, com as empresas e os cidadãos, cada vez mais de modo participativo, fortalecendo a democracia local.

O desenvolvimento socioeconômico sustentável do DF certamente implicará a revisão e novos enfoques para o uso de algumas matrizes energéticas e de infra-estrutura. Mais especificamente, a participação, seja da energia elétrica – condicionando melhores padrões distributivos e de custo –, seja do petróleo, deverá caminhar para alguma diminuição, a ser compensada por outras fontes de energia alternativa. No caso de nossa região, mostra-se adequado o aumento do uso de energia solar e de biocombustível, como o álcool, o biodiesel e outras fontes renováveis. Esse uso alternativo deve ser complementado por novos procedimentos para locomoção e transporte dos cidadãos, a fim de reduzir custos financeiros e de tempo gasto, bem como a emissão de poluentes.

Ainda quanto a infra-estrutura, o nível de saneamento atingido no Plano Piloto deveria ser expandido para toda a região. Além disso, o tratamento dos resíduos sólidos também oferece boas perspectivas para o DF, a questão é mais de determinação política. Especialmente o manejo diferenciado, o tratamento descentralizado e a disposição do lixo segundo rigorosas normas técnicas, ambientais e sanitárias são essenciais para a segurança em termos de saúde pública e meio ambiente.

No âmbito do Fundo Constitucional do DF, cujos recursos para a educação, a saúde e a segurança são garantidos pela União, há boas perspectivas de futuro, possibilitando não só melhorias locais, mas um modelo de atuação para a expansão por outras regiões do País.

O aprimoramento da educação no DF passa por dois grandes eixos: por um lado, a melhor qualificação do ensino, da prática docente e da vivência estudantil, especialmente com o aumento no tempo de permanência do aluno na escola e com a garantia de o acesso ser expandido até, pelo menos, o nível médio de ensino; por outro lado, em investimento de recursos financeiros tanto para a infra-estrutura escolar quanto para a remuneração dos profissionais da educação.

No caso da saúde, além da garantia de mais investimentos para a infra-estrutura hospitalar e ambulatorial, ou mesmo para a maior qualificação dos profissionais, o sistema local também deve avançar para o aperfeiçoamento da oferta de serviços de modo cada vez mais descentralizado, cada vez mais atendendo preventivamente a família em seu local de moradia, o que óbvia e especialmente depende da interação entre as diversas esferas do poder governamental, atingindo toda a RIDE.

Os destinos futuros da segurança pública do DF também estão relacionados com seu entorno. Suas comunidades, atingidas pela dupla vertente do crime e da violência – que não é só social, mas tangencia níveis mais organizados –, acaba por vivenciar esses fenômenos também em nível microssocial, no interior de grupos e lares nos quais os mais diretamente afetados são determinados segmentos étnico-raciais e de gênero, a saber: negros e mulheres.

Os mecanismos capazes de projetar um futuro melhor para nossas cidades certamente passam por conseguirmos oferecer mais e melhores perspectivas de trabalho, emprego e renda para as famílias, de estudo para os jovens e de vida social para nossas comunidades, possibilitando as expressões próprias de cultura, vida saudável e realização pessoal.

Somos das poucas unidades federativas que dispõem de um Banco de Desenvolvimento, além do Fundo Constitucional próprio. Vale dizer que temos mecanismos capazes de desenvolver tanto as novas concepções ou modelos quanto a execução de projetos mais estratégicos para o desenvolvimento socioeconômico sustentável do DF, passível de alcançar seu entorno. A questão é muito mais de visão e prática política.

Em outras palavras, é o DF a UF que apresenta melhores condições de realizar uma transformação realmente mais significativa de um destino em risco social e ambiental para um futuro especialmente mais promissor... A responsabilidade agora é do eleitor, em saber escolher seus representantes nas diversas câmaras e no Executivo, seja ele local ou nacional. Finalmente, nosso futuro dependerá desses eleitos e da realização dos compromissos que assumirem. A sorte estará lançada!

DF em Questão

DESAFIOS À GESTÃO PÚBLICA DO DF: AMADURECIMENTO DA ECONOMIA

Valdivino José de Oliveira

Introdução

A iminente sucessão governamental que se apresenta traz à tona a discussão sobre os desafios a serem enfrentados pelo gestor público diante de necessidades e particularidades relacionadas ao desenvolvimento do Distrito Federal, e dos setores da agricultura, indústria, comércio e turismo.

As comunidades profissional, científica e acadêmica debruçam-se acerca do futuro do Distrito Federal diante do processo eleitoral de 2006 e, por uma questão de continuidade, nos que virão em 2010, 2014, e 2018.

Esses processos eleitorais e as ações dos que lograrem êxito determinarão se o Centro-Oeste será uma região bem-estruturada social e economicamente, ou o contrário.

Valdivino José de Oliveira – Secretário de Estado de Fazenda do Distrito Federal; foi Secretário de Estado de Fazenda do Estado de Goiás; Secretário Municipal de Finanças de Goiânia/GO. Economista, pela Universidade Católica de Goiás, com Especialização em Macroeconomia pela UnB. Professor da Universidade Católica de Goiás.

O primeiro passo de qualquer indivíduo para avançar em uma tarefa é posicionar-se diante da realidade. Trazer para si a imagem representativa do real e obter o material necessário à análise e produção de novas ações. Por isso, a investigação das realidades fáticas, que dão sustentação aos fenômenos econômicos e sociais no Distrito Federal, é pressuposto necessário ao conhecimento das necessidades públicas, que, de natureza ilimitada, nada mais é do que a soma das necessidades individuais.

Na investigação da realidade do Distrito Federal não se há de tolerar a superficialidade (inerente àqueles que vendo a parte julgam e definem o todo) ou a imposição de limites físicos, territoriais ou políticos, porque a sociedade, com suas pessoas e instituições, é complexa, dinâmica e perene.

O Distrito Federal geralmente é visto somente como a capital do País, onde estão as obras de Oscar Niemeyer e para onde são destinados recursos da União para provimento dos serviços de saúde, segurança e educação. Essa é uma visão limitada. Em homenagem à história do Distrito Federal, e a seu povo, é preciso reconhecer-lhe amplitude e profundidade maiores.

A construção de Brasília, conforme idealizada por Juscelino Kubitschek, cuja população estimada não ultrapassaria 500.000 habitantes, destinava-se apenas a abrigar a estrutura administrativa do País e trazer o desenvolvimento para a Região Centro-Oeste.

Essa, ainda hoje, é a visão de muitos, ou porque somente conhecem Brasília a distância, ou porque, quando aqui vêm, desembarcam no Aeroporto Internacional de Brasília, que é o segundo mais movimentado do Brasil, e, após um pequeno trajeto, já estão diante de ruas largas, com calçadas bem construídas, jardins floridos, adentram pelo Lago Sul ou Plano Piloto, vendo a beleza das residências e prédios bem ordenados, ampla infra-estrutura, etc.

Seguindo o itinerário, estando na Esplanada dos Ministérios, vêem-se as imponentes construções que abrigam os Poderes da República, o setor hoteleiro, excelentes restaurantes, e tudo o mais que a visão e outros sentidos permitem captar. Avalia-se, nessa peregrinação, também, o poder aquisitivo local pelo preço dos serviços e produtos disponibilizados pela vasta rede varejista e shopping centers.

Equivocadamente, poder-se-ia dizer: esta é uma das cidades mais desenvolvidas do mundo, uma das maiores rendas *per capita* do mundo, que detém os maiores índices de alfabetização, de emprego e todos os demais indicadores que passam a considerar se uma região é desenvolvida ou não.

Mas aqueles que viram Brasília nascer no seio de Goiás, que conheceram o povo, as 29 (vinte e nove) Regiões Administrativas, antes denominadas cidades-satélites, as cidades do Entorno, o comércio, as indústrias, a agricultura, as praças, as ruelas, os becos, os centros econômicos e populacionais mais próximos, não por ouvir falar, mas porque estiveram presentes, vendo e ouvindo, têm outra percepção da realidade. Essa é mais real.

Tem-se, à evidência, dois *"Distritos Federais"*: um, criado para sediar a capital da República, seus poderes, com Índice de Desenvolvimento Humano alto e com um terço da população (800.000); e outro, adjacente, inclusive no Entorno, que se formou em função da estrutura administrativa e abriga pessoas que aqui chegaram no início de Brasília, suas famílias, que aqui cresceram e geraram filhos, imigrantes de outras regiões, representados por aproximadamente 2.700.000 (dois milhões e setecentos mil) habitantes. No total, o Distrito Federal e Entorno têm 3.500.000 (três milhões e quinhentos mil) habitantes.

A população desse Distrito Federal adjacente (Regiões Administrativas e Entorno), que existe em função da estrutura do

Poder estar sediado em Brasília, está em grande parte vivendo abaixo da linha de pobreza e também quer se aproximar do melhor bem-estar possível. Isso é o que ocorreu, também, com o Rio de Janeiro quando agasalhou a Capital Federal.

No Entorno a situação é mais grave, pois, aliada à baixa renda, há baixos índices de escolaridade e poucos equipamentos urbanos.

Ao Distrito Federal e Entorno, juntamente com os grandes aglomerados econômicos de Goiânia e Anápolis, considerando as taxas de crescimento populacional e o fluxo migratório, serão demandadas necessidades públicas (serviços públicos, emprego, etc.) até 2010 por, aproximadamente, 10.000.000 (dez milhões de pessoas).

O crescimento urbano e social, que não observa limites territoriais e em breve fará do eixo Brasília-Anápolis-Goiânia um grande centro urbano e econômico, traz demandas por emprego, renda, serviços públicos de saúde, educação, segurança, cultura, saneamento básico, transporte, etc., não podendo mais ser financiado exclusivamente pelo setor público nem tratado isoladamente pelos governantes.

A Região Centro-Oeste tem que ser promissora, dotada de uma economia amadurecida, para que seja possível atender 10 (dez) milhões de habitantes numa faixa de 220 km.

O setor público era responsável por 40% do Produto Interno Bruto – PIB no Distrito Federal, mas, no início desta década, aumentou na formação desse PIB a participação do setor privado. E o amadurecimento da economia Distrital, nos próximos anos, fará com que o setor público não seja mais o principal empregador de Brasília, dando lugar para o setor privado.

O setor público está perdendo importância na formação econômica da região pelo fortalecimento do setor privado, sendo que esse último se torna cada vez mais capaz de gerar os empregos que a crescente população demanda. O governo está saindo da economia. Tal cenário, considerando a escassez dos recursos e a não limitação das necessidades, deve ser objeto de preocupação dos gestores públicos, pois inclusive auxilia no equilíbrio das contas públicas que a Lei da Responsabilidade Fiscal exige seja observada.

O investimento no setor privado é o multiplicador mais eficaz da economia. O multiplicador do setor público tende, no médio prazo, a esgotar os seus recursos. Quando o governo faz uma obra, traz uma série de movimentações na economia por um período. Mas esses efeitos vão se esgotando, assim como seus efeitos sobre a economia naquele local.

Quando o setor privado investe numa fábrica, ele tem os mesmos efeitos multiplicadores do gasto do governo, no início. Quando se está construindo uma fábrica, contrata-se engenheiros, pedreiros, compra-se material de construção e equipamentos, paga-se impostos e, obviamente, movimenta-se a economia. Mas aquela fábrica, depois de pronta, diferentemente da obra pública, começa a gerar produtos e renda. Por isso, o investimento no setor privado apresenta-se mais eficaz que o investimento no setor público e, assim, recomendável é o aperfeiçoamento da série de programas implantados nos campos fiscal, econômico, financeiro e de gestão pública, com vistas à consolidação da economia local e ampliação de condições para enfrentar os desafios atuais e futuros.

É equivocado imaginar que os governos (Federal, Distrital e de Goiás) tenham que destinar grande fatia de sua arrecadação para os benefícios sociais de programas governamentais (Bolsa Escola, Renda Cidadã, Bolsa Alimentação, Cesta Básica, Vale Gás, Renda Minha, Programa de Erradicação do Trabalho Infantil, Salário Escola, Auxílio do Idoso, Agente Jovem, Pró-Família, Auxílio

Energia, Bolsa Universitária), para poder dar às pessoas condições de se alimentarem e de estudarem, quando é sabido que a dignidade do cidadão, a dignidade de qualquer ser humano, está em ele acordar de manhã, saber que tem uma casa própria para morar, que tem um emprego para se dirigir e que, ao final do mês, ele tem a sua renda para sustento seu e de sua família. Essa dignidade só é possível se houver uma economia amadurecida e consolidada no Distrito Federal e no eixo formado com o Estado de Goiás, que possa absorver as demandas crescentes de emprego, quer pelo crescimento populacional, quer pelo desenvolvimento tecnológico redutor de mão-de-obra.

Apresenta-se, então, o maior desafio para a gestão pública do Distrito Federal: **amadurecer a economia local para consolidar sua vocação econômica**. Sem uma economia madura, sem uma economia estruturada, sem uma vocação definida, ter-se-á, sempre, problemas de exclusão social, de desequilíbrio econômico e social, que traz para o governo uma situação de quase desgoverno, o que não é aceitável.

A consolidação de uma vocação econômica é a obra mais importante para Brasília. Ao contrário das grandes obras que podem ser vistas (Terceira Ponte, Duplicação de Avenidas, Construção de Viadutos, do Centro Cultural e do Centro de Convenções). É um desafio invisível que já foi iniciado em 1999 com a criação de programas de desenvolvimento específicos para o Distrito Federal.

Os programas de desenvolvimento representaram um verdadeiro tabu quando de sua implementação. Os planejadores do setor econômico entendiam que Brasília não tinha que ter indústrias e nem atividade comercial definida. Mas esse entendimento não era acompanhado de solução para o desemprego, para o aumento das rendas e salários e nem para a melhoria da qualidade de vida da população.

Os efeitos desses programas já começam a ser vistos. Entre 1999 e 2002, o PIB *per capita* cresceu de cerca de R$ 10.000,00/ano para R$ 15.000,00/ano. No ano de 2000, Brasília era a segunda Unidade da Federação em renda *per capita* do País. Com a implementação dos Programas de Desenvolvimento Econômicos, já em 2002, o Instituto Brasileiro de Geografia e Estatística – IBGE apontou o Distrito Federal como a primeira renda *per capita* do País. A segunda renda *per capita* é 35% (trinta e cinco por cento) menor.

Esses programas permitiram a criação nesses 7 (sete) anos de mais de 220.000 (duzentos e vinte mil) empregos.

Consolidar sua vocação econômica significa superar a limitada concepção de ser o Distrito Federal voltado apenas para sediar a capital Federal, e encontrar mecanismos para desenvolver essa vocação econômica em cada uma das regiões administrativas que compõem o Distrito Federal, interagindo com os grandes centros de Anápolis e Goiânia, a fim de atender às necessidades da população, além de criar um ambiente de desenvolvimento científico e tecnológico, de agronegócios, habitacional, de emprego, de instalação, ampliação, relocalização e modernização de empresas, de capacitação empresarial, de fomento à exportação. Enfim, é melhorar a qualidade de vida da população.

Anápolis, por exemplo, é uma cidade com forte vocação para o setor agroindustrial e produz, hoje, mais do que todo o conjunto industrial de Brasília. Lá há pouco mais de 300 mil habitantes, enquanto aqui, considerando a região do Entorno, há quase três milhões e meio de habitantes.

Quase todas as cidades com mais de 500.000 habitantes tem uma vocação econômica bem definida. No Distrito Federal, por exemplo, Ceilândia tem uma população maior que 500.000 (quinhentos mil habitantes) e ainda não tem sua vocação estabelecida. Não tem médias empresas com mais de 150 empregados, à exceção dos hipermercados.

As Áreas de Desenvolvimento Econômico – ADE foram criadas para desenvolver aptidões de regiões do Distrito Federal. Nas imediações do Gama e Santa Maria foi criado um pólo industrial para desenvolver aptidões e interagir com a vocação industrial do Estado de Goiás. Esse pólo está se consolidando.

A Área de Desenvolvimento Econômico de Águas Claras é um dos grandes destaques das ADE´s e gera mais de 15.300 (quinze mil e trezentos) empregos.

O Pólo de Modas, no Guará/DF, também é uma ADE de sucesso, sendo responsável por mais de 1.000 vagas de empregos diretos, com rendimento anual de R$ 10.000.000,00 (dez milhões de reais).

O Programa de Promoção do Desenvolvimento Econômico Integrado e Sustentável do Distrito Federal – PRO-DF I e II – trouxe incentivos nas áreas econômica, fiscal e creditícia, incentivo à exportação e à capacitação empresarial e profissional, benefício de apoio para o desenvolvimento de programas de responsabilidade social.

O Programa de Estímulo à Implantação e ao Desenvolvimento do Setor Logístico do Distrito Federal – PRÓ-DF LOGÍSTICO incrementou o setor terciário de transporte e armazenagem, tendo como sustentação a localização estratégica do Distrito Federal.

No Porto Seco realizam-se operações de comércio exterior (importações e exportações), consolidando a economia local com geração de emprego e renda.

O setor atacadista também evoluiu no período de 1998 a 2006. O número de contribuintes do setor evoluiu de 171 empresas para 479, trazendo aumento de arrecadação, de emprego e de renda.

O eixo Brasília-Anápolis-Goiânia traz a possibilidade de conciliar o desenvolvimento e a experiência dos setores primário e secundário, já obtidos no Estado vizinho, com a aptidão para o desenvolvimento do setor terciário no Distrito Federal.

O desenvolvimento do setor terciário no Distrito Federal pode representar a concentração estratégica de centros tecnológicos e centros de intermediação financeira. Neste setor, o Turismo é hoje o que possui maior potencial de crescimento, por ser Brasília a capital Federal e uma cidade moderna.

Os turistas nacionais e estrangeiros ainda não despertaram suas atenções para conhecerem a capital do Brasil, concentrando suas preferências, principalmente, no eixo Bahia, Rio de Janeiro e São Paulo.

O despertar desse turismo cívico e a estrutura que agora a cidade oferece (centro de convenções, rede hoteleira, aeroporto internacional com o segundo maior movimento do País, etc.) se junta à possibilidade de incrementar o turismo de negócios e de eventos, sendo este, por conseguinte, um dos principais caminhos que a cidade pode percorrer para a tão almejada consolidação de sua economia, pois o setor de turismo gera grandes valores agregados, renda e emprego. Quando se fala em fortalecer o setor terciário, inclui-se o de Turismo. Quando alguém viaja para qualquer lugar do mundo, quer-se conhecer a capital. Igual situação é a do Brasil, que chama a atenção de turistas para a Capital Federal.

A cidade dos automóveis, área onde estabeleceram-se agências de veículos que antes estavam dispersas em todo o território do Distrito Federal, criou uma vocação em sua região e resolveu problemas de distribuição desorganizada pela Asa Norte e Asa Sul, que geravam transtornos para empresários e moradores.

Ainda relacionado ao setor terciário, está sendo criado no Distrito Federal um pólo tecnológico (cidade digital) para receber empresas dedicadas à produção de componentes e serviços de informática e comunicação, que são não-poluidoras e geram grande valor agregado. É uma atividade econômica que contribui para geração de emprego, especialização da mão-de-obra, aumento da renda e melhoria da qualidade de vida.

Conseqüência das intervenções na economia do Distrito Federal realizadas nos últimos anos, a taxa de desemprego passou de 22% para 18%. Essa redução é expressiva se comparada com a grande entrada de pessoas de outros estados que aqui vêm morar. A soma de todos os empregos gerados como resultado dos programas criados é algo em torno de 200 mil novos empregos.

Enfim, o amadurecimento da economia local para integrar o eixo Brasília-Anápolis-Goiânia e definir vocações econômicas regionais é medida que se impõe para o estabelecimento de qualidade de vida da respectiva população e crescimento econômico. Sem isto, nosso futuro é incerto.

CENTRO-OESTE, NOVO-RICO DO MUNDO

Antônio Fábio Ribeiro

É grande a satisfação por estarmos na Universidade de Brasília para debater os problemas que dizem respeito à nossa sobrevivência econômica, social e política. Nada mais adequado que a UnB patrocinar tal discussão, dada sua inserção no universo regional, nacional e internacional, graças a amplitude dos estudos e análises que seus profissionais desenvolvem em todos os campos do conhecimento humano e que, certamente, são colocados a serviço da comunidade do Distrito Federal e do Centro-Oeste, como contribuição indispensável ao desenvolvimento econômico regional e nacional.

Antônio Fábio Ribeiro – Secretário de Estado da SDCT – Secretaria para o Desenvolvimento da Ciência e Tecnologia do DF. Presidente do SINFOR – Sindicato das Indústrias da Informação do DF; Diretor da CNI – Confederação Nacional da Indústria; Conselheiro da FIBRA; Engenheiro Civil pela Escola de Engenharia da Universidade Federal de Goiás; Pós-Graduação na Escola de Engenharia da Universidade Federal de Goiás em Engenharia Econômica.

Promover o desenvolvimento equilibrado é nosso objetivo fundamental. Consideramos necessária a visão estratégica global para abordarmos o desenvolvimento do Centro-Oeste e do Distrito Federal. Daí, ordenarmos nossos pensamentos e nossas ações de acordo com a lógica da sociedade do conhecimento. Esta nos orienta a lutarmos pela implementação, no DF, do Parque Capital Digital, e nos sintonizar para apoiarmos a promoção da educação, da ciência, da inovação tecnológica, da cultura e do lazer como fatores de promoção do desenvolvimento equilibrado. O Centro-Oeste, nesse contexto, se mostra o novo-rico do mundo, graças às suas potencialidades.

Estrategicamente, julgamos fundamental que o desenvolvimento de tais potencialidades regionais, realmente invejáveis, se desenrole de acordo com a visão de funcionamento dos eixos estruturantes de desenvolvimento, que combinam interesses concomitantes e convergentes no espaço geográfico. Consideramos indispensável a ampliação das oportunidades por meio da fixação de novos paradigmas, pois o principal insumo da nossa vida econômica, social e política é o ser humano.

Sociedade do conhecimento

O grande desafio que o Distrito Federal enfrenta é o de acelerar sua inserção econômica no mundo globalizado por meio do conhecimento. Vivemos a sociedade do conhecimento. Esse é o novo paradigma. Ele coloca o trabalhador qualificado para pensar e desenvolver sua criatividade, como o centro do desenvolvimento econômico, social e político. Na sociedade do conhecimento, o ser humano se coloca diante de si mesmo como sujeito e não como objeto. Percebe que pelo conhecimento incorpora a capacidade de dar rumo aos acontecimentos Alcançado esse estágio, na sociedade do conhecimento, as pessoas se organizam para disputar o mercado de trabalho, tendo em vista potencializar nichos de mercado que tenham como resultado fundamental o aumento da renda da comunidade, como fruto de um processo em que a agregação de valor ao trabalho o transforme em desenvolvimento equilibrado. Proporcionar a democratização do conhecimento é decisiva para melhor distribuir a riqueza social. Mais de trinta e cinco mil pessoas estão empregadas no Distrito Federal no segmento da economia da informação, que é a porta de entrada e ao mesmo tempo de saída da sociedade do conhecimento. Por meio dela, as comunicações se processam em quantidade em qualidade no aperfeiçoamento da mão-de-obra, sintonizando-a com as demandas globais.

A globalização econômica globalizou o mercado de trabalho e a linguagem da informática universalizou as relações sociais. Desse modo, o fundamental é conscientizar-se de que fora da sociedade do conhecimento estaremos excluídos do processo de desenvolvimento econômico e social. A consciência de que a realidade caminha para o predomínio total da sociedade do conhecimento, como fator de progresso, levou o governo do Distrito Federal a priorizar a implementação do Parque Capital Digital.

Parque Capital Digital

A idéia central do Parque Capital Digital é a de colocar o Distrito Federal como ponta de lança do desenvolvimento da economia na sociedade do conhecimento. A globalização econômica abriu espaço incomensurável aos países da periferia capitalista que dispõem de vasta mão-de-obra e salários mais baixos do que os pagos nos países capitalistas desenvolvidos. Nesses, a mão-de-obra tornou-se incompetitiva. O custo de contratação se elevou extraordinariamente com relação à média dos preços no mercado de trabalho global.

As empresas instaladas nos países ricos buscam, dessa forma, melhores oportunidades de elevar sua taxa de lucro e aumentar sua produção a um custo mais baixo. Eleva-se, com isso, a rentabilidade empresarial fixada pela relação positiva entre a taxa de lucro e a taxa de juro. Isso permite a ampliação dos investimentos. As grandes empresas foram instalar-se na China nos anos de 1980 e 1990, porque o governo chinês criou estímulos fiscais e creditícios, bem como manteve a moeda desvalorizada em relação ao dólar. Em troca, exigiu o compromisso dos investidores de aumentarem as exportações. Assim, as empresas multinacionais francesas se instalaram na China para exportar seus produtos para a França. As americanas, para os Estados Unidos. As inglesas, para a Inglaterra. Passaram a dispor de vantagens competitivas no mercado global. Resultado: a China acumulou o maior volume de reservas cambiais nos tempos modernos. Passou a influir, decisivamente, no financiamento da dívida pública americana. Transformou-se em fator de equilíbrio do sistema econômico global, porque atraiu investimentos via estímulos fiscais e política cambial competitiva. Tais fatores, somados ao que caracteriza a China como mercado de trabalho, com mão-de-obra barata e à vontade, contribuíram, decisivamente, para o sucesso econômico chinês.

Tendemos a dar razão ao Deputado Delfim Netto quando destaca que o Brasil perdeu a oportunidade de ocupar no mundo o lugar que a China ocupa agora por ter deixado de lado, a partir da segunda metade dos anos de 1980, a estratégia que a China adota há 20 anos. Predominou, na opinião de Delfim, a visão de curto prazo em favor de combate à inflação a qualquer custo, cujo resultado foi a desorganização produtiva decorrente do elevado endividamento do governo, que perdeu a capacidade de induzir operativamente a demanda global da economia. Os planos heterodoxos para dar cabo da inflação e outros experimentos totalmente incompatíveis com a cultura empresarial brasileira mantiveram a atenção apenas nos resultados de curto prazo. Esqueceram da estratégia de longo prazo, que a China construiu, meticulosamente, ao longo dos últimos 30 anos. Se tivéssemos seguido esse caminho estaríamos dividindo uma fatia enorme do mercado mundial com a China, que está crescendo 10% ao ano, enquanto o Brasil vive a mediocridade de um crescimento de 3% do PIB por ano.

Parques tecnológicos impulsionaram a China. A demanda exportadora em ascensão na China foi construída com a criação e disseminação em todo o território chinês das zonas de processamento para exportação, as ZPEs, ancoradas, por sua vez, em parques tecnológicos, como o que implementamos nesse momento no Distrito Federal com muita dificuldade, mas também como muita esperança pela convicção que temos de que estamos no caminho certo. O crescimento das exportações, por sua vez, dinamizou o mercado interno chinês, o maior e potencialmente o mais poderoso do mundo, que se encontra em plena transformação qualitatitva. Na China, a vanguarda tecnológica domina o cenário econômico, e sua base de experimentação está nos parques tecnológicos. A força da China, para conquistar a opinião de outros países de que ela é uma economia de mercado, vem não apenas do poder intrínseco do governo chinês, mas, fundamentalmente, dos interesses financeiros e econômicos das próprias empresas que estão instaladas em território chinês, modernas tecnologicamente, ao mesmo tempo em que investem, no país, em pesquisa e desenvolvimento tecnológico. Capital atrai capital. Os chineses, inteligentemente, colocaram a energia e o poder financeiro das multinacionais a serviço da China na medida em que foram importadas para o território chinês onde garantem reprodução do seu capital. Passaram a jogar no mesmo time, tanto o governo chinês como as multinacionais instaladas na China com o compromisso de exportarem mais de 70% da produção.

Temos plenas condições de desenvolver no Distrito Federal a estratégia do desenvolvimento chinês. Em 1984, a China possuía menos de vinte zonas de processamento de exportações. Em 2006, abriga mais de 400 ZPEs. Por meio delas, expande o desenvolvimento regional chinês. Importar emprego e exportar mercadoria e serviços são as máximas da economia chinesa.

No Distrito Federal e no Brasil as condições para que tal aconteça são reais. Basta focalizar essa estratégia, trabalhar com afinco na implementação dela e preparar de forma racional, empresarial e científica a sua inserção no cenário global. Deixaríamos de exportar filhos para outros estados e países, enquanto enfraquecemos nossas energias mais fundamentais – trabalho e geração de valor. Vivemos do trabalho que gera valor que transforma a natureza em riqueza a ser desfrutada pelo ser humano. Não há mais tempo a perder. Governo, empresários e trabalhadores têm destino em comum, no Distrito Federal: desenvolver a economia cuja base se encontra no desenvolvimento do conhecimento. Para tanto, faz-se necessária uma política forte de incentivos, de modo a transformar o Distrito Federal em atrativo irresistível aos investidores, tanto pela capacidade de trabalho dos profissionais, como da oferta de ensino, como das oportunidades de negócios proporcionadas pela sua posição geográfica e estratégica, como centro da América do Sul – tendo em vista o mercado comum sul-americano a ser implementado no futuro – bem como a excelente qualidade de vida que o Distrito Federal oferece.

O Parque Capital Digital poderá promover a inclusão social por meio da inclusão digital que, em seu desenvolvimento ao ritmo do avanço da sociedade do conhecimento, promove sistematicamente o aperfeiçoamento profissional. Poderá, também, elevar exponencialmente a capacidade de o empresário e do trabalhador brasiliense gerarem alta taxa de produtividade, cujo resultado será o fortalecimento da economia do Distritio Federal. Ser pró-ativo na construção da sociedade do conhecimento, na produção de conteúdos inteligentes, para dar solução aos problemas do setor produtivo, local, nacional e internacional, de forma competitiva, é a meta do Parque Capital Digital. Com sua implantação será possível duplicarmos o PIB do Distrito Federal, e crescer nos anos seguintes a taxas elevadas.

O DF é um território pequeno cuja demarcação e ocupação já se tornou problemática demais. Sabendo que o desejo fundamental da sociedade é o desenvolvimento sustentável, o que nos obriga a reagir contra a agressão ao meio ambiente nesse espaço geográfico reduzido, não podemos comprometer nosso futuro deixando de ver que ele se ancora fundamentalmente na sociedade do conhecimento. Essa é a nossa vocação.

Lógica de um novo tempo

O desenvolvimento econômico nos últimos cinqüenta anos esvaziou as zonas rurais e inchou as cidades. A mão-de-obra veio do campo para a cidade, onde intensificou a divisão social do trabalho no processo de desenvolvimento industrial para produzir mercado para a própria indústria. As indústrias, no entanto, se desenvolveram no compasso do desenvolvimento científico e tecnológico. Por isso, sua tendência, realmente, é poupar mão-de-obra, enquanto concentra capital para reproduzir o próprio capital em busca de crescente avanço na produtividade. É a lógica do sistema capitalista. Nesse ritmo, a mão-de-obra somente se valoriza de modo a conquistar mercado de trabalho se houver permanente e crescente investimento em educação. A ciência que desenvolve a tecnologia, que por sua vez vincula-se às necessidades de reprodução do capital na produção industrial, tem como característica básica, nos tempos modernos, sua própria divulgação no sentido de uma democratização total dos conhecimentos. O avanço nesse sentido será sempre ininterrupto e exigirá igualmente elevado grau de estudo e aperfeiçoamento profissional.

A aceleração da produção tecnológica

A reprodução do capital produtivo se dará em período de tempo cada vez mais curto, devido ao ritmo da competitividade acelerada, elevada produtividade e apurada qualidade. Igualmente, ocorrerá maior oferta relativamente ao consumo, porque os investimentos precisam ser feitos em capital produtivo de maneira proporcional, para que possa haver renovação produtiva do capital, das máquinas, equipamentos e componentes. A mão-de-obra qualificada, exigência desse tempo em ritmo de expansão acelerada, é determinante no cenário da economia do conhecimento, no qual a tecnologia da informação permeia todas as atividades produtivas. A ausência dela determina a morte da produção. Daí a necessidade de se acelerar, no Distrito Federal, a implantação do Parque Capital Digital, que criará o ambiente necessário à expansão da economia do conhecimento, e sua auto-reprodução.

Ciência, lazer e cultura

Na sociedade do conhecimento, os profissionais mais valorizados são os cientistas e os artistas, os criadores da ciência e da cultura. Não haverá emprego disponível para todos no processo produtivo permeado pela tecnologia da informação. A taxa de lucro do capital investido exigirá esse ritmo como indispensável à reprodução do próprio capital. Sobrarão braços que precisarão estar ocupados em outras atividades. Eis porque a educação torna-se problema de segurança nacional. O ser humano disporá de maior tempo para o lazer, para produzir o entretenimento, a ciência, a literatura, as artes, a música. As características culturais brasileiras se transformarão em motivos indispensáveis à formação de uma nova mão-de-obra que disporá de mercado global. Brasília e o Distrito Federal dispõem de motivações extraordinárias para sustentar o processo de desenvolvimento apoiado na expansão da ciência e da cultura. O resultado será a solidificação de mercado gerador de renda, emprego, consumo e progresso.

Novo-rico do mundo

Indiscutivelmente, o Centro-Oeste está se transformando no novo-rico do mundo. A base dessa realidade é a posse da energia natural que a região detém. Isso a lança no cenário internacional como ator que terá voz privilegiada em futuro breve. A Era do Petróleo está com seus dias contados. Emergirá a Erar da Biomassa. O Centro-Oeste, que tem a sua disposição regime regular de chuvas e sol o ano inteiro, isto é, a energia capaz de produzir combustível renovável de modo a permitir equilíbrio ecológico, desponta-se com todo o seu potencial para contribuir com o desenvolvimento nacional ao longo de todo o século XXI. Oferecerá à sociedade global energia alternativa. Com ela, nova cultura que determina nova relação entre o homem e o meio ambiente. Os governos da região precisam se organizar, se articular, para planejar e desenvolver equilibradamente o desenvolvimento regional, lançando mão da ciência e da tecnologia para se destacar no cenário global como centro de referência no campo da biomassa.

A biodiversidade se abre como campo incomensurável de desenvolvimento do conhecimento científico e tecnológico. Ele é necessário e terá que ser colocado a serviço de atividades produtivas comprometidas com o novo paradigma determinado pelas energias alternativas. A produção do biodiesel, por exemplo, que o governo articula para criar nova relação entre produção e transformação com inclusão social, por meio da agricultura familiar, organizada para ofertar seu produto às indústrias de transformação, representa oportunidade de investimento que transformará a face econômica do Distrito Federal e do Centro-Oeste.

Eixo Brasília–Anápolis–Goiânia

Os programas de desenvolvimento regionais são fundamentais. Mas as características deles são outras na fase atual do desenvolvimento do capitalismo moderno, diferente das que predominaram ao longo do processo desenvolvimentista iniciado nos anos de 1950 até 2000. Predominam não mais políticas destinadas a essa ou àquela região, a esse ou aquele Estado. Regiões e estados passaram a ser inter-relacionados por eixos de desenvolvimento que se interconectam pelos interesses recíprocos sem determinado espaço geográfico. Esse é o exemplo que dão países capitalistas desenvolvidos que promovem os *clusteres* e os arranjos produtivos locais com grande competência. O importante não é estar próximo ou distante, mas estar junto, irmanados em uma só cadeia de desenvolvimento que se expande nacional e internacionalmente em função dos arranjos que previamente são concebidos, planejados e impulsionados por políticas fiscais e econômicas, de modo que governos, atuando cooperativamente com as empresas, conduzam o processo de desenvolvimento e não o contrário.

Consideramos fundamental que seja implementado o Eixo Brasília–Anápolis–Goiânia, interligado por uma via férrea de alta velocidade. Haverá integração de um contingente populacional que caminha para alcançar, no ano 2010, cerca de dez milhões de pessoas. Integrará competitivamente todo o coração do Brasil. Trata-se de uma região plana que dispõe de condições de desenvolvimento sustentável.

Coordenado por política desenvolvimentista integrada, de acordo com a filosofia dos eixos de desenvolvimento, em obediência às características econômicas regionais, o Centro-Oeste, certamente, ganhará musculatura econômica no cenário nacional e internacional, principalmente em razão do seu potencial energético. Afinal, é detentor do maior barril de petróleo natural do mundo. Nesse momento em que os governos da China e dos Estados Unidos aprovam legislações específicas que permitem a mistura do álcool na gasolina, as expectativas de ampliação dos negócios no campo da biomassa, no Centro-Oeste, ganham dimensão extraordinária. Tudo isso soma para constituir uma personalidade regional que influirá para fazer a população regional ter orgulho do seu próprio potencial, material e espiritual, a fim de criar o sentimento centroestino.

Capital vivo, capital morto

Hermano de Soto escreveu um livro – *O segredo do capital* – que precisa ser amplamente analisado tanto pelas universidades como pelas empresas do Distrito Federal e do Centro-Oeste, para debater os pressupostos básicos que motivam a realização desse Fórum. Basicamente, sua pesquisa se realizou em dez grandes cidades nos cinco continentes, ao final da qual constatou que o capital da pobreza é infinitamente superior ao capital da riqueza, mas que representa capital morto, porque não pode ser contabilizado por não possuir o status de propriedade por parte de quem a detém. Nos países capitalistas desenvolvidos, graças às revoluções sociais decorrentes dos movimentos políticos formados ao longo do século XIX e XX, o direito de propriedade se universalizou e se transformou em ponto de partida para os contratos sociais apoiados na existência desse mesmo direito. A propriedade confere direito da própria cidadania. Por meio dela ele se auto-representa e o insere como ser social no processo de desenvolvimento econômico.

Nos países da periferia capitalista, que foram dominados, ao longo dos séculos XVIII e XIX, pelo colonialismo europeu, o direito de propriedade não se desenvolveu na escala em que se faz presente, historicamente, no capitalismo cêntrico. A expulsão da população do campo para as cidades para promover a divisão social do trabalho criou um mercado interno para os produtos da indústria, mas não foi acompanhada do devido contrato social estendido às camadas socialmente excluídas. Assentadas nos morros e nas periferias, as populações marginalizadas e pobres, trabalhadoras, jamais alcançaram efetivo direito de propriedade sobre as terras que ocupam. Criou-se, dessa forma, um capital que não se torna ativo, mas, totalmente passivo, que não se contabiliza perante a cultura do contrato social que organiza a sociedade capitalista. Por essa razão, sem acesso à propriedade no espaço em que propriamente ocupa, a cidadania excluída não dispõe do lastro que a identifica perante a sociedade organizada. Não pode traduzir em riqueza real aquela que dispõe, e não se transforma em representação efetiva de poder financeiro capaz de atender às prerrogativas do contrato social. Os condomínios que se espalham no Distrito Federal, por exemplo, envolvendo milhares de famílias, são exemplo vivo do capital morto existente que não se transforma em capital vivo, capaz de conferir materialidade a uma riqueza que poderia servir de lastro à comunidade no sentido de promover investimentos produtivos. Esses apressariam o progresso local, regional e nacional em sua totalidade. Enquanto não for possível resolver essa questão, da riqueza que se mostra intangível, não ocorrerá, nos países em desenvolvimento, efetivo desenvolvimento com inclusão social. Daí ser urgente que se discuta o assunto no meio universitário, empresarial, e sobretudo político. O valor da riqueza se dá pelo trabalho humano que se reconhece na propriedade que ele cria para si e para os outros. Daí que o valor se potencializa quando o ser humano dispõe da propriedade que o faz se identificar com o próprio desenvolvimento. É obra sua que cria para si e para os outros, na construção de uma unidade que precisa ficar cada vez mais homogênea pelo avanço do desenvolvimento educacional.

Tema 1

Cenários Socioeconômicos e Perspectivas para o DF

DF em Questão

ESCOLHAS COLETIVAS PARA O DF E ENTORNO

Neio Campos

O desafio maior que o tema Cenários Socioeconômicos e Perspectivas para o DF e Entorno, do Fórum DF em Questão, é retomar o conceito de desenvolvimento, a partir da visão de cenários socioeconômicos. Entende-se que ao acionar a idéia de cenários, há que considerar, mesmo que de forma implícita, o futuro. Não apenas como um *vir-a-ser*, mas, também, como uma possibilidade de escolhas coletivas da sociedade ou das organizações, perscrutando-se alternativas para definir e calibrar ações.

Segundo Agnes Heller (*Apud* Buarque, 2003),[1] sem a noção de futuro não há o presente. Como toda ação é dirigida para um objetivo, que consiste naquilo ainda não alcançado, o futuro, a discussão desse tema e o propósito de sistematizá-lo para subsidiar os candidatos ao Governo do Distrito Federal parece bastante pertinente.

A estrutura socioeconômica de uma região, neste caso o Distrito Federal e o Entorno, é determinada por um conjunto de fatores internos e externos à sua territorialidade, podendo-se destacar, dentre esses, o

Neio Lucio de Oliveira Campos – Doutor e Subchefe do Departamento de Geografia – GEA/UnB; Geógrafo e Professor.

alcance das políticas públicas, em outras palavras, abrangência das escolhas e alternativas feitas pelo Estado para tratar o referido território.

O processo de formação de território é complexo, e, como todo processo social, em permanente movimento de totalização. O seu significado é oriundo do seu uso, o que permite considerá-lo como sinônimo do espaço geográfico, no dizer de Santos (1997),[2] concretização das intencionalidades dos sujeitos sociais, ao reunir os sistemas de ações e sistemas de objetos, em sua forma híbrida, as técnicas, expressando uma materialidade, no caso, o Distrito Federal e o Entorno.

Esse território usado reúne passado, presente e futuro, no sentido que nas descontinuidades e superposições que delineiam a sua configuração espacial, as formas geográficas materiais associada às formas sociais, jurídicas, políticas e culturais, condicionam a localização dos atores, que, por sua vez, condicionarão o futuro da Região.

Sendo assim, pensar cenários socioeconômicos para o Distrito Federal e o Entorno é pensar na formação desse território, nas novas demandas advindas da realidade econômica e social vivida no presente, a exigirem ação política que vislumbrem um futuro desejado.

Se o futuro é, ao mesmo tempo, o domínio da liberdade (não é predizível ou predeterminado), o domínio do poder (espaços e possibilidades de construção que enfrentam o império da necessidade), e o império da vontade (expressão de uma intenção e de um sistema de valores), que ação intencional pode ser indicada para se buscar o efetivo desenvolvimento desse território? Como promover a universalização da infra-estrutura, a eficiência dos serviços públicos, a melhoria das condições sócio-ambientais, a dinamização da economia no Distrito Federal?

Envolve, por certo, a instauração de políticas públicas articuladas a uma concepção de planejamento integrado a uma visão de futuro. Em outros termos, significa distanciar-se daquela postura apenas reativa do aparelho de Estado ao tratar de forma incremental os impactos negativos provenientes do acelerado processo de ocupação territorial da região, ou até mesmo da sua completa ausência nas suas áreas mais segregadas. Ainda envolve compreender a espacialidade do Distrito Federal e Entorno.

Quarenta e cinco anos após a inauguração de Brasília, marco histórico importante no novo contexto no processo de ocupação territorial do Brasil Central, fruto de uma ação intencional do Governo JK, meta-síntese de seu ambicioso plano de desenvolvimento, tem-se um aglomerado urbano importante, classificado pelo IBGE/IPEA/UNICAMP (1999)[3] como metrópole nacional.

Na abordagem feita por Agnaldo Moraes da Silva, Gerente de Programas Integrados da Secretaria de Desenvolvimento do Centro-Oeste, do Ministério da Integração Nacional, é procedida uma caracterização do contexto em que se processa a estruturação da Região Integrada de Desenvolvimento do Distrito Federal e Entorno – RIDE, compreendendo-a como uma região polarizada.

Em seguida, após identificação de três sub-regiões[4] que distribuem os municípios da RIDE, a saber: região de alta polarização, média polarização e baixa polarização, ele estabelece como condição para o desenvolvimento integrado do DF e Entorno a elaboração de um Plano de Desenvolvimento que considere as três sub-regiões sob os seguintes enfoques:

- sustentabilidade ambiental;
- estímulo às novas centralidades urbanas mediante o fortalecimento da cooperação intermunicipal;
- organização e apoio às vocações econômicas de base produtiva; e,
- consorciamento intermunicipal e a co-responsabilização dos entes federativos na implantação, coordenação e fiscalização de políticas e serviços públicos.

Ao demonstrar as desigualdades entre os indicadores socioeconômicos, tanto do Entorno em relação à média nacional, como com relação ao Distrito Federal, ele constata o aprofundamento desta desigualdade, pois a relação que a região estabelece com o seu Entorno traz em seu bojo uma dinâmica de desenvolvimento que acaba por reproduzir de forma ampliada esses desequilíbrios, abrindo o fosso cada vez maior entre os níveis de desenvolvimento dessas duas regiões.

Em suma, ele estabelece duas questões prioritárias para a paulatina superação do quadro de desigualdades apontadas. Por um lado, propõe ações que contribuem para o desenvolvimento da economia local, estabelecendo uma inserção direta com os segmentos produtivos, objetivando gerar emprego e renda, por outro, em face dos conflitos institucionais existentes na RIDE, propõe a formulação e concepção de novos arranjos institucionais evitando as sobreposições e a confusa definição de competências entre os entes componentes da região.

Júlio Miragaya, Secretário-Executivo do Plano de Desenvolvimento Regional Sustentável para a Área de Influência da BR-163 (Rodovia Cuiabá-Santarém), enfatiza, inicialmente, a magnitude das transformações ocorridas na Região Centro-Oeste no último século, e identifica que as quatro últimas décadas colocaram a Região numa situação de definição de seus rumos, diante das questões que devem ser enfrentadas para que se abram possibilidades de se iniciar um novo ciclo em seu desenvolvimento.

Para ele, as questões passam pelo desafio colocado para a Região no sentido de transpor a linha divisória do novo mapa da localização da indústria brasileira, inserindo-se dentro da nova fronteira agro-exportadora e capitalizando parte do processo de relocalização da atividade industrial, ainda em curso.

Mas para que tal aconteça, alguns gargalos que limitam a dinamização econômica, principalmente relacionados ao setor de transportes e energia, precisam ser superados. Além desses, identifica restrições no que se refere estagnação do setor público, a agropecuária e a indústria de transformação, com reduzida expressão, a baixa capacidade arrecadadora e a forte dependência de transferência de recursos da União por parte dos municípios que compõem a Ride.

Em suma, o debate apontou, como fundamental, que qualquer proposição que vise dar uma outra dinâmica ao quadro de desenvolvimento socioeconômico do Distrito Federal e Entorno, para enfrentar as enormes disparidades identificadas na Região, passa pelo entendimento da diversidade contida nas três sub-regiões mencionadas, articulando as políticas públicas à compreensão das formas espaciais e práticas sociais complexas e multifacetadas desse espaço geográfico.

---

[1] Ver Sérgio C. Buarque (2003), Metodologias e Técnicas de Construção de Cenários Globais e Regionais. In: *Textos para Discussão*, nº 939. Brasília: IPEA.

[2] Ver Milton Santos (1997), *Natureza do Espaço: razão/emoção.* São Paulo: HUCITEC

[3] IPEA/UNICAMP.IE.NESUR/IBGE (1999) *Caracterização e Tendências da rede Urbana do Brasil.* IPEA/UNICAMP/IBGE – Campinas, SP: UNICAMP.IE, 1999 (Coleção Pesquisas 3).

[4] Segundo pesquisa realizada pela Secretaria de Planejamento do Governo do Distrito Federal, em 2003.

A RIDE – REFLEXÕES SOBRE O ENTORNO DO DF

Agnaldo Moraes da Silva

A Região Integrada de Desenvolvimento do Distrito Federal e Entorno – RIDE, criada pela Lei complementar nº 94/88 e regulamentada pelo Decreto nº 2.710/99, alterado pelo Decreto nº 3.445/2000, já nasce desvirtuada ao incluir no mesmo espaço sub-regional municípios com características e relações de interdependência e polarização com o Distrito Federal distintas.

A análise da realidade do Entorno e a conseqüente elaboração de propostas que promovam o desenvolvimento e o combate às desigualdades deve, obrigatoriamente, levar em consideração pelo menos a existência de três categorias de municípios, tendo como referência a polarização com o Distrito Federal e as conectividades urbanas dentro de uma nova centralidade, pois o caráter e a forma da urbanização não podem ser separados da natureza do desenvolvimento de uma dada sociedade, o que sugere que o

---

Agnaldo Moraes da Silva – Gerente de Programas Integrados da Secretaria de Desenvolvimento do Centro-Oeste do Ministério da Integração Nacional.

problema da rarefação ou fragilidade da urbanização em alguns pontos do território, de um lado, e da exagerada concentração em outros pontos, de outro lado, precisam ser enfrentados pelo gestor público, o que requer a observação das condições econômicas e sócio-políticas de cada realidade regional.

É preciso infra-estrutura urbana, atividades terciárias interdependentes como comércio, transportes, armazenagem, reparações mecânicas, habitação, saúde, cultura, finanças, educação (geral e profissional), mesmo que em muito pequena escala e complexidade.

É preciso combater a raridade do fenômeno urbano, de modo a maximizar as oportunidades de desenvolvimento existentes na região do Entorno, e com isso reduzir emigrações intensas, excessiva concentração em poucos núcleos, atraso agrícola, enfim, os efeitos que Cano chamou de destruição ou bloqueio ao desenvolvimento urbano e regional. (*Revista Paranaense de Desenvolvimento*, Curitiba, nº 104, p. 79- 102, jan./jun. 2003)

As desigualdades regionais se constituem em um problema e um desafio para os gestores públicos, pois no rastro das desigualdades regionais surgem situações que agravam o quadro de concentração da renda e da propriedade, fazendo que se perpetuem a pobreza de populações inteiras, muitas vezes habitantes de regiões potencialmente ricas.

Assim como há desigualdades entre as regiões de um mesmo país, seja este mais ou menos desenvolvido, dentro das próprias regiões o desenvolvimento ocorre, também, de forma desigual.

O crescimento econômico, condição necessária para o desenvolvimento, não acontece de maneira uniforme por todo o território de um país ou de uma região. O crescimento não surge em toda a parte ao mesmo tempo; manifesta-se com intensidades variáveis, em pontos ou pólos de crescimento; propaga-se segundo vias diferentes e com efeitos finais variáveis, no conjunto da economia. O crescimento surge, preferencialmente, em alguns pontos do território de um país ou de uma região, os chamados "pólos de crescimento". A propagação deste se dá segundo vias diferentes. Uma dessas vias é constituída pela conexão viária existente entre esses pólos, conhecida por eixos.

Cada região corresponde a um espaço e que, sob a ótica dos espaços, podem ser: região homogênea, região-piloto ou região polarizada.

A região homogênea corresponde a um *espaço contínuo*, onde cada uma das partes constituintes (ou zona) apresenta características tão semelhantes quanto possíveis às da outra. A região-piloto ou região-programa constitui um espaço contíguo cujas diversas partes se encontram na dependência de uma mesma decisão, como as filiais dependem de uma matriz. Representa um instrumento colocado nas mãos de uma autoridade, sediada ou não na região, a fim de que seja atingida uma meta econômica determinada. No caso da RIDE, a ótica a ser considerada é a da região polarizada.

A região polarizada não é uniforme, em razão dos próprios intercâmbios que a constituem. Define-se, pelo contrário, como um espaço heterogêneo cujas diversas partes são complementares e mantêm entre si e, particularmente, com o pólo dominante, um intercâmbio maior do que o estabelecido com a região vizinha. Trata-se na verdade de um local de trocas de bens e de serviços cuja intensidade interna sobrepuja em todos os pontos a intensidade externa. A região polarizada é integrada, sem ser uma autarquia.

Para a elaboração de um projeto de desenvolvimento para o Entorno do Distrito Federal é razoável que se estabeleça três graus de polarização com o DF e se identifique outras polaridades que possibilitem a planificação do desenvolvimento.

Segundo pesquisa realizada pela Secretaria de Planejamento do Governo do Distrito Federal, em 2003, é possível identificar as três sub-regiões que distribuem os municípios da RIDE da seguinte forma:

A RIDE e as Regiões Polarizadas

Região I - Alta Polarização
Região II - Média Polarização
Região III - Baixa Polarização

Fonte: Secretaria de Planejamento e Coordenação/CODEPLAN, 2003

Região I – alta polarização: Águas Lindas, Cidade Ocidental, Luziânia, Novo Gama, Santo Antônio do Descoberto e Valparaiso de Goiás;

Região II – média polarização: Abadiânia, Alexânia, Cocalzinho de Goiás, Cristalina, Formosa e Planaltina de Goiás;

Região III – baixa polarização: Água Fria de Goiás, Buritis, Cabeceira Grande, Cabeceiras, Mimoso de Goiás, Padre Bernardo, Pirenópolis, Unaí e Vila Boa.

Tal configuração é resultado do cruzamento de informações que clarificam o grau de inter-relação e interdependência existente entre os municípios e o Distrito Federal, tais como:

Quadro 1: Chefes de domicílio segundo o local de trabalho por sexo e faixa etária – Municípios do Entorno – 2003

Em %

Local de Trabalho	Total	sexo		Idade			
		Fem	Mas	Até 25	26 a 45	46a59	+de59
Distrito Federal	41,1	33,7	42,5	42,9	45,2	34,8	23,1
Entorno	56,6	65,2	54,9	56,7	52,3	62,4	74,1
Outros locais	1,9	0,6	2,1	0,4	1,9	2,4	2,3
DF e Entorno	0,5	0,4	0,5		0,6	0,4	0,5
Total	100,0	100,0	100,0	100,0	100,0	100,0	100,0

Fonte: SEPLAN/CODEPLAN – Perfil Sócio-econômico e Demográfico dos moradores da RIDE – 2003

Quadro 2: Chefes de domicílio segundo a posição na ocupação por local de trabalho – Municípios do Entorno – 2003

Em %

Posição na Ocupação	Total	Local de Trabalho			
		Distrito Federal	Entorno	Outros Locais	DF e Entorno
Empregado com carteira assinada	32,5	49,8	23,0	11,5	21,0
Empregado sem carteira assinada	23,5	19,9	25,8	14,5	20,6
Funcionário público (Estatutário)	13,3	13,0	13,8	5,9	
Conta própria	28,8	16,6	34,9	68,1	58,4
Empregador	1,3	0,2	2,0		
Trabalhador não remunerado	0,5	0,5	0,5		
Total	100,0	100,0	100,0	100,0	100,0

Fonte: SEPLAN/CODEPLAN – Perfil Sócio-econômico e Demográfico dos moradores da RIDE – 2003
* Apenas para quem tem alguma atividade

Quadro 3: Locais de trabalho e de estudo – Municípios do Entorno por Região – 2003

Em %

Locais	Trabalho				Estudo			
	Total	Região I	Região II	Região III	Total	Região I	Região II	Região III
Distrito Federal	36,2	53,7	19,5	2,4	7,9	10,7	2,4	1,5
Entorno	62,0	44,6	78,1	96,5	86,8	82,0	96,4	97,3
Outros Locais	1,3	1,2	1,7	1,0	5,2	7,3	0,9	1,1
Distrito Federal e Entorno	0,4	0,5	0,6	0,1	0,1		0,2	0,1
Total	**100,0**	**100,0**	**100,0**	**100,0**	**100,0**	**100,0**	**100,0**	**100,0**

Fonte: SEPLAN/CODEPLAN – Perfil Sócio-econômico e Demográfico dos moradores da RIDE - 2003
Região I : Águas Lindas, Cidade Ocidental, Luziânia, Novo Gama, Santo Antônio do Descoberto e Valparaíso de Goiás;
Região II : Abadiânia, Alexânia, Cocalzinho de Goiás, Cristalina, Formosa e Planaltina de Goiás;
Região III : Água Fria de Goiás, Buritis, Cabeceira Grande, Cabeceiras, Mimoso de Goiás, Padre Bernardo, Pirenópolis, Unaí e Vila Boa.

TRATAMENTO HOSPITALAR NO DF

(Percentual que buscou hospital no DF em 2003)

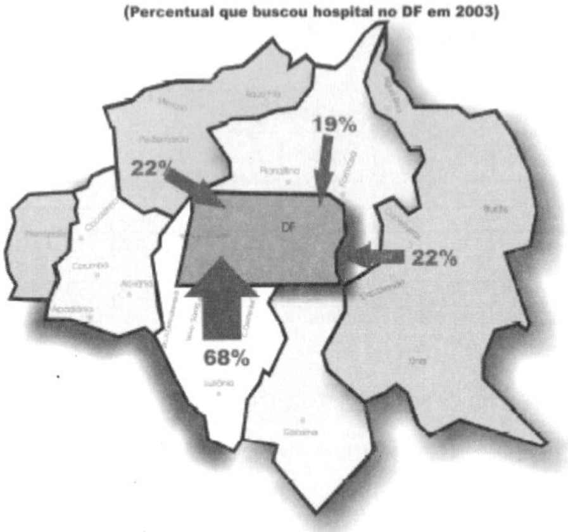

Fonte: Secretaria de Planejamento e Coordenação / CODEPLAN, 2003

Portanto, é condição para o desenvolvimento integrado do Entorno a elaboração de um Plano de Desenvolvimento que considere as três sub-regiões sob o enfoque da sustentabilidade ambiental, posto que a pressão e conseqüente risco que incorre os recursos hídricos que abastecem a região merece cuidado especial, do estímulo às novas centralidades urbanas mediante o fortalecimento da cooperação intermunicipal, a organização e apoio às vocações econômicas de base produtiva, o consorciamento intermunicipal para superação dos gargalos de infra-estrutura urbana e, por último, a corresponsabilização dos Entes Federativos – União, Estados e Municípios – na implantação, coordenação e fiscalização de políticas e serviços públicos.

Ao analisar os indicadores econômicos e sociais do Entorno de Brasília, verifica-se que a quase totalidade se situa abaixo dos indicadores que mensuram o grau de desenvolvimento econômico e social do Brasil. PIB, renda *per capita*, analfabetismo, relação de leitos hospitalares por habitante, relação de abastecimento de água por domicilio, ou seja, todos os indicadores se encontram abaixo da média nacional.

Como se não bastasse esse desnível dos indicadores sócioeconomicos em relação ao País, a situação se agrava pela forte contradição existente entre Brasília e seu Entorno. A renda domiciliar de Brasília é superior a três vezes à renda domiciliar do Entorno. Mais do que a real situação indicada pela posição da renda no Entorno, o contra ponto com Brasília, a gritante contradição revelada entre uma situação que se deteriora e outra que desponta com um dos mails altos IDH (Índice de Desenvolvimento Humano) do País, estampa e redimensiona um quadro social que se decompõe de forma crescente.

A relação que Brasília estabelece com o seu Entorno traz em seu bojo uma dinâmica de desenvolvimento que acaba por reproduzir de forma ampliada estes desequilíbrios, abrindo o fosso cada vez maior entre os níveis de desenvolvimento destas duas regiões.

Brasília continua a exercer uma forte atração em relação aos fluxos migratórios. Grande parte da população que se dirige à Brasília não consegue se abrigar no DF, sendo, por conseguinte, transbordada para além dos seus limites, se estabelecendo nas cidades do seu Entorno. Esse fenômeno, somado a expulsão que invariavelmente padece as populações que moram nas cidades-satélites do DF, engrossa o adensamento populacional no Entorno. Esse crescimento demográfico não se realiza de forma homogênea, se espraiando uniformemente para todos os municípios do Entorno. Ao contrário, esse crescimento demográfico se realiza de forma intensa nos municípios que compõem o que se passou a denominar como Entorno Sul, concentrando de forma desordenada nos municípios de Luziania, Valparaíso, Cidade Ocidental, Novo Gama, Santo Antônio do Descoberto e Águas Lindas. Apenas Formosa e

Planaltina de Goiás, que compõe os municípios do Entorno Norte, também recebem o impacto desse fluxo populacional de forma intensa.

O crescimento demográfico do Entorno Sul destoa com uma taxa média em torno de 3,65%, bem acima da taxa média de crescimento demográfico nacional, de 1,75%. Nesse cenário, Águas Lindas desponta como um dos municípios que mais cresce no País, com uma taxa anual de crescimento demográfico na casa dos 14%, segundo o último censo demográfico do IBGE. Essa situação contrasta com outra de cidades que conhecem taxas negativas de crescimento demográfico, perdendo, por conseguinte, população como, por exemplo, as cidades de Mimoso e Cocalzinho.

Essa explosão demográfica desordenada que ocorre no Entorno, tendo como motivação a forte atração que Brasília continua a exercer em relação aos fluxos migratórios, somado com os recursos que recebe do Governo Federal, através do Fundo Constitucional, alcançando a cifra nesse ano de quatro bilhões de reais, teoricamente para pagar os funcionários de educação, saúde e segurança pública, contribuem para reforçar a reprodução dos desequilíbrios de renda entre Brasília e o seu Entorno. Enquanto o crescimento desordenado do Entorno deteriora os já precários serviços públicos desses municípios, que não conseguem ampliar sua oferta de serviços no mesmo ritmo de seu crescimento populacional, Brasília, ao dispor dos recursos do Fundo Constitucional, remunera melhor seus funcionários e amplia sua infra-estrutura e oferta de serviços públicos. Com isso, drena os melhores quadros técnicos nas diferentes áreas que servem a administração municipal, contribuindo para desestruturar ainda mais a qualidade de serviços no Entorno.

A dinâmica dessa relação que Brasília estabelece com o seu Entorno somente distancia os níveis de renda e agrava as disparidades regionais.

Além dessa diferenciação e desníveis de desenvolvimento que se estabelece entre o Entorno e Brasília, ocorre um processo de desajuste e forte concentração de renda intra-regional. O desenvolvimento do Entorno se realiza de forma desigual. Dos 22 municípios que compõem a RIDE, apenas três, Luziania, Formosa e Unaí, detêm 51% do PIB da região.

O grau de concentração de renda entre os municípios do Entorno revela outra face das distorções existentes no processo de desenvolvimento que ocorre na região.

A dimensão que alcançou os problemas gerados por este intenso crescimento desordenado faz com que se implemente políticas públicas para uma realidade singular que se desenvolve de forma extremamente desigual.

O Entorno não é uma região metropolitana, apesar de conter todos os problemas inerentes a ela – transcende uma região metropolitana, somando seus problemas com os intrínsecos de uma escala regional, ainda agravados por tipificar particularidade única. Estamos lidando com uma região que envolve dois estados, Goiás e Minas Gerais, além do Distrito Federal. Nesse sentido, além das políticas públicas pertinentes à região metropolitana, como transportes coletivos, ofertas de serviços nas áreas de educação, saúde e segurança pública, a RIDE demanda políticas que visem dinamizar a economia regional, gerando emprego e renda.

A região do Entorno, sob o ponto de vista do desenvolvimento de sua economia, também constitui um tecido diferenciado e desigual. Enquanto contêm regiões com atividade agropecuária tradicional, como Cristalina, boa parte de Luziania, Formosa, Planaltina, Padre Bernardo, algumas delas dinâmicas, explorando agricultura moderna voltada para a exportação, em outras predominam as atividades de pecuária com pouco dinamismo.

As cidades mais recentes, fruto do intenso crescimento desordenado, como Valparaíso, Cidade Ocidental, Novo Gama e Águas Lindas, ainda não conseguiram vicejar uma atividade produtiva mais consistente. Suas atividades produtivas, na sua grande maioria, ainda plasmam na informalidade. Assim acontece com o segmento de confecções de Águas Lindas, Novo Gama e Santo Antônio do Descoberto que, por meio de ações de desenvolvimento de Arranjos Produtivos nestas cidades, busca consolidar essa atividade produtiva, para que se desenvolvam e irradiem o seu crescimento na economia local.

Em Formosa, com outro perfil econômico, o apoio está direcionado aos assentamentos rurais de reforma agrária, que naquele município somam mais de 11, com mais de mil famílias assentadas. Dessa forma, procurar fortalecer e dinamizar as atividades produtivas existentes, apoiando em cada município um determinado segmento produtivo que tenha mais evidência econômica na economia local, é uma alternativa de superação dos desníveis já elencados.

Ações que contribuem para o desenvolvimento da economia local constituem, hoje, em uma prioridade da RIDE, estabelecendo uma inserção direta com os segmentos produtivos, objetivando gerar emprego e renda.

Dada a singularidade que envolve as ações de desenvolvimento regional na RIDE, de uma forma particular, o conflito institucional existente confunde as definições de competência entre as várias esferas de governo, na regulamentação, fiscalização e operacionalização e prestação de serviços públicos. Assim se situa, por exemplo, a questão do transporte coletivo no Entorno. Aqui, o transporte coletivo urbano é interestadual, cuja competência é da União. Nem o governo de Goiás e nem o DF tem competência para legislar e fiscalizar o transporte coletivo do Entorno. A ANTT, que tem competência legal, não tem competência de gestão, pois o âmbito de sua atuação é o País como um todo.

Nesse caso, como em outros, onde se estabelece esse conflito institucional, como também é caso das barreiras sanitárias, é necessário definir um outro arranjo institucional, onde se delega para os municípios e estados de Goiás, Minas e DF a competência para gerir estas ações.

No caso do transporte coletivo do Entorno, a solução proposta é constituir um Consórcio Público dos Transportes, com a participação dos municípios, estados e União. Assim, nas outras áreas, dada a singularidade da RIDE, também deve-se pensar em soluções que desenhem uma formulação institucional capaz de corresponder à realidade específica, talvez, única, do Entorno.

Assim sendo, qualquer ação que possa ser realizada no Entorno tem que ter como referência algumas questões fundamentais:

- a singularidade da RIDE, que se diferencia de outras regiões de desenvolvimento regional;
- a necessidade de formular políticas de geração de emprego e renda que visem dinamizar as economias locais, respeitando as particularidades de cada município, que são díspares e de acentuada desigualdade sociais e de marcadas disparidades regionais;
- formular e conceber novos arranjos institucionais que visem concertar um conflito institucional existente, dificultando, sobremaneira, a fiscalização, regulamentação e operacionalização dos serviços públicos no Entorno;

- reposicionar politicamente dentro de uma perspectiva de que o Entorno não é simplesmente uma extensão do DF.

A RIDE apresenta problemas e soluções que precisam ser tratadas com autonomia e, por isso mesmo, ao formular políticas públicas que visem o fortalecimento de sua economia, dentro de uma concepção de desenvolvimento regional, amplie sua infra-estrutura e oferta de serviços básicos para reverter a atual tendência antrópica de polarização do DF, e possibilitar um desenvolvimento mais harmônico e sustentável.

ESTRATÉGIA PARA O DESENVOLVIMENTO DE BRASÍLIA E REGIÃO

Júlio Miragaya

O retardamento do equacionamento dos problemas que atingem Brasília representa um sério risco para a cidade e para a sua população. Apenas como ilustração, o contingente de desempregados na cidade, da ordem de 100 mil no início dos anos 90, atingiu cerca de 230 mil atuais. Se considerarmos a área metropolitana, este total sobe para cerca de 350 mil.

A compreensão dos problemas locais, contudo, implica no reconhecimento do quadro regional em que Brasília encontra-se inserida, e que marca a sua evolução desde a sua criação.

Júlio Miragaya – Gerente de Planejamento e Gestão Territorial da SDR/MI – Secretaria de Políticas de Desenvolvimento Regional. Secretário-Executivo do Plano de Desenvolvimento Regional Sustentável para a Área de Influência da BR-163 (Rodovia Cuiabá-Santarém). Gerente de Base de Dados e Estudos Econômicos e Sociais, coordenando 11 estudos e projetos na CODEPLAM. Conselho Regional de Economia do Distrito Federal - conselheiro em 1999/01 e presidente em 1999; conselheiro em 2006. Sindicato dos Economistas do Distrito Federal.

O contexto regional

O século XX presenciou um notável processo de ocupação e desenvolvimento econômico da Região Centro-Oeste (expandida, incluindo Tocantins e Rondônia). Enquanto a população brasileira cresceu quase dez vezes nestes 100 anos (um dos ritmos mais acelerados do mundo), a da região cresceu nada menos que 38 vezes entre 1900 e 2000, alcançando 14,2 milhões e quadruplicando sua participação no total nacional, de 2,1% para 8,3%.

Desde a criação de Brasília, sua população saltou de 3,0 milhões de habitantes em 1960 (4,2% do total nacional) para 15,7 milhões em 2005 (8,5%). Muito embora seja ainda uma região de fronteira agrícola, a sua taxa de urbanização chega a 84%, a segunda maior do País, devido principalmente ao modelo agrário predominante. Nela encontra-se duas das principais áreas metropolitanas do País, Brasília com 3,26 milhões de habitantes e Goiânia, com 1,85 milhão (estimativas para 2005). O Eixo Brasília – Goiânia, com a inclusão da Aglomeração Urbana de Anápolis totaliza uma população de 5,56 milhões de habitantes.

A forte concentração populacional no Eixo Brasília – Goiânia (45% da população urbana regional) expressa, por sua vez, a fragilidade da rede urbana regional (fora do Eixo, apenas Cuiabá e Campo Grande possuem população urbana superior a 250 mil habitantes), situação decorrente do baixo grau de industrialização da Região.

No cenário econômico, a Região Centro-Oeste tem sido nas últimas décadas também a que tem apresentado o melhor desempenho entre as macrorregiões brasileiras. **A sua participação no PIB nacional, que em 1970 era de 3,8%, passou para 8,3% em 2003.**

Entre as áreas metropolitanas, Goiânia aparece com o melhor desempenho (7,52%), e Brasília em terceiro (5,85%). Quanto às cidades médias, todas as sete da região Oeste aparecem com resultados acima da média nacional: Campo Grande (9,88%), Porto Velho (9,11), Cuiabá (8,19%), Rondonópolis (5,46%), Rio Verde (4,75%), Dourados (3,80%) e Anápolis (3,40%).

Em síntese, a escala das transformações ocorridas na região Centro-Oeste no último século, e, particularmente, nas suas quatro últimas décadas, foram de tal magnitude que colocaram a região numa situação de definição de seus rumos, de frente para questões que devem ser enfrentadas para que se abram possibilidades de se iniciar um novo ciclo em seu desenvolvimento.

Principais obstáculos ao desenvolvimento regional

O processo de desenvolvimento do Oeste brasileiro se, por um lado, levou a região a um rápido processo de crescimento, por outro, levou a uma configuração econômica que, de algum modo, atuam como obstáculos a um pleno desenvolvimento da região: a forte predominância do binômio grãos/gado na atividade econômica e a conformação espacial dicotômica, onde convivem regiões modernas e atrasadas. Ainda como obstáculo de peso, aparece a precariedade da infra-estrutura, particularmente na área de transportes e energia.

A extrema especialização da economia regional na atividade agropecuária, não obstante o excepcional avanço tecnológico nesta área, expressa, por outro lado, **um notável atraso na esfera industrial, com a região respondendo por cerca de 2% da produção industrial nacional, percentual baixíssimo se considerarmos que a região participa com mais de 8% do PIB nacional.**

Quanto à distribuição espacial da atividade econômica, o que se observa é a coexistência de bolsões de prosperidade com regiões agrícolas atrasadas e deprimidas, decorrente do modelo agrário da região.

O fosso verificado no campo se repete na rede urbana, emergindo prósperas cidades no coração das ricas zonas agrícolas, especializadas, com uma expressiva expansão da oferta de empregos, seja no setor terciário voltado para o atendimento das demandas da atividade agropecuária, seja na emergente atividade agro-industrial (processamento de grãos, indústria frigorífica, de laticínios, rações). Nas zonas agrícolas atrasadas, os centros urbanos, de pequeno porte e estagnados, tornaram-se exportadores de mão-de-obra não qualificada para as regiões dinâmicas.

Conforme visto, a economia da Região Centro-Oeste está fortemente concentrada no setor agrário. Na safra 2002/03, a Região respondeu por 45% da produção nacional de soja, 21% de milho, 17% de arroz, 71% de algodão, 68% de sorgo, 12% de feijão e 9% de cana-de-açúcar. Do rebanho bovino nacional em 2000 de 170 milhões de cabeças, 72 milhões (42%) encontram-se na Região, assim como ela respondeu por 19% da produção nacional de leite no mesmo ano.

Deve-se ressaltar que a transformação da Região em grande produtora agrícola se deu no decorrer do século XX. Entre 1920 e 2003, a produção de grãos aumentou em 131 vezes. De 210 mil toneladas, ou 3% do total nacional em 1920, passou a 38 milhões t em 2003 (32% do total nacional). Já o rebanho bovino passou de 5,8 milhões de cabeças em 1920 (17% do total do País) para 72 milhões em 2000 (42%).

Nos últimos anos tem se desenvolvido o setor industrial diretamente vinculado à produção agrária, o chamado complexo agro-industrial. Os maiores destaques são a indústria de esmagamento e processamento de soja e outras leguminosas, a indústria de ração animal, a indústria frigorífica (principalmente carne bovina) e a indústria de laticínios. Da mesma forma, tiveram grande expansão os setores voltados para o suprimento do setor agrícola, como a indústria de fertilizantes, de sementes e de implementos agrícolas.

Em conseqüência do desenvolvimento dos setores agrário e agro-industrial, ocorreu uma forte expansão do setor terciário, estimulado também por expressivos investimentos em infra-estrutura e pela demanda de uma população em forte expansão e em crescente processo de urbanização.

Os desafios que estão colocados são precisamente aqueles que apontam para a superação dos obstáculos anteriormente citados, e que se interpõe ao pleno desenvolvimento. No caso do desenvolvimento industrial, é notório que o País vivencia há cerca de trinta anos um processo de desconcentração da atividade industrial, com o deslocamento desta das áreas metropolitanas de São Paulo e Rio de Janeiro em direção aos estados da Região Sul, à Minas Gerais e ao interior de São Paulo, constituindo-se, na verdade, em uma nova reconcentração, só que envolvendo um território muito mais amplo.

Esta nova área tem como limites Vitória, Belo Horizonte, Uberlândia, São José do Rio Preto, Londrina/Maringá e Porto Alegre. **Uma simples observação do mapa permite constatar que o Centro-Oeste (e Brasília) ficam exatamente no limite exterior deste contorno, enfim, do processo de desconcentração espacial da atividade econômica.**

Certamente, o Centro-Oeste deve almejar a industrialização como forma de dar um salto qualitativo em sua estrutura produtiva. O desafio para a região é transpor a linha divisória do novo mapa da localização da indústria brasileira, inserir-se dentro desta nova fronteira e capitalizar parte deste processo de relocalização da atividade industrial, ainda em curso.

Imensos gargalos em infra-estrutura

É preciso ter claro que um processo de industrialização não se dá por acaso. Se é verdade que algumas condições fundamentais estão dadas, como a existência de um amplo mercado consumidor e grande disponibilidade de vários insumos industriais, há grandes entraves na área de infra-estrutura, e uma boa oferta neste setor é fator decisivo na alocação dos investimentos industriais.

Ocorre que, nos últimos anos, os principais investimentos em infra-estrutura têm se concentrado no polígono anteriormente descrito, tais como a Rodovia do Mercosul (duplicação das rodovias que interligam Belo Horizonte – São Paulo – Curitiba – Florianópolis – Porto Alegre); o gasoduto Brasil – Bolívia; a Hidrovia do Paraná – Tietê, etc., **inversões que tendem a acentuar as vantagens comparativas locacionais desta região em relação às demais áreas do País.**

Não obstante o expressivo desempenho da economia regional nos últimos anos, o Centro-Oeste ainda apresenta inúmeros gargalos em sua infra-estrutura que impedem uma melhor performance de sua economia. Tais gargalos encontram-se notadamente nas áreas de transportes e de energia. A insignificante malha ferroviária regional, a insuficiente e precária rede rodoviária e a sub-utilizada rede hidroviária acarretam graves dificuldades para o escoamento da enorme e crescente safra de grãos, tanto para os principais centros urbanos do País quanto para o mercado externo.

A Região Centro-Oeste tem dois principais eixos de conexão: ao sul, com os principais mercados consumidores do País e grandes portos exportadores (Santos, Paranaguá, Sepetiba e Tubarão) e ao norte, com os portos de Itaqui, Belém e os localizados ao longo do rio Amazonas (Santarém e Miritituba). Há duas outras conexões secundárias: com os portos do Pacífico (Peru e Chile) e com a Bacia do Prata (rios Paraguai e Paraná).

São muitos os investimentos em infra-estrutura necessários para alavancar a competitividade da atividade agropecuária regional e impulsionar um processo de industrialização. **No setor rodoviário, devem ser citados:**

- conclusão da duplicação da rodovia Brasília – Anápolis – Goiânia;
- duplicação da BR-153 entre Goiânia e Itumbiara e da ligação entre Itumbiara e Uberlândia (BR-452), conectando assim as duas metrópoles do Centro-Oeste em rodovia expressa com a metrópole paulistana;
- pavimentação da BR-163 entre Guarantã do Norte (MT) e Santarém (PA), possibilitando o escoamento da safra do centro-norte matogrossense com os portos da calha do rio Amazonas;
- pavimentação da BR-158 entre Ribeirão Cascalheira(MT) e fronteira MT/PA, possibilitando o escoamento da safra do leste matogrossense pelo porto de Itaqui (MA).

No setor ferroviário, destacam-se:

- prolongamento da Ferronorte até Rondonópolis (MT);
- prolongamento da Ferrovia Norte – Sul em direção ao centro do Tocantins e Anápolis e ao nordeste do Mato Grosso (Querência do Norte);
- construção do ramal ferroviário Luziânia – Unaí – Pirapora, conectando a região, por ferrovia, com o Porto de Tubarão (ES).

Na área hidroviária, merecem destaque:

- melhorias na Hidrovia do Madeira, entre Porto Velho (RO) e Itacoatiara (AM);
- prolongamento da Hidrovia Paraná – Tietê até Anhanguera (GO);
- investimentos na Hidrovia do Paraguai;
- aprofundamento dos estudos de viabilidade das Hidrovias do Araguaia – Tocantins e do Teles Pires – Tapajós.

No setor de transportes, devem merecer atenção especial os projetos que permitiriam a interligação da região com portos chilenos e peruanos situados no Pacífico, e que permitiriam uma redução significativa nos custos de transporte das exportações de grãos direcionadas ao mercado asiático.

Na área de energia:

- construção do ramal do gasoduto Araraquara – Uberlândia – Goiânia – Brasília;
- construção do gasoduto Urucu (AM) – Porto Velho (RO);
- construção das Linhas de Transmissão necessárias para interligar à região ao sistema energético nacional.

As oportunidades para Brasília

A discussão sobre a industrialização do Distrito Federal vem sendo travada desde a fundação de Brasília, tendo raízes na própria concepção da cidade, visto que esta foi planejada para desempenhar exclusivamente funções de natureza político-administrativas. No Edital para Concurso Nacional para o Plano Piloto da nova Capital do Brasil, a Comissão de Planejamento, Construção e Mudança da Capital Federal formulara o seguinte informe aos candidatos, em seu item 6º sobre Indústria e Comércio: "deverá prever-se desenvolvimento limitado, em vista do caráter político-administrativo da nova capital".

Durante muitos anos os investimentos industriais não somente deixaram de ser estimulados no Distrito Federal, mas foram mesmo desestimulados. E deve-se observar que este período (décadas de 60 e 70) correspondeu precisamente a fase de mais acelerada industrialização do País. Deve-se destacar também que fatores ambientais tiveram também influência decisiva nesta orientação.

A ausência de estímulo à atividade industrial não atingiu apenas Brasília, mas praticamente toda a Região Centro-Oeste, embora em menor intensidade. Expressão disto foi que entre todas as superintendências de desenvolvimento regional criadas (e que tinham um forte objetivo de promoção da industrialização) a da Região (SUDECO), foi a última a ser criada, a que dispôs de menor estrutura e suporte por parte do Governo Federal e a primeira a ser extinta. Mais do que isto, enquanto as demais regiões foram contempladas com instituições financeiras federais de fomento, tais como o BNB (Nordeste), BASA (Norte) e BRDE (Sul), o Centro-Oeste ficou privado de tal instrumento, de fundamental importância para a promoção do desenvolvimento econômico, particularmente o industrial.

Certamente que o baixo grau de industrialização regional está relacionado à inegável vocação do Centro-Oeste para a atividade agropecuária e à formação muito recente de sua economia. **Mas**

talvez o fator decisivo seja o fato de o Estado Brasileiro, na fase mais importante do desenvolvimento industrial do País, quando teve papel ativo na definição da localização dos investimentos industriais, não ter dedicado ao Centro-Oeste a mesma atenção dada às demais regiões.

Portanto, não obstante o avanço da industrialização ocorrido nas duas últimas décadas, o Centro-Oeste permanece com um baixíssimo grau de industrialização de sua economia, situando-se no último posto entre as cinco macrorregiões do País, respondendo por pouco mais de 2% da produção industrial nacional, percentual muito inferior à participação da região no PIB nacional (8,5%).

Dessa forma, não surpreende o pífio desenvolvimento do setor industrial no Distrito Federal.

Como visto, o País experimenta desde a década de 80, um processo de desconcentração de sua atividade industrial, que se achava fortemente concentrada nas áreas metropolitanas de São Paulo e do Rio de Janeiro. Este deslocamento tem ocorrido principalmente na direção do interior de São Paulo, dos três estados da Região Sul e de Minas Gerais e Espírito Santo, ficando o Centro-Oeste e Brasília fora deste processo. **O desafio para a região é se inserir no "novo mapa" da localização industrial brasileira e capitalizar parte desse processo de desconcentração industrial ainda em curso.** Deve-se destacar a relativa proximidade do eixo Brasília-Anápolis-Goiânia com o eixo dinâmico da economia nacional

Algumas condições para almejar este objetivo estão dadas como a existência de um amplo mercado consumidor (e, no caso do Distrito Federal, com uma renda média acima do dobro da média nacional), alto grau de instrução da população, uma razoável infra-estrutura econômica, uma variada disponibilidade de insumos industriais e ampla base produtiva no setor agropecuário.

Somente a área metropolitana de Brasília representa hoje um mercado de quase 3,3 milhões de pessoas, com renda disponível para consumo superior a R$ 30 bilhões (o equivalente a quase 3% do total nacional), configurando-se como o 5º maior mercado consumidor do País. Se considerarmos o eixo Brasília-Anápolis-Goiânia, este mercado ascende a quase 5,6 milhões, com renda disponível para consumo de quase **45 bilhões de reais, o 3º maior mercado do País, superado apenas pelas regiões metropolitanas de São Paulo e Rio de Janeiro.**

Deve-se ressaltar, contudo, que alguns gargalos persistem e entravam as perspectivas de um efetivo desenvolvimento industrial, e eles se localizam principalmente na área de infra-estrutura econômica. Em suma, as condições para o desenvolvimento industrial no Distrito Federal são amplamente favoráveis, devendo a sociedade local se armar de uma estratégia para a sua efetiva promoção.

Cenários demográficos e econômicos – Centro-Oeste

O planejamento das ações futuras para o Distrito Federal e sua região visando à superação dos entraves ao seu pleno desenvolvimento demanda a elaboração dos possíveis cenários para as principais variáveis, particularmente demográficas e econômicas.

Em relação ao conjunto da Região, o Quadro 1 apresenta as estimativas do IBGE para o crescimento populacional.

Quadro 1: Estimativas Populacionais para a Região Centro-Oeste

UF/ANOS	2005	2010	2015	2020
DF	2.333,1	2.581,0	2.808,9	3.016,8
GO	5.619,9	6.162,0	6.660,6	7.115,3
MS	2.264,5	2.428,4	2.579,1	2.716,6
MT	2.803,3	3.066,0	3.307,7	3.528,1
RO	1.534,6	1.670,7	1.795,8	1.910,0
TO	1.305,7	1.436,4	1.556,5	1.666,1
TOTAL	**15.861,1**	**17.344,5**	**18.708,6**	**19.952,9**

Fonte: IBGE

Observa-se que há uma clara tendência de expressiva desaceleração do crescimento populacional na Região, pois se entre 1960 e 1980 a população cresceu de 3,01 para 8,04 milhões, uma expansão de 167%, no vicênio seguinte, entre 1980 e 2000, quando a população atingiu 14,2 milhões, a expansão foi de 77%, devendo o crescimento refluir para 41% até 2020. De todo modo, trata-se de um crescimento superior à média nacional.

Quanto ao quadro econômico, o futuro da Região é alvissareiro, podendo ser expresso no desempenho previsto para o seu produto de maior destaque, a soja. Estima-se que a produção regional deverá saltar do atual patamar de 30 milhões de toneladas para cerca de 80 milhões em 2020. Também a produção de outras culturas deve experimentar forte expansão, notadamente o algodão e a cana-de-açúcar. Na base desta expansão está o fato de ser esta uma das poucas regiões do mundo com possibilidades de ampla expansão da área agricultável, associado ao forte avanço da produtividade que se tem obtido na Região. Do mesmo modo, estima-se um expressivo crescimento da pecuária bovina, notadamente da leiteira, assim como da avicultura e suinocultura.

A expansão da base produtiva agropecuária deve propiciar uma aceleração do crescimento das atividades industriais e de serviços à ela associadas, como a produção de insumos, como fertilizantes e sementes, de máquinas e implementos agrícolas, de serviços de transportes, de armazenamento e financeiros.

Cenários demográficos e econômicos – Brasília e Região

Em relação ao Distrito Federal, o panorama demográfico é apresentado no Quadro 2, com a evolução recente e a estimativa para 2005 dos contingentes populacionais das áreas metropolitanas segundo os municípios que as compõem.

Se mantidas as atuais tendências, a população no DF deve alcançar cerca de 2,6 milhões de habitantes em 2010, que somando-se a estimados 1,15 milhão para os 11 municípios que compõem seu entorno metropolitana, totalizaria 3,75 milhões na área metropolitana de Brasília em 2010.

Quanto à área metropolitana de Goiânia, a estimativa é de um contingente populacional de 2,15 milhões em 2010. Somando-se aos quase 400 mil habitantes estimados para a aglomeração urbana de Anápolis no mesmo ano, projeta-se a população no eixo Brasília-Anápolis-Goiânia em 6,3 milhões em 2010.

Em relação ao mercado de trabalho no Distrito Federal e sua área metropolitana, mantidas as taxas atuais, a PEA da área metropolitana deverá crescer para 2 milhões em 2010 (1,4 milhões no DF e 600 mil na periferia metropolitana), com o contingente desempregado no quadrilátero avançando para cerca de 270 mil, que somados a 180 mil nos 11 municípios periféricos, **totalizaria 450 mil desempregados no conjunto da área metropolitana em 2010.**

Quadro 2: Evolução e estimativa populacional na área metropolitana de Brasília e na RIDE – 1991 – 2005

		População			*Taxa de Crescimento*
Municípios	Área (Km 2)	1991	2000	2005	2000/05 (% ao ano)
Área Metropolit.	**25.653**	**1.980.432**	**2.768.328**	**3.256.774**	**3,3**
Distrito Federal	**5.802**	**1.601.094**	**2.051.146**	**2.333.108**	**2,61**
Entorno Metrop.	**19.851**	**379.338**	**717.182**	**923.666**	**5,19**
Luziânia	3.962	207.675	141.082	180.227	5,02
Valparaiso GO	60	...	94.856	119.483	4,73
Cidade Ocidental	388	...	40.377	47.499	3,3
Novo Gama	192	...	74.380	93.081	4,59
Santo Antônio	938	35.509	51.897	74.867	7,6
Alexânia	848	16.472	20.335	22.287	1,85
Aguas Lindas	191.	...	105.746	159.294	8,54
Cocalzinho GO	1.788	...	14.626	17.299	3,41
Padre Bernardo	3.138	16.500	21.514	24.655	2,76
Planaltina GO	2.539	40.201	73.718	94.717	5,14
Formosa	5.807	62.982	78.651	90.247	2,79
RIDE (não metrop.)	**30.808**	**181.277**	**190.156**	**204.614**	**1,48**
Cristalina	6.161	24.937	34.116	39.867	3,16
Abadiânia	1.044	9.402	11.452	12.736	2,15
Corumbá GO	1.062	19.663	9.679	9.915	0,48
Pirenopolis	2.228	25.056	21.245	21.241	0
Mimoso GO	1.387	3.750	2.801	2.206	(4.66)
Agua Fria	2.029	3.976	4.469	4.778	1,35
Vila Boa	1.060	...	3.287	3.567	1,65
Cabeceiras	1.128	6.464	6.758	6.942	0,54
Buriti (MG)	5.219	18.417	20.396	21.636	1,19
Cabeceira Gr (MG)	1.026		5.920	6.427	1,66
Unai (MG)	8.464	69.612	70.033	75.299	1,46
TOTAL RIDE	**56.461**	**2.161.709**	**2.958.484**	**3.461.388**	**3,19**

Fonte: IBGE

Esquema-síntese da questão regional e local

Dinâmica regional e local

Período 1960 – 1980

- Forte expansão da atividade agropecuária na região Centro-Oeste assentada na incorporação de novas terras ao processo produtivo (arroz/milho e pecuária)
- Brasília constitui-se no principal vetor do processo de interiorização do desenvolvimento econômico brasileiro.
- Brasília forma-se como epicentro do Sistema Viário Nacional.
- Setor Público funciona como elemento indutor do desenvolvimento (do emprego e da renda).
- Crescimento demográfico concentrado no DF.

Período 1980 – 1990

- Forte expansão da atividade agropecuária baseada não apenas na incorporação de novas terras, mas principalmente na tecnificação do setor – introdução do cultivo da soja na Região e modernização da pecuária bovina).
- Consolidação de Brasília como vetor do processo de interiorização.
- Consolidação de Goiânia como pólo comercial e de serviços regional.
- Consolidação do Setor Público como motor do crescimento da economia local.

- Início da formação da periferia metropolitana de Brasília.

Período 1990 – 2005

- Aceleração do crescimento do setor agropecuário na região Centro-Oeste (produção tecnificada de soja, milho....algodão, sorgo, cana-de-açucar e pecuária leiteira, avicultura e suinocultura).
- Início da conformação do eixo Brasília-Anápolis-Goiânia.
- Crise fiscal do Estado. Triunfo do "Estado Mínimo". Atrofia do Setor Público no País e, em maior dimensão, em Brasília.
- Redução do crescimento demográfico no DF e forte crescimento na periferia.

Panorama regional e local

DEMOGRÁFICO

- Crescimento populacional cerca de 50% acima da média nacional.
- Manutenção de expressivos fluxos migratórios.
- Elevada taxa de urbanização.
- Rede Urbana frágil. Macrocefalia urbana.

ECONÔMICO

- Forte predominância da atividade agropecuária.
- Modelo agrário peculiar: bolsões de prosperidade X bolsões de atraso.
- Pífia industrialização.

- Expansão da agroindústria.

INFRA-ESTRUTURA

- Fortes gargalos no setor de transportes.
- Insuficiência no suprimento de energia elétrica. Não disponibilidade de gás natural.

Obstáculos ao desenvolvimento

- Estagnação do Setor Público. Não mais motor do crescimento local.
- Agropecuária e indústria de transformação com reduzida expressão. Sobrecarga sobre o débil setor privado (serviços).
- Reduzida atividade econômica. Baixa capacidade arrecadadora. Forte dependência de transferência de recursos da União.

Oportunidades para o desenvolvimento

- Expressivo mercado consumidor.
- Elevado nível de renda.
- Relativa proximidade do centro dinâmico da economia nacional.
- Expressiva base produtiva no setor agropecuário.

Ações necessárias para superar os obstáculos e aproveitar as oportunidades

- Alavancar os investimentos em infra-estrutura econômica.
- Promover um plano de desenvolvimento para as cidades de porte médio da região.
- Consolidar o Eixo Brasília-Anápolis-Goiânia como um dos vetores do desenvolvimento econômico nacional.

O perfil da economia e do mercado de trabalho no Distrito Federal

A economia do Distrito Federal está fortemente assentada no setor terciário, que responde, segundo a CODEPLAN, por mais de 90% do PIB local. O destaque maior, por razões óbvias, fica com o setor público, que ao longo dos anos tem respondido por 30% a 40% do PIB, muito embora com importância decrescente, e historicamente tem funciononado como segmento propulsor da economia local. Tem sido, de fato, o setor público o responsável pela existência e crescimento dos demais segmentos do setor terciário no Distrito Federal. Quanto aos demais setores, a construção civil tem tido uma participação decrescente e a indústria de transformação e a agropecuária, participações marginais.

A pequena participação do setor agropecuário tem relação com a exigüidade do território para esta finalidade, e em conseqüência das pressões urbanas, o elevado custo da terra para a produção agrícola.

Já a questão da indústria de transformação é muito mais complexa. O pequeno desenvolvimento deste setor no Distrito Federal tem raízes na própria concepção da cidade, planejada para desempenhar exclusivamente funções de natureza político-administrativas. No Edital para concurso nacional para o Plano Piloto da nova capital do Brasil, a Comissão de Planejamento, Construção e Mudança da capital federal formulara o seguinte informe aos candidatos em seu item 6º sobre indústria e comércio: "deverá prever-se desenvolvimento limitado, em vista do caráter político-administrativo da nova capital". Durante muitos anos, investimentos industriais eram desestimulados no Distrito Federal, e os fatores ambientais tinham também influência decisiva nesta orientação. Desta forma, não surpreende o pífio desenvolvimento industrial de Brasília.

Em 2001, o PIB do Distrito Federal totalizou 33,6 bilhões de reais, correspondente a 2,8% do PIB nacional. O Quadro 3 apresenta a evolução da composição do PIB do Distrito Federal entre 1980 e 1995.

Quadro 3: Composição do PIB no DF por Atividade Econômica – 1980 A 1995 (a custo de fatores) (%)

ANOS	1980	1985	1990	1995
AGROPECUÁRIA, SILVIC. E PESCA	0,7	1,0	0,5	0,4
INDÚSTRIA	17,6	12,9	10,4	9,3
DE TRANSFORMAÇÃO	3,9	4,6	3,8	2,9
DA CONSTRUÇÃO CIVIL	12,2	6,6	5,2	4,7
ENERGIA ELÉTRICA E ÁGUA	1,5	1,7	1,4	1,7
SERVIÇOS	81,7	86,1	89,1	90,2
ADMINISTRAÇÃO PÚBLICA	33,0	36,8	38,2	30,3
COMÉRCIO	10,2	8,3	8,7	8,8
INTERM. FIN. E SERV. À EMPRESA	11,3	11,8	14,3	21,2
TRANSP., ARMAZ., COMUNICAÇÃO	5,8	4,4	3,5	4,7
OUTROS SERVIÇOS	21,4	24,8	24,3	25,2

Fonte: CODEPLAN

Em relação ao perfil da ocupação, o panorama é similar. As atividades do setor terciário respondem por 90% dos postos de trabalho no Distrito Federal, com forte concentração na administração pública e nos serviços públicos. O Quadro 4 apresenta a evolução da ocupação desde 1960. Um dos mais graves problemas enfrentados por Brasília tem sido o elevado nível de desemprego. Em março de 2003, ele se situava na casa dos 23% da PEA, colocando Brasília como uma das metrópoles nacionais de mais alta taxa e de mais acelerado crescimento do desemprego. Entre os fatores que explicam esta situação, dois se destacam.

Primeiramente, a estrutura econômica da cidade. Em face da absoluta incipiência dos setores agropecuário e industrial, o segmento indutor do desenvolvimento local tem sido o setor público, compreendendo a administração pública e os serviços públicos, responsáveis historicamente por cerca de um terço da ocupação na cidade. Foi com base na contínua geração de emprego no setor público até meados da década de 80, aliado ao seu elevado nível salarial, que se deu o forte incremento no comércio, nos serviços e na construção civil do Distrito Federal.

Quadro 4: Composição da Ocupação no DF por setor de Atividade Econômica – 1960 a 2003 (em %)

ANOS	1960	1970	1980	1992	2003
PES. OCUPADO TOTAL	100,0	100,0	100,0	100,0	100,0
AGROPECUÁRIA	5,0	3,9	2,3	1,4	0,9
INDÚSTRIA	59,7	24,9	16,4	9,8	7,2
DE TRANSFORMAÇÃO	Nd	nd	5,2	4,3	3,6
CONSTRUÇÃO CIVIL	Nd	nd	9,7	5,5	3,6
ENERG. ELÉT. E ÁGUA	Nd	nd	1,6	Nd	Nd
SERVIÇOS	35,4	71,2	78,9	88,8	91,9
ADMINISTR. PÚBLICA	7,1	18,0	18,6	20,4	20,8
COMÉRCIO	6,3	9,5	11,1	15,0	15,9
TRANSP. E COMUNIC.	4,0	5,0	5,7	Nd	Nd
ATIV. SOCIAIS	2,2	11,8	10,6	Nd	Nd
PRESTAÇÃO SERVIÇOS	11,1	20,2	27,0	Nd	Nd
OUTRAS ATIVIDADES	4,7	6,7	5,9	Nd	Nd

Fonte: IBGE (1960, 1970 e 1980) e PED/DF (1992 e 2003)

Diante da absoluta incipiência dos setores agropecuário e industrial, o segmento indutor do desenvolvimento local tem sido o setor público, compreendendo a administração pública e os serviços públicos, responsáveis historicamente por cerca de um terço da ocupação na cidade. Com o processo de transferência de órgãos da antiga capital para Brasília e com o agravamento da crise fiscal do Estado, esgotou-se a capacidade do setor público continuar funcionando como propulsor do crescimento econômico local. Muito embora a PEA tenha crescido cerca de 53% entre 1992 e 2003, o contingente ocupado no setor público cresceu apenas 14%, tendo nos últimos nove anos oscilado entre 210 e 230 mil.

Devido a debilidade dos setores agropecuário e industrial, a "responsabilidade" para a geração de postos de trabalho tem recaído sobre o setor terciário privado, que naturalmente não dispõe do dinamismo necessário para absorver contingente tão expressivo, até mesmo porque sente bastante o impacto da estagnação do setor público. O resultado então tem sido o contínuo crescimento da taxa de desemprego.

O segundo fator que concorre para o agravamento da situação é a manutenção de um vigoroso fluxo migratório para a periferia metropolitana de Brasília. Como a maior parte da população ocupada dessa região trabalha ou procura trabalho em Brasília, o fluxo migratório tem sido um fator de pressão sobre o mercado de trabalho local. O Quadro 5 apresenta a evolução do mercado de trabalho no Distrito Federal entre 1992 e 2003.

Quadro 5: Mercado de Trabalho no Distrito Federal – 1992 a 2003 (médias anuais).

ANOS	PEA	PESSOAL OCUPADO	ASSALAR. SETOR PÚBLICO	ASSAL. SETOR PRIV.	AUTÔN. DOMÉS OUTRO	DESEM-PREGADO	TAXA DE DESEMP. (em %)
1992	730.400	618.900	196.700	211.200	211.000	111.500	15.3
1993	755.500	643.500	202.600	222.000	218.900	112.000	14,8
1994	778.500	667.800	212.300	227.400	228.100	110.700	14.2
1995	806.600	684.500	215.800	229.800	238.900	122.100	15.1
1996	840.100	699.400	214.500	236.100	248.800	140.700	16.7
1997	884.800	724.600	211.500	257.900	255.200	160.200	18.1
1998	916.700	738.100	212.700	272.100	253.300	178.600	19.5
1999	950.400	740.700	216.500	279.300	244.900	209.700	22,1
2000	994.100	793.400	226.200	312.000	255.200	200.700	20,2
2001	1.030.300	819.700	230.000	334.200	255.500	210.600	20.4
2002	1.084.300	859.900	224.500	353.200	282.200	224.400	20.7
2003[1]	1.115.800	857.800	223.900	355.100	278.800	258.000	23.1

Fonte: PED/DF - Secretaria do Trabalho/DF /DIEESE
[1] média janeiro a setembro

A análise do Quadro 5 revela que nos últimos 11 anos, a PEA foi acrescida de 385 mil pessoas (média de 35,0 mil/ano), um crescimento da ordem de 3,93% ao ano, acima do crescimento populacional, reflexo da maior incorporação de alguns segmentos, como a população feminina, no mercado de trabalho. Entretanto, o número de empregos gerados ficou bem aquém (239 mil) correspondente a um crescimento 3,0% ao ano, tendo como resultado, um aumento de 146 mil no número de desempregados, ou espantosos 130% em uma década.

Deve-se ressaltar ainda que estes dados não revelam toda a gravidade do problema do mercado de trabalho em Brasília. Diferentemente das demais regiões onde a PED do DIEESE/SEADE é realizada para o conjunto das áreas metropolitanas, em Brasília ela não engloba a periferia metropolitana, sendo realizada apenas no DF.

Uma estimativa da PEA para a periferia metropolitana de Brasília gira em torno de 400 mil pessoas. Com base nos dados de taxa de desemprego apurados para o Grupo 3 de Regiões Administrativas do DF (que envolve aquelas de mais baixo nível de renda média da população), que apresenta taxa de desemprego da ordem de 30%, é factível estimar-se o pessoal ocupado na periferia metropolitana de Brasília em 280 mil e o número de desempregados em 120 mil. Juntando-se estes números aos do Distrito Federal, a PEA total seria de 1,52 milhão, o contingente ocupado de 1.140 mil e o de desempregados de 380 mil, resultando numa taxa de desemprego de 25%, uma das mais elevadas do Brasil.

A evolução do mercado de trabalho local nos últimos anos aponta para um quadro que pode ser dramático num futuro próximo, devido ao elevado hiato entre o ritmo de crescimento da PEA e de postos de trabalho Mantidas as atuais tendências, a Área Metropolitana de Brasília poderá em 2010, quando a Capital da República estará comemorando seu cinqüentenário, se aproximar da marca de 500 mil pessoas desempregadas, com uma taxa de desemprego da ordem de 30% da PEA. Mais do que uma previsão catastrófica, tais números devem servir de alerta para os dirigentes, e, porque não, para a própria sociedade brasiliense.

Quanto ao rendimento médio, a PED/DF revela que ele é o mais alto entre todas as seis metrópoles pesquisadas, tanto em relação ao rendimento médio do total dos ocupados quanto dos assalariados. A média elevada (embora decrescente desde 1999) dos ocupados (R$ 1.150,00 em 2003) decorre do valor expressivo auferido pelos assalariados do setor público (R$ 2.224,00), três vezes maior que o dos assalariados do setor privado (R$ 709,00).

A alta média de rendimentos do pessoal ocupado no setor público é a responsável pelo peso excepcional que este segmento apresenta na massa de rendimentos do trabalho no Distrito Federal, muito embora decrescente, pela redução relativa do emprego no setor público, conforme mostra o Quadro 6.

Quadro 6: Participação do Setor Público no Emprego e no Rendimento do Trabalho no DF – 1992 a 2003

ANOS	PESSOAL OCUPADO (mil pessoas)			Rendimento Médio Mensal(R$)		Rendimento Mensal TOTAL (mil reais)		
	Total	Set. Púb.	% Set. Púb	Total	Set. Púb.	Total	Set. Púb.	% Set. Púb
1992	618.900	196.700	31,8	1.310	2.256	810.759	443.755	54,7
1994	667.800	212.300	31,8	1.382	2.427	922.900	515.252	55,8
1996	699.400	214.500	30,7	1.488	2.509	1.040.707	538.181	51,7
1998	738.100	212.700	28,8	1.383	2.402	1.020.792	510.905	50,0
2000	793.400	226.200	28,5	1.328	2.329	1.053.635	526.820	50,0
2002	859.900	224.500	26,1	1.299	2.489	1.117.010	558.780	50,0
2003	857.800	223.900	26,1	1.150	2.224	986.470	497.954	50,5

Fonte: PED/DF - Secretaria do Trabalho/DF / DIEESE

Não obstante todos os graves problemas que tem atingido a economia de Brasília nos últimos anos, deve-se destacar a capacidade que esta metrópole tem desenvolvido na superação desses entraves. Provavelmente a base desta relativa vitalidade seja o dinamismo que a economia da Região Centro-Oeste tem demonstrado nestas duas últimas décadas de estagnação da economia brasileira, e que tem gerado fluidos positivos para as duas metrópoles regionais.

Tema 2

Programas Estratégicos de Desenvolvimento para o DF

DF em Questão

DF em Questão

PROGRAMAS ESTRATÉGICOS DE DESENVOLVIMENTO: IMPORTÂNCIA PARA O DISTRITO FEDERAL E ENTORNO

A contribuição inicial para o debate do tema Programas Estratégicos de Desenvolvimento do DF e Entorno começa com a reflexão do Professor Marcos Formiga sobre a importância do planejamento no País, no caso com uma contextualização histórica que atinge nossos dias e especialmente o DF.

Em seguida, o palestrante Dr. Ricardo Caldas, presidente da FIBRA, apresentou e colocou à disposição dos Poderes Legislativo, Executivo e Judiciário o Plano Estratégico de Desenvolvimento Industrial do DF (PDI/DF), com propostas detalhadas do setor para orientar as ações estratégicas dos agentes políticos e econômicos capazes de aumentar a participação deste segundo setor no PIB local.

O debatedor, Professor Jorge Nogueira – que por motivos de saúde não pôde comparecer, mas enviou seu trabalho, apresentado pelo Professor Roberto Ellery –, discute dois aspectos essenciais: a busca da industrialização e a abrangência do espaço geográfico em programas estratégicos de desenvolvimento do Distrito Federal.

Advoga restrições quanto às opções de industrialização do DF, descartando indústrias tradicionais. Ressalta que o desenvolvimento econômico deve dirigir-se não só à nossa capital, mas, especialmente, ao Entorno do DF. A estrutura produtivo-ocupacional deve, portanto, ser diversificada e muito mais complexa do que a passada, administrativa e de construção civil, refletindo-se em novas tendências no quadro de emprego não só do DF, mas de toda a sua periferia. Isso implica uma melhor qualificação da mão-de-obra e, por conseguinte, a existência de políticas públicas que democratizem o acesso à escola e a melhor formação das classes mais populares.

Ainda que a população do DF se caracterize por longa esperança de vida, alta taxa de alfabetização e elevada renda *per capita*, essas expressões dos melhores padrões de desenvolvimento humano convivem com repugnantes manifestações de pobreza absoluta. O Distrito Federal aparece em décimo lugar quanto à competitividade na atração de investimentos produtivos, o que representa a necessidade de investimentos tanto em infra-estrutura como em educação e saúde, entre outras áreas.

REPENSAR E REPLANEJAR BRASÍLIA E O SEU ENTORNO PARA O CINQÜENTENÁRIO EM 2010

Marcos Formiga

Os programas estratégicos são desdobramentos da atividade de planejamento estratégico – compreendida como um esforço ordenado desenvolvido para produzir decisões e ações fundamentais que orientem e dêem direção a uma empresa ou um a região/país para atingir um determinado estágio, a partir da situação em que se encontra.

Como técnica, o planejamento estratégico após ser desenvolvido em setores militares, chega na década de 70 ao setor privado. Somente no final da década de 80, chega a ser utilizado em cidades e regiões. Tanto nos Estados Unidos, quanto na Europa. A partir daí, o setor público passou também a utilizar este instrumental em suas atividades de planejamento.

Marcos Formiga – Economista. Assessor do Reitor no Laboratório de Estudos do Futuro/UnB; Assessor da Presidência da CNI – Confederação Nacional da Indústria. Foi Secretário Extraordinário para o Desenvolvimento do Centro-Oeste do Ministério da Integração Nacional. Vice-Presidente da Associação Brasileira de Educação a Distância – ABED. Atuou na CAPES e no CNPq.

No caso brasileiro, a partir do segundo Governo Vargas, o Brasil passa a valorizar a atividade de planejamento de influência de países socialistas e das social – democracias européias. Sem dúvida, nos primórdios do planejamento tradicional havia um viés autoritário em sua tentativa de implementação; especialmente em um País refratário ao ordenamento de políticas públicas e de pouca ou quase nenhuma tradição de avaliação do processo de gestão pública.

No caso brasileiro, ainda não se dispõe de uma análise comparativa sobre os êxitos e fracassos da tentativa de substituir, paulatinamente, o planejamento tradicional pelo planejamento estratégico. O País – a despeito do viés autoritário – conseguiu imprimir uma tradição de planejamento das atividades do Estado ao longo de mais de três décadas. É desta época, a criação do Ministério do Planejamento, inicialmente sob a denominação de Extraordinário e tendo como seu primeiro titular, o paradigmático economista Prof. Celso Furtado. Que havia realizado a mais bem sucedida experiência de planejamento regional, em âmbito mundial, a partir da criação da SUDENE.

O esforço histórico em prol do planejamento global, desde Roberto Simonsen – homem de empresa – nos idos dos anos 30 e 40, via-se seriamente implementado e partir da década de 50.

O Plano Trienal de Goulart/Furtado foi sustado pelo golpe militar, mas segundo os especialistas, apenas mudou de nome para Plano de Ação Econômica no novo regime, agora sob o comando de Castelo Branco/Roberto Campos. Não há dúvida, embora de forma velada, foi um reconhecimento à seriedade e competência de Celso Furtado.

Os governos militares tinham um forte compromisso com a atividade de planejamento e se reconhece o êxito na implantação da infra-estrutura do País. O mesmo não se pode dizer, nem daquela época, nem dos tempos atuais, sobre a área social, que continua a aumentar déficits e apresenta resultados pífios; sobremaneira, nas chamadas décadas perdidas de 80 e 90.

Deste modo, o Brasil que dentre os países em desenvolvimento teve as melhores experiências de planejamento global e regional, vê-se gradativamente esvaziar a sua tradição de planejamento .

O curto prazo e o imediato passaram a ser o horizonte visual dos governos. A inflação galopante vigente nos quinze anos compreendidos entre 1980-1994 inviabiliza a função de planejamento, é impossível planejar-se em um ambiente de completa incerteza e instabilidade.

No entanto, a estabilidade econômica obtida a partir do Plano Real não foi suficientemente forte para restaurar a regularidade e o referencial brasileiro de planejamento. Criou-se um vácuo, em alguns casos cobertos pelo planejamento estratégico que atende relativamente bem horizontes de visão de curto prazo.

Há uma sensação de vácuo do governo, ora rendido ao predomínio do mercado de conotação neoliberal, ora o descrédito do papel do Estado que detém o poder, mas não a autoridade de governança. Daí, um certo consenso de que o País continua à deriva pela falta de um Projeto Nacional. Contenta-se (?) com a estabilidade da moeda e com a mediocridade dos índices de desenvolvimento há mais duas décadas. Enquanto a inflação crescia, o planejamento desaparecia, e as suas conseqüências ainda persistem: necessidades crônicas da população e qualidade insatisfatória dos serviços públicos. O recuo da atividade de planejamento, paradoxalmente, aumentou o tamanho do Estado, medido pelo crescente nível de impostos e taxas que superam 1/3 do PIB – recursos apropriados pelo Estado, sem a devida contrapartida de serviços públicos de qualidade. Reformas incompletas e em ritmo insatisfatório.

Neste cenário de planejamento quase inexistente, Brasília e o seu Entorno replicam o que se passa no País. Com um agravante, Brasília é resultado do Brasil que acreditava no futuro por meio do seu planejamento.

O Presidente JK de forma exemplar tinha um Plano de Metas e sabia para onde conduzir o País, teve em Brasília a sua meta-síntese. Portanto, Brasília se constituiu em um exemplo-demonstração do correto e desejado planejamento de Estado.

Brasília ao se preparar para os seus primeiros 50 anos, constata-se o desprezo e o despreparo de diferentes governos, em diferentes níveis, conduziram o DF e o seu Entorno para uma situação paradoxal de anti-planejamento e crescimento desordenado. O que era esperança há 50 anos, passa a ser um temor. Organismos internacionais advertem que esta Região está sob a ameaça de se tornar uma nova Baixada Fluminense pelas características de super-população, sub-habitação, insegurança e sem ordenamento territorial.

Compete aos atuais e futuros governantes inverter este quadro ameaçador. Os ganhos obtidos em relação à qualidade de vida e ao nível de renda dos habitantes do Plano Piloto deveriam ser estendidos ao seu Entorno. E não o contrário, as cidades-satélites estão se tornando espaços de desigualdade, queda crescente e degradação destes indicadores.

A Região que é beneficiária das receitas abundantes do Governo Federal, por sediar a Capital Federal, tem um tratamento privilegiado de ter todas as despesas de Educação, Saúde e Segurança cobertas pela União.

Em contrapartida, pelo afluxo da emigração crescente e sua atração como pólo de desenvolvimento, constata-se a prestação de serviços cada vez mais precários.

Repensar e Replanejar Brasília e o seu Entorno para o Cinqüentenário em 2010

Marcos Formiga

Brasília em seu Cinqüentenário precisa ser repensada e regerenciada. Não dar para conviver e esperar uma reversão de tendência. Algo muito sério há de ser feito, urgentemente.

O sistema gerencial envelheceu mais do que a cidade. Não é mais possível pensar Brasília a partir do seu Plano Piloto, a Ilha da Fantasia não mais existe. O Quadrilátero de Cruls foi uma referência, hoje suas fronteiras estão ultrapassadas. A realidade trazida pelo fenômeno do transbordamento não planejado da cidade, é semelhante aos processos de degradação contínua das Regiões Metropolitanas brasileiras. O País tem sido incompetente para gerir suas cidades, e este fenômeno chegou à Brasília e ao seu Entorno.

Os programas estratégicos ora em vigor, não passam de cartas de boas intenções, com resultados modestíssimos, insuficientes para moldar ou conter as forças sociais da desordem urbana e de falta de planejamento generalizada que vigoram na Região.

Na nova concepção de gerenciamento urbano as soluções são coletivas para o agrupamento humano como um todo, e não soluções parciais ou paliativas para as suas partes. Os problemas de transporte público, saneamento básico, segurança, educação e saúde exigem soluções integradas e não mais tentativas isoladas. A unicidade da Região Administrativa desapareceu, tornou-se pequena para dimensão do problema complexo trazido por uma aglomeração humana de cerca de três milhões de habitantes.

Repensar o gerenciamento do setor público não significa transformar o DF e o seu Entorno em uma nova unidade de Federação. Trata de se reestruturar o poder público para que em regiões conurbadas como Brasília e as Regiões Metropolitanas disponham de um meta-governo que extrapole limites e fronteiras políticas, uma vez que a população já não as consideram e foram definitivamente postas abaixo pela dinamicidade da urbe.

E uma nova realidade requer uma revisão de conceitos ultrapassados, legislações caducas e clama por dirigentes inovadores e ousados.

Isto não é utopia, nem impossível de se realizar. Os exemplos internacionais de Países desenvolvidos e de Países no mesmo estágio de desenvolvimento do Brasil comprovam que é possível. Para isto, se fez necessário, muita coragem para mudar e competência para exercer a liderança pública, o poder e a autoridade – conjugadamente – democraticamente eleita e participadamente exercida.

INDUSTRIALIZAÇÃO DO DF: PRIORIDADE DO GOVERNO E DA SOCIEDADE

Ricardo Figueiredo Caldas

Plano Estratégico de Desenvolvimento Industrial do DF – PDI-DF

As características básicas do desenvolvimento da capital federal, nas últimas décadas, têm sido o seu acelerado crescimento demográfico e a sua consolidação como centro político-administrativo do País. Simultaneamente, estruturou-se um incipiente setor agrícola e industrial, voltado para as necessidades imediatas do mercado local, ao tempo em que eram exploradas com maior intensidade as oportunidades nos setores de construção civil e de serviços – que nos últimos anos constituíram as atividades mais importantes da dinâmica da economia brasiliense.

Ricardo Figueiredo Caldas – Vice-Presidente da FIBRA – Federação das Indústrias do DF; Vice-Presidente do Sinfor – Sindicato da Indústria da Informação do DF – SINFOR. Membro Titular do COPEP – Conselho de Gestão do Programa de Apoio ao Empreendimento Produtivo do DF. Membro Titular do Conselho de Ciência e Tecnologia do DF. Membro Titular do Conselho de Representantes da FIBRA. Mestrado e graduação em Engenharia Elétrica na área de Telecomunicações/UnB. Docente do Departamento de Ciência da Computação, UnB/1988.

Muito embora a economia local continue a depender em grande parte dos investimentos e das iniciativas do Governo, não se pode deixar de reconhecer que, ao longo desse processo, surgiu um agressivo e diversificado núcleo de pequenos, médios e, em menor escala, grandes empresários privados, voltados para o aproveitamento das oportunidades que a cidade oferece.

Uma outra característica do desenvolvimento do Distrito Federal nos últimos anos foi a de que, em virtude da influência do setor público e das restrições e limitações à expansão de atividades econômicas, criou-se uma profunda dicotomia na distribuição local da renda. De um lado, um segmento de classe média e alta, com índices de renda *per capita* dos mais elevados do País, e, de outro, uma vasta periferia de grupos populacionais de baixa renda, com profundas carências do ponto de vista econômico e social, particularmente com relação às oportunidades de emprego.

Nesse contexto, o tema industrialização do Distrito Federal, até há pouco tempo negligenciado ou considerado um verdadeiro "tabu", passou a constituir uma preocupação prioritária do Governo e do setor privado.

Assim, a FIBRA está colocando à disposição dos poderes Legislativo, Executivo e Judiciário o Plano Estratégico de Desenvolvimento Industrial do DF (PDI/DF), como uma proposição do setor para orientar as ações estratégicas nessa área, no período de 2006 a 2015.

O plano reúne diretrizes e propostas de projetos com a finalidade de subsidiar o Governo na implementação de um conjunto de incentivos e regulações associadas a ações públicas, capazes de afetar a alocação inter e intra-industrial de recursos, além de influenciar a estrutura produtiva, a conduta e o desempenho dos agentes econômicos na capital federal, favorecendo inclusive a dinamização das exportações.

O que se espera com essa iniciativa é a parceria entre o setor industrial, os poderes Executivo e Legislativo e as universidades para o alcance da meta de aumento da participação do setor secundário da economia local no PIB.

Porto Seco – Estação Aduaneira do Interior EADI/DF

Uma EADI, também denominada de "Porto Seco", representa uma iniciativa da Receita Federal e foi projetada para se articular com terminais de transporte de carga rodoviário e ferroviário. Tem a finalidade de concentrar e distribuir a produção, além de integrar e facilitar os procedimentos burocráticos para a entrada e a saída de mercadorias dentro e fora do País.

As condições para a instalação e funcionamento de um Porto Seco foram disciplinadas pelo Dec. nº 1.910, de 21 de maio de 1996, publicado no Diário Oficial da União (DOU) do dia 22 de maio de 1996. A sua criação teve como principal objetivo cumprir a política de interiorização das atividades aduaneiras, diminuindo custos, representando menores preços de mercado, mais ativação e dinamismo da economia regional.

Os Portos Secos no Brasil de início se localizaram nas proximidades dos portos, aeroportos e dos grandes centros consumidores. Os primeiros terminais aduaneiros foram implantados na região da Grande São Paulo. Mais tarde, estes terminais foram se interiorizando com o aumento das exportações e importações de produtos gerados e consumidos no interior do País.

A implantação de uma EADI no Distrito Federal só ocorreu em 2004, aproximadamente, oito anos depois da publicação do decreto. A sua infra-estrutura ocupa um terreno de 200 mil m^2 próximo à cidade de Santa Maria, na Área de Desenvolvimento

Econômico, denominada Pólo JK, e dispõe de espaço para alfândega e armazenagem, e pátio para veículos pesados.

O Porto Seco do DF reúne condições para a implantação de um complexo industrial com grande capacidade de dinamizar a economia brasiliense e da região do Entorno, em decorrência da possibilidade do escoamento da produção pelos corredores estratégicos de transporte do País, sobretudo pelo corredor Centro-Leste, do qual o DF é consorciado.

Espera-se que tais vantagens se reflitam diretamente em favor do empresariado e da população, especialmente no que tange à redução de custos de transporte para a região e à abertura de sólidas e novas fronteiras para a agricultura, mineração e indústria pesada. Com isso, os produtores passarão a se sentir mais estimulados a produzir e exportar seus excedentes, fomentando a geração de emprego e renda na economia local.

O Porto Seco também possibilitará a ligação do DF, por linhas férreas, aos principais portos do País: Tubarão, no Espírito Santo; Paranaguá, no Paraná; e ao porto de Santos, em São Paulo.

Uma outra vantagem apresentada com a instalação do terminal aduaneiro na região é a redução da burocracia. As empresas passam a resolver todo o processo alfandegário no DF, possibilitando assim que a carga despachada chegue aos portos, de Santos, Itajaí, Vitória ou Rio de Janeiro, já pronta para embarque.

Em virtude da pauta de produtos exportados e importados pela capital federal, o Porto Seco-DF passou a ter como principal foco de negócios produtos de baixo peso e volume reduzido, porém com alto valor agregado.

Estima-se que serão atraídos investimentos da ordem de R$ 5 milhões e a geração de 10 mil empregos diretos e indiretos com a instalação do Porto.

PRÓ-DF – Programa de Promoção do Desenvolvimento Econômico e Sustentável do DF

O Programa de Promoção do Desenvolvimento Econômico e Sustentável do Distrito Federal, denominado PRÓ-DF, foi criado pela Lei nº 2.427, de 14 de julho de 1999. Ele representou a quarta versão de uma série de três programas de fomento à atividade produtiva na capital federal. Foram eles: i) PROIN – Programa de Desenvolvimento Industrial, instituído pela Lei nº 6, de 29 de dezembro de 1988; ii) PRODECON – Programa de Desenvolvimento Econômico do DF, instituído pela Lei nº 409, de 15 de janeiro de 1993; iii) PADES – Programa de Apoio ao Desenvolvimento Econômico e Social do Distrito Federal, estabelecido pela Lei nº 1.314, de 19 de dezembro de 1996.

Implantado pelo Governo do Distrito Federal, o programa teve como principal objetivo fomentar o desenvolvimento econômico e integrado da capital federal, mediante a concessão de incentivos, sendo os principais:

- **Incentivos creditícios e fiscais**: consiste em empréstimos para capital de giro e financiamento para a implantação do projeto, representado por linhas de crédito, disponíveis em estabelecimentos oficiais conveniados com o Governo do Distrito Federal (GDF) ou com o Banco de Brasília; financiamento de até 70% do ICMS gerado pelo empreendimento; isenção do IPTU do imóvel destinado à implantação do projeto; e isenção do ITBI incidente sobre a aquisição do terreno.
- **Benefícios de infra-estrutura**: representa a realização de obras de infra-estrutura viária, inclusive

terraplanagem, movimentação e drenagem do terreno, pavimentação e conservação das vias, construção de estação de tratamento de lixo e resíduos, viabilização de recursos de telecomunicação e energia e de abastecimento de água.

- **Benefício para capacitação empresarial e profissional**: consiste na realização de cursos de capacitação gerencial e profissional, elaboração de sistemas de gestão empresarial, suporte na elaboração de layout e fluxogramas industriais, elaboração de projetos de viabilidade econômica e financeira, orientação na aquisição de empreendimentos e emprego de processos tecnológicos de financiamentos.
- **Incentivos econômicos**: concessão de descontos a terrenos destinados à implantação de novas plantas industriais.

Esse conjunto de benefícios destinou-se a estimular a implantação de empreendimentos produtivos dos setores da agricultura, da indústria, do comércio, de serviços e do turismo na região.

Para viabilizar a operacionalização do programa foram criados 21 distritos industriais, denominados Áreas de Desenvolvimento Econômico – ADEs, distribuídos entre as 28 Regiões Administrativas (RAs) do Distrito Federal.

De fato, o programa atendeu grande parte das expectativas geradas com a sua criação. Durante o período de vigência que vai de agosto de 1999 a dezembro de 2003, o PRÓ-DF beneficiou aproximadamente 4 mil empresas, com capacidade de geração de 46 mil empregos. Em termos de investimentos, o PRÓ-DF atraiu um montante de R$ 1,3 bilhão.

Entretanto, as principais críticas com relação ao programa recaíram sobre a lentidão com que foram realizadas as obras de infra-estrutura. Outro ponto foi a omissão de diretrizes claras capazes de nortear a ocupação da maior parte das ADE´s, a partir de empreendimentos com capacidade de possibilitar a substituição de parte dos bens e serviços importados.

A falta de infra-estrutura nas ADE´s acabou inviabilizando a implantação definitiva de um número expressivo de empresas, afetando a geração de emprego e renda. Já a ausência de diretrizes claras criou um ambiente desfavorável às empresas instaladas, estabelecendo uma concorrência desleal – o que gerou desequilíbrios no mercado brasiliense.

Em 2004, procurando equacionar essas e outras questões do programa, foi lançado o PRÓ-DF II, definido pela Lei nº 3.196, de 29 de setembro de 2003. Essa nova versão corrigiu a possibilidade de geração de concorrência predatória no mercado, por meio da inclusão de um mecanismo denominado Regime Compensatório de Competitividade. Na prática, isto quer dizer que se uma empresa não-participante do programa e já estabelecida no DF comprovar que foi prejudicada por concorrente beneficiada pelo PRÓ-DF II, ela passará a gozar dos mesmos direitos concedidos à sua adversária.

Apesar das alterações, o programa ainda necessita de uma diretriz clara, que poderia ser suprida com a definição de uma agenda estratégica para a indústria, considerando-se a relevância do setor manufatureiro como dinamizador do desenvolvimento econômico. Nessa mesma linha, verifica-se também ausência de políticas de cunho industrial, segundo a natureza do instrumento alvo pretendido, ou seja, a promoção do desenvolvimento econômico e social do Distrito Federal e da região do Entorno.

Parque Capital Digital

A idéia da criação de um Pólo de Informática na capital federal surgiu após a elaboração de um minucioso estudo sobre a economia brasiliense, intitulado "Proposta de Programa de Industrialização para o Distrito Federal", elaborado em 1990 pela FIBRA.

O trabalho consistia em um conjunto de diretrizes e medidas elaboradas com o propósito de subsidiar o primeiro governo eleito e a Câmara Legislativa na condução dos trabalhos de elaboração de programa de desenvolvimento econômico e social para DF, no momento em que a cidade assumia sua autonomia política.

A par das diretrizes gerais de seleção de investimentos, o estudo postulava que especial atenção deveria ser dada à criação de um pólo de informática – como passo para a estruturação de um núcleo de indústrias de tecnologia de ponta – por meio de uma articulação entre o setor produtivo, o setor científico e tecnológico (particularmente através da mobilização potencial da Universidade de Brasília) e o setor público.

A estratégia de implantação do pólo, segundo o estudo, deveria levar em conta as modificações ocorridas na política de informática do País, verificadas na década de 90, com perspectiva de gradual eliminação da reserva de mercado interno, a progressiva abertura do mercado externo, a maior articulação, o crescente nível de exigências dos usuários do setor e a consolidação do parque industrial já existente no Brasil.

A expressiva ampliação do número de empresas atuantes nas áreas de *hardware*, *software* e prestação de serviços de *web* e *call center*, em decorrência da enorme atividade do governo na capital federal (a partir de meados da década de 90) foi considerado um dos principais condicionantes da vocação do DF para a implantação de um pólo de informática.

Um importante passo nesse sentido foi dado com a publicação da Lei Complementar nº 679, de 30 de dezembro de 2002, de autoria do Executivo. Essa Lei estabeleceu a destinação de uma área de 123 hectares dentro dos limites do Parque Nacional de Brasília para a instalação de um Pólo de Informática, que passou a ser denominado Parque Capital Digital.

Entretanto, somente quatro anos mais tarde é que o projeto do Parque finalmente saiu do papel, com sanção da Lei nº 11.285, de 8 de março de 2006, pelo Executivo, que destacou a área de 123 hectares do Parque Nacional para a instalação de um Pólo Tecnológico.

Segundo orientação do estudo denominado "Diretrizes Funcionais para o Parque Capital Digital", elaborado pelo o Sindicato das Indústrias da Informação do DF (SINFOR), o Pólo Tecnológico do DF deverá priorizar a instalação de atividades intensivas em conhecimento no setor de Tecnologia da Informação e Comunicação (TIC), que não provoquem nenhum tipo de poluição e demandem elevada criatividade, tais como: fornecedoras de soluções completas de TIC, capazes de aumentar a produtividade dos clientes; fabricantes de produtos diretamente ligados ao setor; Centros de Pesquisa e desenvolvimento em TIC; instituições de ensino superior e técnico em TIC e unidades de ensino e capacitação permanente dos funcionários das empresas instaladas no Parque; incubadoras de empresas e entidades que forneçam apoio a empresas graduadas (pós-incubadas); entidades e serviços de apoio à inclusão digital, como o museu de TIC e serviços públicos de acesso à Internet.

Estima-se que serão investidos R$ 6 bilhões, com a instalação de cerca de 2 mil empresas, o que possibilitará a criação de aproximadamente 50 mil empregos, com a instalação do Parque, o único da região Centro-Oeste.

Segundo dados da Relação Anual de Informações Sociais (RAIS) do ano de 2003, existem aproximadamente 3,7 mil empresas na cadeia produtiva da indústria da transformação no DF. A maior concentração delas encontra-se nas regiões administrativas do Plano Piloto, Guará, Taguatinga e Cruzeiro. Quase 97% são de micro e pequeno porte, empregando até 100 funcionários. As atividades mais preponderantes são as de consultoria em sistemas de informática, desenvolvimento de programas e atividades de manutenção.

Cidade Saúde

A Cidade Saúde, também denominada de "Parque de Ciência e Tecnologia do Distrito Federal", foi criada pela Lei Complementar nº 722, de 30 de janeiro de 2006. Em seu art. 1º, a Lei estabelece que o Parque deve ser instalado em área de 33 hectares, localizado no imóvel Bananal, situado entre a Avenida 3ª Ponte, a Via Setor de Clubes Esportivos Sul e a Via L4 Sul.

O Parque deverá fomentar a implantação de centros de referências nas áreas de desenvolvimento humano, de pesquisa, de estudo, de ensino, de educação e de saúde no Distrito Federal, bem como empreendimentos que contribuam para a otimização e a capacitação de recursos humanos disponíveis.

A instalação da Cidade Saúde na capital federal será importante para a realização de novos investimentos na área de medicina de alta tecnologia, assim como o constante treinamento e aperfeiçoamento dos profissionais envolvidos com a saúde. Uma das principais preocupações com o projeto deverá ser com o estabelecimento de mecanismos que garantam a livre concorrência entre as empresas no mercado local.

Atualmente, a instalação da Cidade Saúde ainda se encontra em fase de estudos técnicos por parte do setor público.

Parque de Biotecnologia

A criação e a localização, bem como os objetivos do Parque de Biotecnologia, foram disciplinadas pela Lei Complementar nº 721, de 30 de dezembro de 2005.

De acordo com esse dispositivo legal, o Parque de Biotecnologia, também denominado "Pólo de Conhecimento do Distrito Federal", tem como objetivo fomentar a implantação, a expansão e a capacitação científica nas áreas de pesquisa, de estudo, de ensino e de conhecimento tecnológico no DF. Para tanto, foi indicada uma área de 194 hectares, localizada no imóvel Tamanduá, situada entre a DF 180, a BR 060 e o Córrego Samambaia.

As atividades produtivas fundamentadas na biotecnologia se caracterizam pela utilização de processos e agentes biológicos no tratamento de materiais para a obtenção de bens e serviços. A FIBRA entende que existe um amplo espectro de oportunidades em atividades que permitem a instalação de indústrias com capacidade de gerar sinergia com outros setores. Nesse sentido, destacam-se as seguintes atividades:

- de produtos farmacêuticos (antibióticos, esteróides, vacinas, vitaminas);
- de insumos para o setor primário (sementes, biodefensivos, hormônios de crescimento, embriões e inseminação artificial, cultura de tecidos de plantas *in vidro*, produtos veterinários, fertilizantes);
- de insumos para a indústria de engenharia genética (bancos de linhagens de microorganismos para aplicação em processos industriais de fermentação), para a aqüicultura e para o setor de serviços (reagentes para laboratórios);

- de alimentos e bebidas;
- de produtos químicos (ácidos orgânicos, óleos e gorduras).

O mercado mundial de biotecnologia movimenta aproximadamente R$ 30 trilhões por ano. Estima-se que o faturamento do setor de biotecnologia no Brasil represente cerca de 0,5% do PIB nacional, com receita em torno de R$ 5 a 9 bilhões por ano.

Este é, portanto, um setor que deve ser estimulado, no contexto de uma política governamental que vise integrar o desenvolvimento industrial integrado da Região Centro-Oeste, como o desenvolvimento tecnológico e a preservação do ambiente. No entanto, a instalação do Parque também se encontra em fase de estudos.

Referências

CNI.Crescimento. *A Visão da Indústria*, Brasília, 2006

FIBRA – Federação das Indústrias do Distrito Federal. *Proposta para o Programa de Industrialização do Distrito Federal*, 1990.
________. *Agenda Legislativa da Indústria do DF*, Brasília, 2006.

Secretaria Executiva para Implantação da EADI/DF. *Estação Aduaneira Interior – EADI/DF, Relatório*, 1995.

SINFOR – Sindicato das Indústrias da Informação do Distrito Federal. *Cadeia Produtiva da Indústria da Informação do Distrito Federal*, 2003.
________. *Diretrizes Funcionais para o PARQUE CAPITAL DIGITAL*. DF, 2003.
________. *Projeto Executivo do Programa Brasília Capital Digital*, 2003.

DF em Questão

INDUSTRIALIZAÇÃO DO DF OU DA RIDE?

Jorge Madeira Nogueira

O constante desejo de mudar a economia do Distrito Federal

Uma questão perene, entre muitas que surgiram nessas quase cinco décadas, no debate econômico do Distrito Federal é relativa à mudança no perfil de suas atividades produtivas. De acordo com Pagnussat (2005), 92% da riqueza aqui gerada se originam em atividades de serviço, em particular do serviço público, 7% em atividades industriais e o restante na agropecuária. Apesar de situar-se entre as dez maiores economias da Federação, com um produto interno superior a R$ 40 bilhões, pensadores e formuladores de política pública local parecem incomodados com a importância do setor serviços na geração de emprego, produção e renda no Distrito Federal (DF).

Jorge Madeira Nogueira – Professor Titular do Departamento de Economia, Diretor do Centro Integrado de Ordenamento Territorial (CIORD) e Coordenador do Centro de Estudos em Economia, Meio Ambiente e Agricultura (CEEMA) da Universidade de Brasília.

Visando a reduzir essa dependência de um único setor de atividade, diversos governos distritais buscaram implementar *programas estratégicos* para diversificar a economia do DF. Em todos eles, as atividades industriais têm tido papel de destaque. Diferenciavam-se, no entanto, em termos de qual sub-setor industrial – do têxtil ao automobilístico, passando por motocicletas – seria estimulado a instalar-se no território do DF e quais formas de estímulos – de doação de terrenos à renúncia fiscal – seriam oferecidas aos interessados. Muitos desses programas apresentavam imperfeições técnicas tão significativas que não conseguiam sobreviver sequer ao mandato de seu governo proponente.

Um aspecto sempre presente nesses programas – e em minha opinião uma falha grave de todos eles – é o reducionismo geográfico. Todos propunham a industrialização do Distrito Federal e simplesmente desconsideravam (e continuam a desconsiderar) a sua região circunvizinha. Apesar da presença constante do "entorno", da "região geoeconômica" ou da "região integrada de desenvolvimento econômico" no discurso político, essa área geográfica mais ampla simplesmente desaparecia do planejamento econômico.

Quando da definição do "novo perfil produtivo" para o DF, a população e os municípios que o compõe voltavam a ser responsabilidade exclusiva dos governos de Goiás e Minas Gerais.

Apresento uma análise desses dois aspectos – a busca da industrialização e a abrangência do espaço geográfico – em programas estratégicos de desenvolvimento do Distrito Federal do passado, do presente e do futuro. A argumentação aqui desenvolvida sugere, por um lado, que as opções de industrialização do DF são muito mais restritas do que o discurso político sugere. Se eficiência econômica e competitividade são critérios a serem considerados quando da escolha de segmentos industriais para instalação no DF, inúmeros segmentos industriais tradicionais devem ser descartados. Por outro lado, argumenta-se também que o desenvolvimento econômico relevante a ser buscado é o da região circunvizinha do Distrito Federal e não apenas do território constituinte da capital do Brasil.

De cidade administrativa a pólo industrial: sonho ou pesadelo?

A revolução industrial inglesa parece ter estabelecido um modelo de aumento de renda e de bem-estar que todo povo deseja seguir em qualquer ponto do planeta. Construir uma base industrial tem sido a mudança estrutural sonhada por qualquer comunidade nos mais diversos pontos geográficos. Os retardatários na busca de industrialização perceberam, no entanto, que as dificuldades da empreitada eram muito maiores do que o pioneirismo inglês sugeria. O surgimento de indústrias nascentes e a sua consolidação com inserções competitivas em mercados nacionais e internacionais têm exigido esforços elevadíssimos de diferentes governos.

Esses esforços não têm sido compensados, muitas vezes. Diversas tentativas de estabelecer-se uma estratégia industrial em certo local têm se mostrado inviável após anos de tentativa e centenas de milhões de dólares desperdiçados. Em outros casos o sucesso é atingido, mesmo que a custos financeiro, econômico e social não desprezíveis. Que instrumentos de políticas têm sido utilizados nessas tentativas bem-sucedidas? Em espaços nacionais, as barreiras tarifárias e não-tarifárias têm protegido a indústria nascente contra a concorrência externa, complementadas por diferentes formas de incentivos governamentais.

Os espaços geográficos internos a um país, no entanto, não podem ser protegidos por tarifas contra a concorrência de outros espaços geográficos internos ou externos ao mesmo país. A atuação pública nesses casos concentra-se nos incentivos para atrair empresas industriais para um determinado ponto do espaço geográfico. Esses incentivos buscam "ampliar" as forças de atração (centrípetas) de atividades industriais existentes (ou a serem criadas) em um determinado local e/ou "reduzir" a ação de forças de expulsão (centrífugas) dessas atividades, se ela existirem no local onde se deseja consolidar a industrialização[1]. Essas forças estão

Quadro 1: Forças de Atração e Expulsão de Atividades

Forças Centrípetas	Forças Centrífugas
Conexões	Fatores imóveis
Mercados Grandes	Aluguel de terras /transporte até o local de trabalho
Transbordamento de conheciment o e outras economias externas puras	Congestionamentos e outras deseconomias puras

Fonte: Fujita, Krugman e Venables (2002).

Formuladores de programas estratégicos de desenvolvimento têm considerado muito mais as forças centrífugas do que as centrípetas em suas atividades de planejamento. Na definição da sua "parafernália de incentivos à industrialização local", o formulador de política pública busca, conscientemente ou não, *evitar* que a empresa um dia se retire do local do que *garantir* que ela venha e permaneça. Por quê? A resposta é óbvia: estabelecer conexões entre empresas, setores e/ou instituições, gerar grandes mercados intermediários e/ou finais de consumo ou garantir transbordamento de conhecimento e outras economias externas dependem de um longo processo de interação entre atividades produtivas, agentes econômicos e instituições sociais, processo esse que ultrapassa os desejos e as vontades desse ou daquele governo.

Os programas estratégicos de desenvolvimento do Distrito Federal repetiram, em geral, a tentativa de atrair indústrias tentando reduzir a probabilidade delas irem embora. Doações de terrenos e incentivos fiscais adiavam os efeitos de forças centrífugas. Quanto maior o adiamento desejável, maior o montante necessário de incentivos. Só mais recentemente que os planejadores do DF passaram a dedicar maior atenção ao funcionamento e ao estímulo às forças centrípetas. São exemplos dessa mudança de rumo a idéia da Cidade Digital e do Parque de Biotecnologia, tentativas claras de uso de conexões e de transbordamento de conhecimento tecnológico[2]. Essa nova atenção, no entanto, tem ficado restrita a um espaço geográfico muito limitado – ao do DF propriamente dito.

Os diferentes se complementam: DF e seu Entorno

O Distrito Federal tem tido uma postura arrogante em relação às regiões que lhe são vizinhas. Com o maior Produto Interno Bruto (PIB) *per capita* do País – mais que o dobro da média nacional, o que o torna mercado consumidor bastante atrativo –, a capital da República parece incomodada pela pobreza dos municípios que lhe estão próximos. Apesar de cercada de pobreza e estagnação econômica, o DF acredita cumprir o papel de pólo de desenvolvimento do Planalto Central e da sua fronteira oeste. Acredita-se que a construção de Brasília teria sido o marco inicial do desenvolvimento dessa vasta região, esquecendo-se do acelerado crescimento do sul de Goiás e Mato Grosso ainda no início dos anos 1950, bem antes do início da construção de Brasília.

Em sua arrogância, o DF tenta ser protagonista do desenvolvimento econômico da Região Centro-Oeste, onde se situa. O Centro-Oeste está entre as regiões mais promissoras do mundo e praticamente dobrou a sua participação no PIB nacional nos últimos 20 anos, passando de 4,8% em 1985 para aproximadamente 8% em 2004. O extraordinário crescimento da Região Centro-Oeste nos últimos anos, em especial da agricultura comercial e da agroindústria, transformou a região no grande celeiro do Brasil e uma das principais regiões geradoras de divisas, com uma diversificada pauta de exportações agroindustriais.

A expansão da agricultura comercial e da agroindústria no Centro-Oeste propiciou a efetiva integração da região ao conjunto da economia nacional. O Distrito Federal tem sido em bom coadjuvante nesse processo. Brasília tem se beneficiado duplamente da expansão econômica do Centro-Oeste, em especial da agroindústria: como centro consumidor dos produtos e como fornecedor de bens e serviços para a Região. Como centro consumidor, a expansão da produção garantiu o abastecimento do DF com preços relativamente menores aos observados no passado. O consumidor do DF tem grande variedade de produtos da Região e, portanto, com custos de transporte e distribuição menores.

Como centro prestador de serviços, Brasília tornou-se um centro distribuidor dos insumos para a Região e da produção da Região para outros mercados, em especial na prestação de serviços de escritórios, revenda, armazenagem e transportes, gerando emprego e renda no DF.

Outro destaque é o papel de centro comercial, tanto no fornecimento de produtos para os pequenos e médios mercados da Região pelos "hipermercados" e distribuidores de Brasília, como pela venda direta aos consumidores, com destaque para bens de consumo duráveis de alto valor, dado o crescimento da renda na Região.

A expansão econômica movida pela agroindústria ampliou a demanda de outros serviços do DF, contribuindo para o dinamismo desses setores, com destaque para a educação, pesquisa e saúde. Tudo isso com custos adicionais para os cofres públicos locais, é verdade. Mas, por outro lado, propiciando emprego para os profissionais, principalmente de saúde, e transformando Brasília num centro de excelência no setor. Eis aí um componente promissor de uma estratégia de desenvolvimento do Distrito Federal, com custos significativamente menores do que os de uma industrialização artificial. E com benefícios maiores.

Componentes de uma estratégia factível

Um dos objetivos deste estudo é fornecer subsídios para um planejamento do Distrito Federal para os próximos anos. Nesse sentido, não pode passar despercebida uma importante transformação no mercado de trabalho brasiliense na última década. Ohana e Maia (1998) assinalavam, já no final dos anos 1990, o aumento na ocupação em alguns setores, como serviços, que tem propiciado a consolidação de um padrão ocupacional que deverá imprimir um novo perfil à Brasília no futuro próximo.

Ohana e Maia (1998) mostraram que o nível de emprego cresceu 3,7%, com a geração de quase 25 mil postos de trabalho, no Distrito Federal em 1997. Embora insuficiente para debelar o aumento do desemprego diante da forte pressão exercida por mais de 60 mil pessoas que engrossavam a População Economicamente Ativa, o crescimento do nível de emprego apresentava aspectos interessantes para serem analisados. Em primeiro lugar, o setor de serviços (que inclui os serviços públicos de saúde e educação) foi responsável pelo incremento de 18,5 mil novas ocupações, crescendo à taxa de 5,1% naquele ano. De outro lado, a Administração Pública direta – Federal e Distrital - apresentou uma queda de 2,7%.

Saltava aos olhos dos analistas, contudo, a rápida expansão dos **serviços especializados** (que agrega atividades de escritórios de engenharia e arquitetura, assessoria técnica, consultoria, pesquisa, análise e processamento de dados, publicidade, jurídico e outros), que experimentou um crescimento de cerca de 55% desde o início da Pesquisa de Emprego e Desemprego no DF (PED/DF). De fato, ao longo dos últimos anos, este subsetor de atividade cresceu significativamente. Verificou-se ainda uma notória ampliação dos **serviços de alimentação**. O mesmo ocorreu com **educação e saúde**. Qual o significado de tudo isso?

O saldo positivo para o conjunto dos serviços evidenciou a tendência para a configuração de um perfil ocupacional típico de metrópole caracterizada por extensa e complexa rede de serviços, públicos e privados. De todas as evidências, porém, a mais ilustrativa deste novo perfil ocupacional que vai consolidando-se é, sem dúvida, a importância crescente do segmento privado, dado o corte segundo posição na ocupação. O setor privado passou a ter participação crescente no emprego total do DF, alcançando 36% dos ocupados no final do século passado, diante dos 29% do setor público. Voltando às questões estruturais, o mercado de trabalho no Distrito Federal, embora cada vez mais seletivo, aponta na direção de uma expressiva diversificação e ampliação das oportunidades de inserção. Pouco a pouco Brasília deixa de ser a cidade administrativa e da construção civil, como era caracterizada no passado, e passa a delinear uma estrutura produtiva e, por extensão, ocupacional muito mais complexa e diversificada.

Qualquer tentativa de se estabelecer *programas estratégicos de desenvolvimento* precisa observar essas tendências no emprego no DF.

Mais ainda. Não resta dúvida de que a seletividade crescente para a inserção da mão-de-obra deverá exigir a elevação da qualificação, a qual, se não for assegurada por políticas públicas abrangentes que promovam a democratização do acesso a uma melhor formação, evidenciará a face perversa de um modelo excludente e injusto para a maioria dos trabalhadores. Atualmente, enquanto apenas 2% dos desempregados possuem o 3º grau completo, quase a metade dos desempregados (45%) não concluiu o 1º grau no Distrito Federal. A demanda por mão-de-obra tem mostrado um grande dinamismo exatamente naqueles setores que requerem uma elevada qualificação dos trabalhadores (serviços especializados, educação, saúde, etc.). Eis aí de novo uma possibilidade de diversificação econômica do Distrito Federal.

Além das alterações que estão ocorrendo no perfil das ocupações do Distrito Federal, qualquer estratégia de desenvolvimento deve também observar o estágio atual de renda e de bem-estar da sua população. A divulgação de dois índices – o de Desenvolvimento Humano Municipal (IDH-M)[3] e o Índice de Condições de Vida (ICV)[4] – sugere aspectos relevantes para qualquer programa estratégico. O Distrito Federal aparece bem situado na escala desses índices, ocupando o segundo lugar, seguindo o Rio Grande do Sul. Em geral, a população do DF se caracteriza por longa esperança de vida, alta taxa de alfabetização e elevada renda *per capita.*

Esses aspectos sugerem um planejamento que considere que estamos tratando de uma população onde haverá cada vez mais idosos, apesar de existirem muitos jovens, com escolaridade cada vez maior, apesar de problemas educacionais sérios, e com alto poder de compra, convivendo com repugnantes manifestações de pobreza absoluta. Não obstante, os "consumidores típicos" do DF não aceitam, por exemplo, certos sub-produtos da atividade produtiva, como a poluição, por exemplo. Não é qualquer industrialização que receberá apoio de uma parcela importante dos formadores de opinião do DF.

Finalmente, há um outro aspecto que deve ser considerado. A consultora Simonsen Associados, em parceria com a revista Amanhã, de Porto Alegre, analisa 98 indicadores de riqueza e intra-estrutura de todos os Estado da Federação, buscando destacar a competitividade de cada um na atração de investimentos produtivos. O Distrito Federal aparece em décimo lugar[5]. O estudo mostra que na guerra pela competitividade vale tudo, inclusive reduções e postergações no pagamento de impostos[6]. Mas, segundo Simonsen Associados, a guerra fiscal tem pouca expressão perante os investimentos que os estados têm feito em infra-estrutura nos últimos anos. "Para o crescimento dos estados nos próximos anos é preciso privatizar (eu diria, dinamizar) as empresas ligadas à infra-estrutura e direcionar o fôlego para outras áreas, como justiça, educação e saúde."[7]

Estratégia semelhante parece explicar o sucesso das cidades do interior do Estado de São Paulo, como Campinas e São José dos Campos, que têm se transformado em importantes pólos de investimento. "O trinômio empresa-universidade-centros de pesquisa é o atrativo dessas regiões, aliadas à qualidade de vida", afirma Harry Simonsen, presidente da Simonsen Associados. Como destaca Antonio Cordeiro, diretor da consultora, a pesquisa é uma importante fonte para as empresas interessadas em entrar no País ou mesmo para as que querem crescer. "Os estados precisam aproveitar essas ondas de investimento da melhor maneira", afirma. Para ele, com esse resultado, pode-se determinar o potencial de cada mercado, organizar suas vendas com base nesse potencial, localizar os empreendimentos e elaborar estratégias de marketing.

Acredito que esses aspectos possam ser relevantes no planejamento do futuro. Não obstante, sempre há uma enorme demanda por previsões e também não há falta de oferta. Sempre há alguém disposto a saciar a sede de informações de tanta gente sobre o futuro. Na verdade, há uma classe composta de muitos profissionais da adivinhação: astrólogos, cartomantes, videntes e ... economistas[8]. A maioria deles faz parte desse imenso mercado de previsões sobre o futuro, um mercado avaliado em 200 bilhões de dólares só nos Estados Unidos. Em uma realidade com essa, é essencial lembrar as palavras de Paul Krugman: "A Economia é mais difícil que a Física. Felizmente, não é tão difícil quanto a Sociologia."

---

[1] Agentes sociais analisam esses diversos fatores locacionais e decidem, sujeitos a certas restrições, onde localizar suas empresas e/ou suas residências. Para um resumo das diversas teorias locacionais indico Nogueira (1998).

[2] **Não** estou afirmando que esses projetos sejam viáveis financeira ou economicamente. Na verdade, pelo que estou informado, ambos carecem de estudos de viabilidade mais rigorosos. Apenas indico que acredito que o foco começa a ser dirigido nas direções corretas.

[3] O IDH-M desenvolvido pelo IBGE, o Ipea e a Fundação João Pinheiro tomam como base quatro indicadores para medições da longevidade, da educação e da renda da população (até 0,500, baixo desenvolvimento humano; até 0,80, médio; e acima, alto), a exemplo do que faz o PNUD para o Índice de Desenvolvimento Humano (IDH), aplicado aos países.

[4] O trabalho é patrocinado pelo Programa das Nações Unidas para o Desenvolvimento (PNUD). O *Atlas do Desenvolvimento Humano no Brasil*, editado em CD-ROM, foi financiado pelo PNUD para que os novos índices ajudem em diagnósticos sócio-econômicos capazes de subsidiar ações públicas e privadas nos municípios e estados.

[5] Atrás de São Paulo, Rio de Janeiro, Minas Gerais, Rio Grande do Sul, Paraná, Santa Catarina, Bahia, Espírito Santo e Goiás.

[6] Na Bahia, as indústrias de calçado podem pagar 99% do ICMS em até 20 anos. Indústrias de móveis, informática, alimentos e montados também possuem suas facilidades.

[7] Gazeta Mercantil. *Bahia é o estado que mais ganha competitividade.* 4, 5 e 6 de setembro de 1998.

[8] Exame. *Por que eles erram tanto?* 8 de abril de 1998, pp. 105-111.

Referências

FUJITA, Masahisa; KRUGMAN, Paul; VENABLES, Anthony J. *Economia Espacial.* São Paulo: Editora Futura, 2002.

NOGUEIRA, Jorge Madeira. "Espaço: o seu (mau) tratamento pela teoria econômica". *Espaço e Geografia*, nº 1, 1998, p. 13-24.

________. "O Futuro da TERRACAP". Texto de debate no "Workshop: Planejando o Futuro da TERRACAP", realizado em 17 de setembro de 1998 no Centro de Convenções do Naoun Plaza Hotel, Brasília, DF.

OHANA, Graça; MAIA, Rosane. "Mudanças no Perfil Ocupacional do Distrito Federal." *Carta de Conjuntura do Corecon*, Ano 12, nº 57, p. 5-9.

PAGNUSSAT, José Luiz. *Brasília: 45 anos de irradiação de desenvolvimento.* Disponível em http://www.corecondf.org.br/

Tema 3

Políticas de Incentivo e Horizontes de Crescimento do DF

DF em Questão

INCENTIVO ÀS VOCAÇÕES ESTRATÉGICAS DO DF E ENTORNO

Ignez Costa Barbosa Ferreira

O Distrito Federal, que se originou da decisão política de transferir a capital do País, tem sua história de crescimento atrelada às práticas de gestão estatal, de planejamento territorial e às políticas de incentivo ao crescimento local. Assim, no DF, políticas de incentivos e horizontes de crescimento estão intimamente ligados.

O resultado dessas políticas, no entanto, não é conseqüência direta das ações incentivadoras, mas fruto da interação destas com os processos gerais estruturadores do espaço no Brasil.

O fato de ter sido criado para abrigar a capital do País fez com que o DF tenha nascido com uma destinação específica e estratégica, e com ocupação eminentemente urbana. Mas isto não o tornou imune aos problemas de outras regiões urbanas brasileiras, onde os incentivos ao crescimento e ao desenvolvimento sofrem a pressão dos processos gerais responsáveis pela urbanização brasileira, a cada momento de sua história.

Ignez Costa Barbosa Ferreira – Pós-graduação no Instituto de Geografia da Universidade de Paris, 1963. Pesquisador Associado do Departamento de Geografia e do Núcleo de Estudos Urbanos e Regionais (NEUR/CEAM) da Universidade de Brasília (UnB). Desenvolve pesquisas, tem publicações em periódicos nacionais e estrangeiros e capítulos de livros. Organizou em 2005 um livro sobre a violência urbana em Brasília.

Com o passar de quase 50 anos de sua implantação, Brasília cresceu e se modificou. Ainda que preservando intacta a sua função maior que é a de capital federal, ela se tornou uma metrópole e, como tal, expandiu o seu território para além do plano urbanístico que lhe deu origem e ultrapassou a linha demarcatória do Distrito Federal.

O cenário dos novos horizontes para o DF se apresenta, então, em termos espaciais e temporais. Em termos espaciais, a área urbanizada se expande para além das fronteiras da unidade da Federação (o DF), dando origem a uma região que envolve o DF e municípios limítrofes, no Estado de Goiás, e que está sendo denominada pelo IBGE como aglomeração metropolitana.

Em termos temporais, vem crescendo a importância da participação das ações privadas locais no processo decisório, relativizando a gestão estatal em detrimento das ações planejadas pelo aparato técnico-burocrático do Estado. A aglomeração de caráter metropolitano compreende a ocupação formal e a ocupação irregular e chega a ter perto de 3 milhões de habitantes (em 2000).

Tudo isso torna complexa esta questão. Para abordá-la contamos com a contribuição do empresário Adelmir Santana, Presidente do Fecomércio e Vice-presidente da Confederação Nacional do Comércio, Presidente do Conselho Regional do Senac – DF, na qualidade de palestrante, e do Prof. Roberto Piscitelli, professor do Departamento de Ciências Contábeis da UnB e Presidente do Ibrase, como debatedor, além da platéia presente com seus questionamentos.

Adelmir Santana traz à discussão sua experiência de empresário, e mostra a importância de Brasília como mercado consumidor por ter uma das maiores rendas *per capta* do País, pelo poder aquisitivo da população, pela concentração de renda, qualidade de vida e pelo alto nível dos consumidores (governo, organismos internacionais e nível de instrução da população). Ressalta a especificidade desse mercado constituído eminentemente de comércio e serviços. Trata-se da metrópole terciária, como a vem denominando, há alguns anos, o geógrafo Aldo Paviani.

Ao contrário do que ocorria nos anos 60 e 70, quando era uma cidade puramente administrativa, onde a economia girava em torno dos governos Federal e local, com o PIB constituído basicamente dos serviços públicos, atualmente o PIB é mais diversificado, com 7,63% da indústria, 32,62 do comércio e serviços e 59,02 ainda de serviços públicos, nas duas esferas de governo. Se excluírmos os serviços públicos, o PIB de comércio e serviços, as atividades da iniciativa privada, ultrapassa 70%. Esses dados confirmam a vocação terciária da cidade, que se confirma também no âmbito do mercado informal e em termos do número de pessoas ocupadas.

Como vem ocorrendo, de um modo geral no mundo, também no DF, o mercado de trabalho torna-se mais seletivo dando margem à expansão do trabalho informal e ao desemprego. Para minorar essa situação, nosso debate considera a importância da formação profissional e a capacitação da população jovem para atender às demandas desse mercado.

Com sua vocação terciária, e por ser a capital do País, Brasília tem perspectivas de desenvolvimento com o turismo, em termos do turismo cívico, de eventos e de ensino, mostrando aos estudantes como funcionam os três poderes. Também em termos de biotecnologia, equipamento médico-hospitalar, tecnologia da informação, logística, gastronomia e de informática, Brasília tem potencial para desenvolver essas áreas.

No debate é abordada a importância dos incentivos de diferentes ordens para atrair as empresas para o DF, e dos projetos governamentais de desenvolvimento local em curso ou planejados.

Colocou-se ainda como potencial para industrialização os municípios de Goiás e Minas Gerais que formam a RIDE.

A questão das políticas de incentivos que compreendem uma vasta gama de incentivos dados pelo Estado, e cria condições para que a iniciativa privada atue. De modo geral, há a tendência de quando se trata de políticas de incentivos, considera-se apenas o que é mais direto ou imediato, como o incentivo fiscal. Na realidade, temos que pensar numa vasta gama de formas possíveis de integração do Poder Público com o privado, pois o papel do Estado seria principalmente de indutor do desenvolvimento, pela via das políticas públicas, que agiriam no interesse público e não apenas transferindo recursos públicos para o setor privado. Ressalta-se a importância do planejamento como uma ação essencial do Estado para contrapor o interesse coletivo com o interesse individual, do público com o privado. Aponta-se a importância da mediação política para definir quais são os incentivos que serão concedidos. "Qual é o montante de incentivos que estamos dispostos a conceder?"

Trata-se ainda da questão dos horizontes de crescimento. Levanta-se a questão de comumente se considerar apenas as perspectivas espaciais, como a inclusão da região do Entorno no espaço da metrópole, mas sem levar em conta a visão prospectiva, em termos temporais. A vocação terciária do DF pode ser estrategicamente modificada pela inclusão de novas atividades.

Reforça-se a questão sobre a formação das pessoas para o mercado de trabalho e, particularmente, a formação em nível de 1º e 2º grau e o treinamento de mão- de- obra, no qual os setores empresariais tem um papel muito importante a cumprir. Ressalta-se que esses esforços deveriam estar mais integrados, inclusive com a Universidade.

Como conclusão, coloca-se a questão do planejamento dentro de uma abordagem do DF e seu Entorno como uma região metropolitana: em termos prospectivos do ponto de vista territorial e de novas vocações estratégicas com base nos potenciais da região.

PROTAGONISTAS DAS POLÍTICAS PÚBLICAS PARA A RIDE

Adelmir Araújo Santana

O tema *Políticas de Incentivo e Horizontes de Crescimento do Distrito Federal e Entorno*, do *Fórum DF em Questão,* iniciativa da Universidade de Brasília (UnB), é uma excelente oportunidade para debater e pensar políticas e horizontes de crescimento para todo o Distrito Federal, que não se restringe apenas a Brasília ou ao Plano Piloto.

O Distrito Federal conta com 29 regiões administrativas, que têm economias fortalecidas, como é o caso de Taguatinga e Ceilândia, entre outras. Além disso, é necessário considerar o Entorno, composto de mais de 20 municípios circunvizinhos, que trazem sua força de trabalho para o Distrito Federal e utilizam a infra-estrutura local.

Adelmir Araújo Santana – Formado em Administração de Empresas pelo Centro Universitário de Brasília (CEUB), em 1977. Presidente da Federação do Comércio do Distrito Federal (Fecomércio/DF); Presidente do Conselho Regional do SESC/DF; Vice-Presidente da Confederação Nacional do Comércio (CNC); Vice-Presidente da Associação Brasileira do Comércio Farmacêutico – ABCFARMA.

Como representante da classe empresarial, à frente da Fecomércio/DF, cuja missão é contribuir para o fortalecimento dos setores de Comércio e Serviços e para o desenvolvimento econômico, social e político do Distrito Federal, tenho o dever de apresentar a visão da força produtiva a respeito do tema. Para tanto, estatísticas e projeções do Instituto Brasileiro de Geografia e Estatítica (IBGE) nos ajudam a fundamentar a idéia de que é preciso incluir o Entorno nas políticas do DF para garantir o seu pleno desenvolvimento.

Um dos pontos básicos para entendermos as mudanças ocorridas na economia local é voltarmos um pouco no tempo. Nos anos 60 e 70, o Distrito Federal tinha um caráter puramente administrativo, onde tudo girava em torno dos governos federal e local. O Produto Interno Bruto (PIB) era constituído, basicamente, das riquezas advindas dos serviços públicos Federal e do DF.

Ao contrário do passado, hoje, o PIB do DF tem uma composição mais equilibrada entre os setores público e o privado. No quadro a seguir é possível observar nitidamente que nossa economia tem menor dependência do setor público e apresenta vocação, cada vez maior, para os setores de Comércio e Serviços.

Quadro 1: PIB do DF

SETOR	(R$ MILHÕES)	%
INDÚSTRIA	2.893,00	7,63
COMÉRCIO E SERV.	12.363,00	32.62
RURAL	277	0,73
GOVERNO	22.367,00	59,02
TOTAL	**37.900,00**	**100**

Fonte: *IBGE 2003*

Observando o Quadro 1, a Indústria tem 7,63% de participação no PIB, enquanto Comércio e Serviços respondem por 32,62%, o setor rural, apenas 0,73%, enquanto o Governo, nas esferas federal e local, detém 59,02% do PIB. Esse quadro mostra uma significativa mudança na composição da economia local, uma vez que, no passado, esse PIB era basicamente formado pelo Governo.

Ao excluirmos os serviços públicos, entretanto, e considerarmos apenas a iniciativa privada, veremos, nesse mesmo quadro, que os setores de Comércio e Serviços representam mais de 75% do PIB, despontando essas atividades como a vocação do Distrito Federal. No Quadro 2, a seguir, apresentamos uma demonstração da importância desses setores em relação ao número de estabelecimentos.

Quadro 2: Número de Estabelecimentos Comerciais do DF

SETOR	NÚMERO DE ESTABELECIMENTOS	%
INDÚSTRIA	5.429,00	6,50
COMÉRCIO E SERV.	76.552,00	92,60
RURAL	334,00	0,50
GOVERNO	309,00	0,40
TOTAL	**82.624,00**	**100,00**

Fonte: *IBGE 2003*

O mercado formal do Distrito Federal conta com aproximadamente 90 mil empresas. Desse montante, mais de 76 mil, como está apresentado, são de Comércio e Serviços, o que atesta, mais uma vez, a vocação do Distrito Federal para esses setores. O Quadro 3 apresenta o número de pessoas ocupadas, com dados de 1999 até 2003. Novamente, os dados evidenciam que Comércio e Serviços constituem os maiores índices de absorção de mão-de-obra no DF, com cerca de

620.000 das aproximadamente 900.000 pessoas ocupadas, segundo a Secretaria do Trabalho do DF.

Quadro 3: Número de Ocupados, por Setor de Atividade Econômica

Em mil

Número de Ocupados, por Setor de Atividade Econômica							
Ano	**Total**	**Indústria**	**Constr. Civl**	**Comércio**	**Serviços**	**Admin. Pública**	**Outros**
1999	742,2	29,1	30	108,2	415,1	153,5	6,3
2000	793,4	29,8	33,9	117,8	440,9	164,8	6,1
2001	821,8	29,7	32,2	125,4	457,1	169,7	7,6
2002	863,7	31,4	33,7	133,5	483,2	171,7	10,3
2003	868,8	31,5	30,6	137,1	484,7	176,5	8,3

Fonte: Stb

Hoje se torna muito difícil fazer uma distinção do que é Serviço, do que é Indústria e do que é Comércio. Um grande restaurante, por exemplo, se considerarmos do balcão para dentro, pode-se dizer que se trata de indústria de alimentos, mas do balcão para frente é serviço, atendimento. No caso de uma indústria automobilística, boa parte da indústria propriamente dita está concentrada na linha de produção e montagem do veículo, onde são poucas as pessoas ocupadas. A maioria se volta para o *design*, para o serviço, para a logística, a venda e o marketing. Neste sentido, temos uma linha muito tênue que faz essa diferença entre Comércio, Serviço e Indústria.

Uma outra questão, que é necessário destacar, é a pirâmide etária do Distrito Federal. Chamam a atenção os dados das faixas etárias de 20 a 44 anos, que têm níveis de salários mais elevados, mas que diferem, em percentuais maiores que o do País. Então, o intervalo de 20 a 44 anos difere muito do que ocorre no Brasil, o que significa que o Distrito Federal também possui uma população extremamente jovem e que, necessariamente, requer investimentos na área da informação e da capacitação, com vistas a empregabilidade. São pessoas que estão em uma idade produtiva, mas que precisam que estejamos atentos à formação, visando à empregabilidade de toda essa população. Nós, do Comércio, naturalmente, temos um braço de formação de mão-de-obra, o Senac, que, obviamente, não consegue atender toda essa demanda. Fazemos o que é possível com os equipamentos e a estrutura de que dispomos, e voltamos os nossos treinamentos e programas buscando atender as necessidades do mercado.

Como presidente de uma instituição sindical, direcionamos nossos treinamentos por meio do Senac, partindo da base sindical da Fecomércio, composta de 27 sindicatos patronais de Comércio e Serviços. Verificamos as necessidades dos nossos empresários para então formar a mão-de-obra para as empresas desses setores.

É preciso ter uma interação entre as entidades responsáveis pela formação dessas pessoas, os institutos encarregados pelos ensinos médio e profissionalizante e a Universidade. É preciso unir esforços para aproximar a comunidade empresarial das necessidades de formação de mão-de-obra qualificada, visando a melhorar o nível de empregabilidade.

Em relação à renda da população do Distrito Federal, seguem dados que demonstram a distribuição da renda por domicílio.

Tabela 1: Distribuição dos Domicílios, segundo a Classe de Renda Domiciliar Mensal – Distrito Federal – 2004

Classes de Renda – Salário Mínimo (SM)	Número de Domicílios	Percentual
Até 1 Salário Mínimo	114188	20,3%
Mais de 1 a 2 SM	87530	15,5%
Mais de 2 a 5 SM	133216	23,7%
Mais de 5 a 10 SM	96785	17,2%
Mais de 10 a 20 SM	76647	13,6%
Mais de 20 SM	54829	9,7%
Total	**563195**	**100,0%**

Fonte: SEPLAN/CODEPLAN – Pesquisa Distrital por Amostra de Domicílio – PDAD

Todos ouvimos que Brasília possui a maior renda *per capita* do País. Hoje já existem dados que mostram que isso não é verdade, pois já existem cidades isoladas, como é o caso de Vitória, no Espírito Santo, que, em razão do petróleo, tem apresentado renda *per capita* superior a de Brasília. Como Unidade da Federação, ou seja, considerando o Distrito Federal, entretanto, é verdade que estamos entre as maiores rendas *per capita* do País. Chamo a atenção, pois, ao contrário dos dados anteriores, cuja fonte é o IBGE, esta é uma amostragem da Codeplan. Se ativermos às faixas que vão de 2 a 5 salários até 20 salários mínimos, verificamos que temos mais de 64% dos domicílios com renda superior a 2 salários mínimos. Naturalmente, essa renda tem despertado o interesse de empresas para o mercado do DF em razão de dados como esse, além do índice de qualidade de vida, considerado o melhor do País. O DF dispõe de bons equipamentos públicos em relação a outras localidades brasileiras. Temos muitos problemas como os de transporte coletivo, mas temos uma qualidade de vida excepcional. Possuímos ainda uma boa rede de ensino, de saúde e qualidade de nosso meio ambiente. Tudo isso, efetivamente, atrai investimentos na área de Comércio.

Com relação aos principais mecanismos de políticas públicas, existem, no âmbito do Distrito Federal, alguns programas econômicos que visam o desenvolvimento da Região. O governo local instituiu o PRÓ-DF I e II, que constituem estímulos como incentivos fiscais com o objetivo de atrair empresas para o Distrito Federal.

Na área tributária, propriamente dita, no caso do ICMS, o governo também oferece incentivos para as empresas virem para o DF, financiando até 95% do ICMS devido. Essas reduções são concedidas por um prazo de até 15 anos. Há ainda os incentivos econômicos, que são basicamente a concessão do terreno com opção de compra. O governo concede o terreno às empresas que querem se instalar no DF, podendo oferecer descontos de até 95% do valor do terreno, para aqueles que cumprem com as regras do programa e exercem seus direitos de compra.

Há também o Regime Compensatório de Competitividade. Trata-se de um incentivo mais recente, incluído no PRÓ-DF II, e que permite que as empresas aqui instaladas pleiteiem os mesmos benefícios concedidos a novas empresas do mesmo setor. Por meio de convênio com o Sebrae-DF, projetos de capacitação gerencial também são oferecidos para as empresas beneficiadas pelo programa.

Um outro instrumento de políticas públicas que ajuda no desenvolvimento do Distrito Federal é o Fundo Constitucional do Centro-Oeste (FCO). Esse Fundo vem operando há alguns anos e disponibiliza linhas de financiamento para investimentos fixos e mistos com baixas taxas de juros (8,75% a 12 % a.a.) e prazos longos de amortização. É operado pelo Banco do Brasil e voltado para empresas de qualquer setor da economia.

Um outro programa de estímulo a investimentos privados importante é o chamado Projeto Orla. Trata-se de um projeto voltado para o Turismo, Hospitalidade e Gastronomia – áreas extremamente importantes para o DF – e procura localizar empreendimentos às margens do Lago Paranoá, por meio da cessão de direito de uso do solo.

Outro importante projeto de estímulo à atração de investimentos privados no Distrito Federal é o TARE. Trata-se de um regime especial para os atacadistas e distribuidores. O DF, há alguns anos, era totalmente dependente de distribuidores do Triângulo Mineiro, de São Paulo, de Goiânia, do Rio de Janeiro e de outras localidades do País inteiro, porque não existia aqui um segmento atacadista competitivo. Dessa forma, o regime procura beneficiar as empresas de distribuição que se instalam no DF, por meio de incentivos fiscais, com redução do ICMS, permitindo, contudo, que o comércio local se credite, como se essas compras fossem de outros estados e, ao mesmo tempo, exportam para outros estados e esses estados também se creditam da alíquota interestadual.

Quanto às principais áreas com potencial de desenvolvimento dos setores de Comércio e Serviços no Distrito Federal podemos destacar:

- no comércio varejista: informática, alimentação, construção civil, utilidades do lar, bares e restaurantes, vestuário, papelaria e calçados;

- no comércio atacadista: medicamentos, alimentos, bebidas, material de construção, material elétrico e suprimentos de informática;
- no setor de serviços: turismo, lazer, entretenimento, informática, saúde, educação, segurança, limpeza, manutenção.

É importante destacar o Turismo como uma área potencial a ser explorada no Distrito Federal. Brasília, com seus monumentos públicos e estrutura administrativa, deveria ser mostrada a todos os estudantes de Arquitetura, por exemplo. Do mesmo modo, poderíamos explorar o Turismo Cívico, divulgando para estudantes e público em geral como funciona a capital do País e os Poderes da República.

Cabe destacar, também, as perspectivas de desenvolvimento no Distrito Federal das áreas de biotecnologia, equipamentos médico-hospitalares, tecnologias da informação, logística e gastronomia. Em relação à biotecnologia, refiro-me inclusive a existência de um dos maiores centros de biotecnologia do País, a EMBRAPA, e também a própria UnB, que conta com uma série de centros de pesquisa importantes, e que têm, naturalmente, grandes possibilidades de indução de investimentos da iniciativa privada nessa área.

Quanto às Tecnologias da Informação (TI), a criação da Cidade Digital provocará, certamente, um aporte importante de investimentos no Distrito Federal. Prevê-se a criação/relocalização de cerca de 3.000 empresas na área, gerando aproximadamente 40.000 novos empregos de alta qualificação e remuneração.

Por estar localizado no centro do País, o Distrito Federal tem possibilidades enormes de ser um grande ponto de distribuição para todo o País. Melhoramos o Aeroporto, mas ainda faltam ferrovias e boa malha de estradas que viabilizem essa outra grande vocação – a logística – que é importante para todos nós.

Vale ressaltar, ainda, em relação ao Entorno do Distrito Federal, a RIDE, um projeto ainda em evolução. A RIDE só terá sucesso se fizer efetivamente parte de um programa do Governo Federal em associação com os governos do Distrito Federal, Goiás e Minas Gerais. Trata-se de uma região extremamente estratégica para o futuro do Distrito Federal e, certamente, poderá ser o espaço destinado aos grandes pólos industriais que poderão gerar emprego e renda nos municípios que a compõem.

Estudos realizados até o momento apontam para potenciais investimentos nos seguintes setores/regiões:

Pólos Minerais:

- Pólo de granito em Alexânia;
- Pólo de mármore em Planaltina;
- Pólo de quartzito em Pirenópolis;
- Pólo cerâmico em Abadiânia – Padre Bernardo, e
- Pólo de gemas em Brasília.

Pólos de Turismo:

- Pirenópolis;
- Corumbá;
- Cocalzinho; e
- Formosa.

Finalizo, portanto, chamando a atenção para a importância da continuidade e o aperfeiçoamento das políticas públicas já implementadas até aqui, e de se pensar o futuro do Distrito Federal e do Entorno a partir de uma visão que incorpore o regional, com ênfase na participação ativa e indutora do Governo Federal, e tendo como protagonistas destacados dessa ação as lideranças empresariais de todos os Estados que formam a região Centro-Oeste e, em especial, aqueles que compõem a denominada RIDE.

INCENTIVOS ESTRATÉGICOS PARA O DF E ENTORNO[1]

Roberto Bocaccio Piscitelli

O tema proposto trata de políticas. Políticas de incentivo podem abranger várias áreas: fiscal, creditícia, mercadológica, de infra-estrutura, de disponibilização de insumos, de formação e valorização da mão-obra. Quando, por exemplo, o governo cria ou destina uma área à ocupação, ou voltada para o desenvolvimento de determinado tipo de atividade ou negócio, ele está provendo as condições básicas, essas condições de infra-estrutura para que a iniciativa privada possa atuar, possa operar.

A formação da mão-de-obra é condição indispensável ao desempenho eficiente e eficaz às funções de produção, e um ativo social que constitui e consolida ao longo de décadas. Esta, como outras, não é uma tarefa exclusiva do Estado; a iniciativa privada atua em parceria, contribuindo para o treinamento, a especialização da mão-de-obra, específica e rapidamente adaptável às suas necessidades. Nessa e em outras áreas a Universidade tem um lugar privilegiado, como um verdadeiro laboratório, pioneiro, formando mão-de-obra, desenvolvendo materiais e equipamentos, concebendo experiências gerenciais.

Roberto Bocaccio Piscitelli – Professor da Universidade de Brasília.

Em geral, os debates a respeito ficam circunscritos aos benefícios financeiros imediatos, diretos, o que se recebe, o que se deixa de pagar. Mas há todo um conjunto de externalidades que estimula o empreendedor a fixar-se, ou iniciar ou expandir um negócio em determinado lugar ao invés de outro. A institucionalidade, a título de ilustração, é um fator-chave; e o que se poderia entender por institucionalidade? Talvez essa condição que possibilita ter-se uma idéia clara e segurança acerca da direção, dos rumos com que se conduz o Poder Público, da continuidade de suas políticas, da coerência de suas ações. Isto é um aspecto inerente ao risco, à incerteza, à instabilidade, que podem inibir ou restringir a iniciativa dos agentes econômicos, a sua determinação em investir, em função da perspectiva e da previsibilidade de resultados.

Um outro aspecto relevante em nossas reflexões é que, quando falamos em Distrito Federal, dadas as nossas peculiaridades – reduzido espaço geográfico, elevado grau de proximidade, interação e circulação com a população da periferia –, não é razoável pensar sobre qualquer política que não envolva o chamado Entorno, com os seus diferentes conceitos, dependendo da dimensão abrangida.

Hoje, com a inclusão da chamada RIDE – Região Integrada de Desenvolvimento do DF e Entorno, a população do DF é acrescida em cerca de 50%. O crescimento e a dependência da população desse Entorno são crescentes. Logo, quaisquer políticas de desenvolvimento para o DF não podem ignorar esse universo mais amplo, e deveriam incluir os Estados de Goiás e Minas Gerais, o que pressupõe, obviamente, algum grau de intervenção federal.

Mas se no espaço a dimensão é transcendente, também o é no tempo, pois não é possível ter a pretensão de isolar o horizonte restrito dos próximos quatro anos, ou mesmo de oito, na hipótese de manutenção da possibilidade de reeleição. Nossa Capital completará meio século de existência durante o mandato do próximo governante. Mas qual é a Brasília que queremos para os próximos 50 anos: a mesma que se alastra, que incha, com a violência que criou enclaves e que não respeita limites? Nosso espaço chega a apresentar um rigor geométrico, à medida que é formado por círculos mais ou menos concêntricos: Plano Piloto, adjacências (Cruzeiro, Guará), áreas nobres (Sudoeste, Lagos Sul e Norte, Park Way) etc. Não há como não estabelecer mecanismos atrelados a um planejamento urbano e regional. Estes dois campos de formação e atuação foram virtualmente abandonados nas últimas décadas, inclusive pela Universidade.

O desprezo por estes conceitos e suas aplicações é um subproduto dos novos papéis e funções atribuídos ao Estado, cada vez mais omisso e distante, em consonância com o ideário neoliberal, que deixa os mercados "ajustarem-se", não obstante as mais díspares condições dos diferentes agentes econômicos. Certamente, é uma situação em que o somatório das eficiências individuais – ou de alguns indivíduos – pode até ser muito maior que o da eficiência coletiva, social.

Estamos, pois, agora, em condições de associar as noções de planejamento e incentivo. Segundo o art. 174, *caput,* da Constituição brasileira, "Como agente normativo e regulador da atividade econômica, o Estado exercerá, na forma da lei, as funções de fiscalização, incentivo e planejamento, sendo este determinante para o setor público e indicativo para o setor privado". Seu § 1º estabelece que "A lei estabelecerá as diretrizes e bases do planejamento do desenvolvimento nacional equilibrado, o qual incorporará e compatibilizará os planos nacionais e regionais de desenvolvimento". Por outro lado, conforme nos ensinam as Finanças Públicas, o Estado pode abstrair-se totalmente de qualquer intervenção, apenas assegurando o exercício das atividades econômicas e profissionais, limitar-se a ser regulador da atividade econômica, ou atuar diretamente como produtor, isto é, concorrentemente ou não, como qualquer outro agente privado, e até mesmo monopolisticamente. Mas há muitas situações intermediárias, ou mais sutis.

Quando o Estado concede incentivos, ele está agindo como indutor de uma política pública. Ao subsidiar a ação de um agente privado ou ao renunciar a uma receita em favor de um indivíduo ou empresa, o Estado socializa, pelo sacrifício coletivo, o interesse individual. O pressuposto é o de que o benefício social mais do que compensará o somatório dos custos de cada contribuinte, de cada cidadão. Esse resultado pode levar menos ou mais tempo para ser alcançado. Entre nós, infelizmente, a idéia de incentivo se banalizou e constitui, quase sempre, moeda de troca com políticos e grupos ou setores influentes.

Os incentivos têm, pois, um caráter discriminatório, em que se faz uma arbitragem. Sua concessão implica em que se está transferindo o ônus de alguém para outrem. É como se "uns pagassem pelos outros", em geral a maioria por uma minoria. Daí a importância de se ter uma idéia muito clara do que é preciso ou conveniente privilegiar. Deste modo, uma política de incentivos deve determinar com toda a propriedade de quanto se está disposto a abrir mão, por quanto tempo, o que se espera alcançar, como se avaliarão os resultados.

O normal, no Brasil, é a concessão indiscriminada de incentivos, por tempo indeterminado; não se faz o acompanhamento de sua utilização e, sobretudo, a avaliação dos resultados. Se o tratamento diferenciado se perpetua, é provável que o incentivo não tenha servido para eliminar as distorções ou melhorar a eficiência. Como política de intervenção governamental, os incentivos devem contribuir para eliminar ou reduzir os entraves ao crescimento, os níveis de desigualdade, os obstáculos à concorrência, e tornar mais equânimes as oportunidades. Assentado o seu caráter de discricionariedade, não se deve perder de vista a adoção de critérios que levem em conta a seletividade, a prioridade, a transitoriedade, o estabelecimento de contrapartidas e a preponderância do benefício social em relação ao custo social, do interesse coletivo em relação ao somatório dos benefícios individuais. O incentivo não pode ser uma pré-condição para investir ou uma condição para eliminar o risco de qualquer empreendimento, nem é possível supor que todos sejam beneficiados, pois nesse caso a exceção se torna regra e não há mais diferenciação.

A Lei de Responsabilidade Fiscal, em seu art. 14, § 1º, estabelece que a renúncia de receita compreende anistia, remissão, subsídio, crédito presumido, concessão de isenção em caráter não-geral, alteração de alíquota ou modificação de base de cálculo que implique redução discriminada de tributos ou contribuições, e outros benefícios que correspondam a tratamento deferenciado.

Só para se ter uma idéia do esforço que esse tipo de política pode gerar, o Anexo de Metas Fiscais da Lei de Diretrizes Orçamentárias para 2006, *apenas* no âmbito da União, estimou o total dos benefícios *tributários* – no caso dos tributos administrados pela Secretaria da Receita Federal (não incluindo, portanto, o INSS) – em R$ 40,6 bilhões, 1,88% do PIB e 13,51% da receita administrada (pela SRF), desse total atribuindo-se à Região Centro-Oeste 11,99%. Outros R$ 12,6 bilhões foram estimados a título de renúncias previdenciárias, 7,83% dos quais destinados ao Centro-Oeste. Isto tudo foi previsto antes da enxurrada de "bondades" com que o governo federal procurou atender a um sem-número de reivindicações pré-eleitorais, inclusive a duplicação dos limites e o aumento da abrangência do SIMPLES. Com a aprovação do SUPERSIMPLES, o "pacote de bondades" englobará Estados e Municípios.

No caso dos Estados, como se sabe, há muitos anos vêm-se digladiando, hipotecando seu futuro através da guerra fiscal, em que o ICMS é a grande moeda de troca. Há muito tempo se estabeleceu uma espécie de leilão, em que os Estados disputam a primazia dos investimentos industriais concedendo subsídios de toda a ordem e abrindo mão de suas receitas a longo prazo, além de outros benefícios sob várias modalidades (doação de terrenos, obras de infra-estrutura etc.). Dada a magnitude dos efeitos dessas iniciativas é que se deve chamar a atenção para o fato de que políticas com tais características têm de ser restritivas e temporárias, e só são viáveis se o retorno social se revelar clara e objetivamente vantajoso para a coletividade que financia o funcionamento do Estado.

De uma forma geral, o Estado tem de prover a infra-estrutura, estabelecer os marcos regulatórios, assegurar o fornecimento ou o acesso aos insumos básicos, aos fatores de produção a custos e condições razoáveis. Os incentivos podem constituir-se em fatores diferenciais, complementares, e não podem garantir a eliminação do risco, senão propiciar melhores condições concorrenciais. Não devem substituir ou abstrair as responsabilidades do Poder Público e, muito menos, servir de moeda de troca eleitoral.

Além das condições institucionais e legais para poupar e investir, cabe ao Estado oferecer segurança, e estabilidade e transparência jurídica, carga tributária compatível com a capacidade dos contribuintes e as condições econômicas do País, crédito em volumes, modalidades e custos adequados à complementação da poupança individual e minimamente capazes de viabilizar taxas de retorno que atraiam e mantenham o interesse dos aplicadores. O Estado não pode ser paternalista, e, sim, motivador. É a coerência que dá credibilidade a uma Administração em que firmeza e flexibilidade não são incompatíveis, desde que consistentes com a política e a programação econômicas.

Uma grande discussão tem sido sobre se a Capital Federal – ou outro espaço geoeconômico – é dotado de determinada vocação. A resposta não parece ser conclusiva. A exemplo das escolhas pessoais, as "vocações" têm componentes natos e adquiridos, vão sendo forjadas ao longo do tempo e, no caso, das ações dos responsáveis.

É evidente que nossa Capital, como sede dos Poderes da República e das representações estrangeiras e internacionais, é, por definição, uma grande produtora e absorvedora de serviços e, em particular, de serviços governamentais e públicos. É certo também que vamos continuar dependendo fortemente dos governos federal e distrital. Os servidores – que representam cerca de 20% da população ocupada –, aliás, têm os salários médios mais elevados. A iniciativa privada depende muito de contratos com o Setor Público. Mas isto não significa que, por menos intervencionista que seja a ação dos governos, não seja possível – e até desejável – que se estabeleçam rumos e ritmos para a atividade econômica.

É louvável, neste sentido, a iniciativa adotada pela nossa Federação das Indústrias – a FIBRA –, que acaba de lançar um plano estratégico para a indústria, com um horizonte de dez anos – até 2015 –, com a pretensão de praticamente duplicar a participação do setor na formação do PIB do Distrito Federal, para cerca 14%. Chama a atenção a iniciativa, que pode subsidiar os programas de governo, numa época tão carente de planejamento, de visão estratégica, de perspectivas a longo prazo. Por outro lado, seria desejável que a distribuição das atividades econômicas fosse um pouco mais "equilibrada". Segundo dados da Secretaria de Planejamento do GDF, 63,5% de nosso PIB provém do conjunto constituído pela administração pública, defesa e seguridade social, 14,1%, de serviços, 3,6% do comércio, apenas 0,5% da agropecuária.

Seja qual for a orientação político-partidária do novo governo, durante cujo mandato Brasília completará 50 anos de existência, terá grandes desafios e muito potencial pela frente. Terá, principalmente, as oportunidades inerentes a uma região de desenvolvimento mais recente, uma verdadeira porta de entrada, de uma cidade nova, ainda em fase de consolidação, com a mais elevada renda *per capita* do País, com nível pelo menos razoável de escolarização, de formação. Mas terá de enfrentar as dificuldades provenientes de um crescimento populacional muito rápido, principalmente nas regiões periféricas, onde a atuação dos Poderes locais é limitada, e com um padrão de ocupação e uso do solo absolutamente desordenados.

Qualquer que seja o modelo adotado, tudo indica que deverá buscar-se uma descentralização, uma dispersão das atividades produtivas, com a criação de núcleos, nas cidades-satélites e no Entorno, que possibilitem a geração empregos, inclusive de qualificação média e básica, permitindo uma redução drástica do elevado índice de desemprego de nossa Capital, que, embora descendente, ainda se situa numa faixa próxima aos 20%, dos maiores entre as capitais brasileiras, mas que ultrapassa 30% em algumas regiões do Entorno. Um processo nessa direção, além de uma utilização mais racional do espaço físico, desafogaria a pressão exercida sobre os equipamentos urbanos, aliviando os problemas do trânsito, reduzindo o tempo e os custos dos deslocamentos, melhorando, afinal, a qualidade de vida da população, hoje convivendo com as dificuldades típicas das grandes metrópoles do Brasil e dos países emergentes. Um dos aspectos preocupantes de nossa realidade, a propósito, é a deterioração das fontes aqüíferas, exigindo forte intervenção do Poder Público.

É evidente que tal opção implica em uma maior e mais distribuída oferta de serviços, que hoje, especialmente na área de saúde, atendem não só a população do DF e do Entorno, mas também de outros municípios e estados. Além do mais, o encaminhamento de tais soluções não depende apenas do GDF, passando necessariamente por uma articulação de esforços e recursos dos Estados de Goiás, em particular, e de Minas Gerais, e de uma política de integração conduzida pelo governo federal. Isto passa, inclusive, por algumas alterações na estrutura tributária, projeto que, como se sabe, tem um caráter muito mais amplo e está condicionado a um acordo de complexidade muito maior que a simples disposição política das unidades da Região.

O Distrito Federal mantém o privilégio de se constituir em uma das únicas unidades da Federação que manteve o seu Banco de desenvolvimento, e isto lhe dá uma condição muito peculiar de manejar essa instituição como um instrumento de política econômica e social.

Os programas de incentivo fiscal, por outro lado, podem ser questionados sob diferentes enfoques. Parece importar mais a quantidade de projetos contemplados, do que propriamente a sua viabilidade. Também não se percebe uma firme articulação e uma decidida continuidade entre as diversas iniciativas. De uma parte, é aconselhável que haja mais rigor quanto à seletividade na eleição dos empreendimentos, o que envolve uma idéia mais clara do que se pretende priorizar; de outra parte, é necessário que os setores e projetos selecionados estejam integrados dentro de um programa de desenvolvimento. É preciso, ainda, que se melhore e qualifique o conteúdo dos projetos, aos quais parece faltar rigor técnico e maior nível de exigências. E, por fim, que haja disposição para fazer o efetivo acompanhamento de sua execução – isto é, do cumprimento de seus objetivos e do alcance de suas metas, tanto sob a ótica individual como social –, controlando o uso dos recursos.

A implementação do Fundo Constitucional do DF propiciou uma autonomia orçamentária muito maior e a ampliação das possibilidades de formulação e execução de políticas públicas. Outro Fundo – esse o Constitucional do Centro-Oeste –, o FCO, poderia constituir-se no grande alavancador de recursos para novos projetos; teoricamente, pelo menos, tem grandes disponibilidades (0,6% do IR e do IPI arrecadados pela União), oferece prazos longos e custos menores. Como não foi implementado o Banco de Desenvolvimento do Centro-Oeste, é gerido pelo Banco do Brasil. Historicamente, por mais estranho que pareça, mantém recursos ociosos.

No momento, o maior empreendimento em gestação é o Pólo Digital, com a vinda do segmento de Informática do Banco do Brasil, com a vinda de seu Centro Tecnológico para cá. Se o assunto for conduzido com seriedade e competência, é provável que, na esteira dessa iniciativa, outras empresas estatais sigam o mesmo caminho. É uma idéia antiga, ligada ao desenvolvimento tecnológico na Capital da República, sem a necessidade de atrair indústrias poluentes ou que causem incômodos ambientais, preservando as boas condições de que ainda dispomos. Como sede da Administração Federal, do GDF e de grandes entidades estatais, o Distrito Federal é grande usuário de serviços da área de Informática e afins, além de responsável pelo desenvolvimento e integração de sistemas de alcance nacional.

Não se deve tampouco desprezar a área da pesquisa propriamente dita, onde se vislumbram alguns setores como eletro-eletrônico e biotecnológico, associado também à agropecuária e à Medicina. Não se pode esquecer a importância, o pioneirismo da EMBRAPA. Na área médica, a diversificação e sofisticação atingidas em certas especialidade, fortemente associadas à renda da população, são notórias. Por outro lado, existe suporte acadêmico e técnico para seguir nessa direção, já que existe um número expressivo de universidades, centros universitários e outros centros de estudos e pesquisas, inclusive na área de Humanidades.

A Capital também é privilegiada pelo número de importantes e modernas bibliotecas, onde se destacam, entre outras, as do Senado Federal, Câmara dos Deputados e Universidade de Brasília.

Pela condição privilegiada de que desfruta como sede do governo central e pelas particularidades geográficas e arquitetônicas, o Distrito Federal poderia converter-se num grande pólo turístico, nas suas diversas manifestações: histórico/cívico/cultural, religioso, de lazer, além de ponto de passagem de uma região de grandes belezas e potencial ecológico e termal, com numerosas cachoeiras, culminando no Pantanal. É recente a conclusão do Centro de Convenções, que deverá atrair um sem-número de eventos. Isto se associa rapidamente à hotelaria, à gastronomia, às atividades voltadas para o entretenimento em geral. Diz-se que exibimos o maior índice de metros quadrados de lojas em shopping centers por habitante; dispomos do maior número de salas de cinema por habitante (quase três vezes acima da média nacional), com o terceiro maior público do País. Há um número crescente de centros culturais, com variadas manifestações em vários campos das artes, de que são exemplo os do Banco do Brasil, da Caixa Econômica Federal, Casa Thomas Jefferson e tantos outros. Ganhou-se notoriedade tanto na produção quanto na também na produção quanto na exibição de música, inclusive com o surgimento de grupos distintos, seja na área pop (rock), orquestras sinfônica e de câmera, canto coral. O Clube do Choro, a título de ilustração, é, hoje, uma referência nacional. Mas não se pode esquecer a dança, as exposições e até experiências cinematográficas e teatrais, isto para não falar do admirável acervo e da criação nas áreas de escultura e arquitetura. Brasília, especialmente, é dotada de uma impressionante quantidade de boas salas de espetáculos em geral, muitos desses espaços ociosos, principalmente no caso de órgãos e entidades públicos. Dispomos, ainda, de um considerável número de casas noturnas.

O Projeto Orla abriu um enorme perspectiva de aproveitamento amplo e socializado de toda a área em torno do Lago Paranoá e do próprio Lago em si mesmo. Neste sentido, além dos espaços de lazer e dos estabelecimentos de todo o tipo que se instalam pouco a pouco – em relação aos quais, é preciso que se diga, impõe-se o maior rigor por parte do Poder Público quanto à apropriada utilização –, há enormes possibilidades de exploração de esportes náuticos variados, hoje restritos a iniciativas e interesses individuais. O turismo, de um modo geral, como se sabe, é grande absorvedor de mão-de-obra, com variados graus de qualificação, não havendo como ignorar o enorme potencial que representa.

Enfim, não se deve desprezar o acúmulo nas áreas em que já nos destacamos, a começar pela construção civil. O mercado do Distrito Federal – tanto para imóveis de alto padrão, como para habitações populares – está insuficientemente suprido de materiais de construção e sofrivelmente atendido por serviços que, aliás, se projetam também nas áreas de decoração e paisagismo.

O DF também tem forte presença na indústria gráfica e na revenda de veículos, além daqueles em que se tem destacado pelas exportações, que, não obstante serem ainda pouco significativas em termos absolutos, dobraram em 2005, a mais rápida evolução entre todas as unidades federativas. É relevante a contribuição da avicultura (frangos), da indústria moveleira e de alguns produtos mais específicos, tais como portões eletrônicos, fios cirúrgicos, sangue em pó e até flores.

Em compensação, há muita deficiência em matéria de prestação de serviços, desde o atendimento ao cliente, passando pelo cumprimento das condições contratuais e, sobretudo, na área de assistência técnica, e mesmo em serviços auxiliares. Nota-se, em geral, forte dependência dos centros produtores ou de centros maiores ou de maior tradição. A prestação desses serviços é de tal modo insatisfatória que acaba contaminando as próprias marcas e justificando aquisições, ou mesmo a busca de mão-de-obra ou da própria prestação de serviços fora do Distrito Federal. São situações em que cabe à iniciativa privada, em parceria com o Estado, melhorar a formação e o treinamento das pessoas.

Em suma, temos muitas perspectivas e desafios. Seria desejável que o Poder Público tivesse maior clareza e determinação em suas políticas de desenvolvimento, revitalizando o planejamento, com a participação da sociedade civil; de outra parte, que o setor privado tivesse mais ousadia, dependesse de menos incentivos e contasse com maior coerência e confiabilidade em suas relações com o governo; e que a população fosse mais exigente e responsável em suas relações – como contribuinte e consumidora. O meio técnico – a universidade, em particular – é insubstituível em seu papel de catalisador da melhoria dos padrões de produção e da qualidade dos serviços, e, nesse sentido, pode manter uma relação simbiótica com esses três eixos: governo, empresa e cidadão. É essa a contribuição que a Universidade de Brasília pode dar e está tomando a iniciativa de oferecer.

---

[1] A realização deste Fórum é uma inequívoca demonstração do desejo, por parte da Universidade e de seus responsáveis, de maior inserção do mundo acadêmico nas questões de seu meio, no seu tempo e lugar. É a preocupação em abrir as suas portas e interagir com a comunidade. É a disposição de ser um agente da História. Esperamos, sinceramente, que as propostas resultantes deste Fórum possam ser úteis à discussão e implementação dos planos de governo do DF, independentemente de quem ou de que Partido saia vencedor das eleições para os Poderes Executivo e Legislativo na Unidade-sede da Capital Federal.

Tema 4

Infra-Estrutura e Serviços Urbanos no DF

DF em Questão

PARA QUEM SE PROGRAMAM AÇÕES DE GOVERNO?

Aldo Paviani

A mesa para examinar o tema Infra-estrutura e Serviços Urbanos é uma boa oportunidade para se levar aos futuros governantes um pensamento médio da Academia e de convidados especiais sobre a urbanização no Distrito Federal (DF). Ao mesmo tempo, a análise de projetos para superar problemas urbanos será importante para o futuro de Brasília.

Uma primeira reflexão, entre muitas, seria responder a questão "**para quem se programam ações de governo?**" Essa questão indica como alvo não apenas o bairro central – o Plano Piloto de Brasília – e sim a totalidade da Capital, composta das antigas

---

Aldo Paviani – Pesquisador Associado do Departamento de Geografia e do Núcleo de Estudos Urbanos e Regionais (NEUR/CEAM) da Universidade de Brasília (UnB), ex-diretor do CEAM e ex-diretor do Instituto de Ciências Humanas da UnB. "Cidadão Honorário de Brasília" – Câmara Legislativa do DF/1999, Professor Emérito pela Universidade de Brasília (2004). Bacharel e licenciado em Geografia e História/PUC/1958, Livre-Docente/Doutor em Geografia Urbana pela UFMG/1977, pós-doutorado no ILAS/Universidade do Texas/1983. Professor titular, aposentado.

cidades-satélites e do Plano Piloto, num total de mais de 2 milhões e 300 mil habitantes. Para orientar as políticas públicas indico quais são os maiores problemas do DF: o desemprego, com sua contraparte, a excessiva centralização dos postos de trabalho no Plano Piloto; o caos fundiário, quando se permite a existência de grilagem, de "condomínios ilegais e irregulares", ocupando terras vedadas à ocupação urbana; o polinucleamento da cidade, com núcleos esparsos no território do DF, antevendo-se custos e dificuldades para a gestão urbana no futuro, inclusive quanto aos transportes públicos cheios de problemas; educação precária para crianças e jovens com escolas públicas mal equipadas ou depredadas e professores mal remunerados; saúde pública que não atende convenientemente a população do DF e da área metropolitana, pois os hospitais possuem déficit de equipamento, de pessoal médico e paramédico e com prédios necessitados de reformas e/ou ampliação; a questão desafiadora da violência urbana, sobretudo a violência do desemprego, que atinge uma população de mais de 240 mil pessoas, mais 150 mil nos anéis externos ao DF e a violência dos assaltos, dos seqüestros relâmpagos e da criminalidade que tem crescido em todos os quadrantes da área metropolitana.[1]

Neste Tema são abordadas as questões ligadas às infra-estruturas como energia, aos transportes e à urbanização.

Para o tema infra-estruturas, o petróleo assume papel preponderante, mas a energia elétrica tem elevado consumo residencial e pelos serviços, sendo neglicenciável o consumo industrial pelo caráter incipiente das indústrias do DF. Considere-se o petróleo uma fonte esgotável e as possibilidades de fontes alternativas para uso da população como a energia solar, elétrica e gás. Sabe-se que o DF tem suprimento de energia elétrica garantida até o ano de 2015, sendo importante a central hidrelétrica de Corumbá IV, recentemente inaugurada, com potencial de 127 mW. O consumo residencial, preponderante no DF, se deve ao fato de que a maioria dos 726.000 consumidores pertence a essa categoria. Há no DF grandes troncos de abastecimento e grande capacidade da rede instalada, a despeito do "caos fundiário", da existência de problemas ambientais[2] e de distribuição de energia elétrica, pois há 30 mil "gambiarras" nos assentamentos irregulares e ilegais. Aliás, como há muitas favelas no DF, os potenciais consumidores ficam a mercê da energia elétrica obtida ilegal e irregularmente com gambiarras.

Ligado à **infra-estrutura** e à **urbanização**[3], deve-se considerar a questão da "qualidade ambiental" da Capital de República, se comparada às demais metrópoles brasileiras. Neste aspecto, assume-se uma visão histórica do processo de urbanização, com evolução secular nas metrópoles tradicionais, enquanto que, no caso de Brasília, ainda está no ar o pó das obras e o suor dos que a construíram, isto é, praticamente se compartilha o esforço para estruturá-la nos dias correntes. Por isto, sendo contemporâneos de sua história, todos têm claro que, no percurso construtivo e sem os cuidados adequados, a chamada "qualidade do meio ambiente" (aí perfeitamente ajustados os próprios construtores), deverá sofrer alguns abalos ou mesmo cair. Por este motivo, tendo como parâmetros as demais grandes cidades brasileiras, a lição deverá ser aprendida, sobretudo quando ainda há horizontes de ajustamentos e possibilidades abertas para que não se cometam os equívocos em que as demais metrópoles laboraram, regulando as variáveis da urbanização no DF.

Tem-se como certo o fato de que são justamente as transformações e mudanças, ocasionadas por uma crescente pressão da população, que irão definir o tipo de urbanização que Brasília terá nas próximas décadas, bem como a própria qualidade do crescimento físico e das estruturas correspondentes. Com esta equação, poderão ser acionados os mecanismos e as instituições necessárias à manutenção da qualidade de vida urbana para os brasilienses da atual e das próximas gerações.

Com base nos pressupostos acima, deve-se analisar o quadro urbano em formação, sua dinâmica, dilemas e desafios para se ter uma urbanização democraticamente conduzida e um espaço urbano apropriado de forma justa e igualitária por seus habitantes e pelos que ainda haverão de migrar.

Apesar do mito de "cidade igualitária", a Capital não deixou de se submeter ao modelo existente nos demais centros urbanos: um centro bem aquinhoado, em termos de infra-estrutura, serviços, oportunidades de trabalho etc. e uma constelação periférica de bairros/subúrbios destinados à massa trabalhadora, quase sempre carente em termos de facilidades e com baixa qualidade ambiental.

Assim, quatro quintos dos mais de 2 milhões de habitantes urbanos do DF foram alocados em núcleos dispersos, nem sempre urbanos no sentido ocidental do termo. Enquanto o Plano Piloto (PP), com pouco mais de 10% da população urbana de Brasília, foi sendo constituído com os melhores equipamentos, serviços e oferta de trabalho, as administrativamente denominadas cidades-satélites serviram quase tão somente para alojar o excedente populacional, sobretudo os favelados "transferidos" de pontos centrais da cidade. A história da Capital nos mostra que, tanto em períodos autoritários, quanto nos de liberdades individuais, o processo de periferização, com apartação sócio-econômica se manteve, perpetuando um modelo "sem responsáveis" diretos.

A Capital foi construída sob forte ritmo de trabalho: o mitológico "ritmo de Brasília" presente nos inumeráveis canteiros de obras dos anos 50 e 60, no PP, e por toda a cidade, nos dias correntes, sobretudo nos condomínios. Todavia, o "canteiro de obras", mesmo sendo o grande empregador na construção civil, não gera postos de trabalho permanentes. Este setor é muito rotativo e oscilante, não tem capacidade de dar novas oportunidades na proporção da demanda por parte da População Economicamente Ativa (PEA). Por isso, em junho de 2006, havia 231.600 pessoas desempregadas, ou 18,7% da PEA, uma das mais elevadas taxas entre as metrópoles pesquisadas pela GDF/DIEESE/SEADE.[4] Esse dado deverá preocupar os políticos e administradores do DF.

Medidas tomadas de comum acordo pela Administração Pública e empresariado, como os diversos planos de desenvolvimento econômico (PROIN, PRODECON), não surtiram os efeitos esperados por serem capital intensivos, portanto mão-de-obra excludentes. Além disto, há que se pensar na localização das novas indústrias. Se baseadas em "tecnologia de ponta" têm enorme liberdade de localização geográfica, mas esta liberdade deverá ser negada para fixação no PP de Brasília, já que o centro é detentor de dois terços dos postos de trabalho e as cidades-satélites, estão a requerer iniciativas para gerar novas oportunidades de trabalho. Por sua vez, a nova "Cidade Digital" não será implantada nas cidades-satélites, mas num enclave ao Parque Nacional, não muito distante da Asa Norte do PP.

Enfaticamente, recomenda-se que medidas para a geração de postos de trabalho, em todos os setores da economia, não mais privilegiem o PP. Os governos federal e distrital devem ser os primeiros a tomar medidas no sentido da descentralização (exemplo mais eloqüente é o da transferência do DETRAN para o SIA e da CAESB para Águas Claras). Todavia, para o volume de desempregados, que habitam as cidades-satélites, a iniciativa é muito tímida. A médio prazo, projetos de descentralização mais consistentes deverão estar na pauta dos políticos, sobretudo os que pretendem ser sufragados nas urnas em outubro.

Na contramão da descentralização, em 2003, a Câmara Legislativa (CL) abriu canteiro de obras para a futura sede, não em Águas Claras, como havia sido sugerido, mas no Eixo Monumental, próximo ao Setor de Indústrias Gráficas, em terreno fronteiro ao Memorial JK. Um evidente "dar as costas" à descentralização.

Uma outra questão candente é a dos "condomínios rurais" ou condomínios habitacionais (com feições urbanas), encravados em áreas de destinação rural. Trata-se de uma problemática já debatida na CL e que necessita de urgente tratamento das leis. A tarefa inicial será a de classificá-los sob o ponto de vista da legislação ambiental e agrária vigente. Os que forem classificados como ilegais por estarem em terras públicas ou sobre mananciais devem receber o tratamento idêntico ao dado, no passado, às "invasões" (favelas) do PP, isto é, devem ser desconstituídos. O mesmo deverá acontecer aos que ocuparam mananciais ou matas galerias, protegidas por lei específica. Esses "loteamentos" devem ser "erradicados" e os responsáveis pelos mesmos submetidos às penas da Lei. Todavia, alguma proteção ou programa deve ser previamente definido para os incautos que foram iludidos ou que se submeteram às ações ilegais, às vezes criminosas. Os que feriram a lei devem ser levados ao julgamento da Justiça, não merecendo nenhuma indenização pelas benfeitorias implantadas sobre o terreno, já que a "ninguém é lícito desconhecer a Lei".

Essas medidas, aparentemente duras, mas legais, devem servir de alerta para duas outras problemáticas: a primeira, ligada à falta, por alguns anos, de uma política voltada para a produção de habitações populares para os que aderiram a esses "loteamentos clandestinos"; a segunda, ligada à necessidade de moralizar a ocupação e uso de bens públicos, sobretudo a terra, submetendo os cidadãos ao respeito das leis para que, em pleno vigor do Estado de Direito, se acelere o amadurecimento da democracia, uma aspiração de toda a Nação.

Um outro ponto, muito importante, é estancar os assentamentos horizontalizados, que esterilizam largas porções do território do DF. Não há argumento para continuar com o modelo polinucleado de povoamento, sobretudo se os novos núcleos não forem contemplados com infra-estruturas, como transportes coletivos, ônibus e trem metropolitano, escolas e hospitais equipados. Como terão acesso ao trabalho e aos serviços os assentados de forma esparsa e pontualizada no território? Como serão educados e atendidos na rede hospitalar.
Ao invés de "novos assentamentos", há possibilidades de se adensar os núcleos existentes, com vantagem para os que já possuírem infra-estrutura básica, escolas, asfalto, água e às vezes hospitais e esgoto (a exemplo do Gama e da Ceilândia). Todavia, este adensamento deverá ser pensado com medidas de verticalização da habitação. É indefensável continuar com o povoamento esparso e linear, sob o esquema de um terreno, uma casa, uma família. Por que não construir apartamentos para os que forem retirados das favelas?

No que tange ao panorama geral dos problemas ligados à infra-estrutura, saliente-se a falta de políticas públicas para o setor. Com a aura de "cidade planejada", Brasília "envelheceu" no que diz respeito a projetos de longo prazo para a implantação coordenada de infra-estruturas. O imediatismo nos transportes públicos, na previsão de dutos para o abastecimento de água potável a todos os assentamentos e na rede de esgotamento sanitário e de águas pluviais revela a incapacidade de os governos estabelecerem planos de expansão para as próximas décadas. No setor de transportes, seria importante o estabelecimento do projeto Brasília-Integrada para uso dos passageiros de ônibus e do metrô, com bilhete único. Projeto esse que revisse o uso do transporte individual, responsável pelo trânsito caótico em horários de pico e que estigmatizasse o mito de que, em Brasília, "o homem é composto de cabeça, tronco e rodas" para justificar o uso de carro particular. Isso requerer importantes ações para obras de infra-estrutura viária para "**priorização do transporte público**", com a melhoria da malha viária e manutenção constante de vias. Essas requerem atenção para suportar o trânsito de uma frota de 850 mil veículos, uma das mais expressivas do Brasil. A questão do uso do veículo individual se agrava com a entrada de 54 mil automóveis a cada ano. Esse dado é importante para se estabelecer um rompimento da lógica do carro individual. Em seu lugar, devem ser melhoradas as condições para o transporte coletivo integrado visando à "quebra do paradigma". Para esse fim, há que se promover a estruturação da frota de ônibus, estabelecendo o bilhete para um sistema integrado, com bilhetagem eletrônica. A preocupação com os pedestres e ciclistas, indica a necessidade de melhoria nos pontos de ônibus, de acabamento nas calçadas e da ampliação das ciclovias. É também imperioso o estabelecimento de campanha educativa para que ciclistas, motoristas e pedestres saibam respeitar os respectivos espaços no trânsito. Outro ponto da infra-estrutura a ser abordado é o dos resíduos sólidos, cujo plano diretor será concluído em dezembro de 2006. Nesse plano, destaca-se a coleta seletiva de lixo, com centro de triagem e erradicação dos "lixões". Deve-se urgentemente retirar as crianças que trabalham na seleção de materiais para reciclagem e incentivar a inclusão social dos catadores. No aspecto da seleção dos materiais para reciclagem, a construção civil e apresenta como destino para os materiais reutilizáveis. Outro dado importante é que das 6 mil toneladas de lixo produzidas **por dia**, cerca de **mil** toneladas são de lixo residencial, algo que deve ser avaliado para o estabelecimento da coleta seletiva e para a bem pensada inclusão social dos catadores.

Em vista do exposto, o que se recomenda é o retorno ao planejamento urbano com respeito às leis e à Natureza, ocasião em que se haverá de respeitar o homem, como alvo de toda iniciativa urbanizante. Neste caso, urbanizar agrega um outro significado: ampliar os horizontes civilizatórios.

De todas as questões ligadas à urbanização e às infra-estruturas, torna-se imperioso que governos e setor privado enfrentem os desafios e dilemas referidos acima, corajosamente, para vislumbrar um futuro de melhor amplitude para a Capital de todos os brasileiros.

---

[1] Sobre o tema, ver a coletânea *Brasília, Dimensões da Violência Urbana*, organizada por PAVIANI, FERREIRA e BARRETO (orgs.) Ed. UnB, 2005.

[2] A respeito da questão ambiental no DF, ver a coletânea *Brasília: controvérsias ambientais*. Brasília, Ed. UnB, 2003, organizada por Paviani e Gouvêa.

[3] Ver de nossa autoria o trabalho "Brasília: do Plano Piloto à metrópole polinucleada". IAB/DF, 2004.

[4] GDF/DIESSE/SEADE. *Pesquisa de Emprego e Desemprego no Distrito Federal – Resultados: Junho/2006. Brasília, GDF/DIEESE/SEADE, 2006.*

MATRIZ ENERGÉTICA DO DF E OS INVESTIMENTOS PARA NOVOS PROJETOS

Carlos Antônio Leal

Introdução

A matriz energética do Distrito Federal, apesar de ser diferente daquela do Brasil, têm sustentação fundamentalmente nas fontes de energia derivadas do petróleo, carvão vegetal e hidráulica.

Nos últimos anos, o setor elétrico tem enfrentado fortes turbulências trazidas pela reestruturação iniciada em meados dos anos 90, e ainda em curso, tendo como referência importante a proposta de instituição de competição empresarial em parte das atividades, visando alcançar modicidade tarifária e assegurar o financiamento do setor.

A Companhia Energética de Brasília detém a concessão da exploração da distribuição de gás natural no Distrito Federal,

Carlos Antônio Leal – Engenheiro eletricista, na área de sistemas de potência. Trabalhou na CEMIG, no Departamento de Estradas de Rodagem – DER/DF. Conselheiro do CREA/DF, no segundo mandato. Engenheiro da CEB há 17 anos, tendo atuado em projetos e obras, planejamento, operação e manutenção. Atualmente acumula os cargos de gestor da Superintendência Comercial e da Superintendência de Serviços de Distribuição. MBA Empresarial pela Fundação Dom Cabral.

encontrando-se em andamento vários projetos voltados para viabilizar a oferta do gás natural em Brasília.

A crise internacional do petróleo, que se instaurou com a manutenção da cotação do barril superior aos US$ 60,00, deverá, na avaliação dos principais analistas de mercado, acelerar o até agora lento processo de mudança da matriz energética brasileira. A tendência é que a manutenção do atual patamar de preços do petróleo intensifique cada vez mais a substituição dos combustíveis derivados do petróleo por fontes como gás natural, álcool e biomassa.

Características dos consumidores do Distrito Federal

A matriz energética do Brasil tem uma dependência significativa dos combustíveis derivados do petróleo, representando 40%, seguido da energia elétrica com 14%, derivados da cana-de-açúcar e carvão vegetal com 13% cada um, e as demais fontes com percentuais na casa de um dígito. Essa distribuição já demonstra que exploramos muito pouco outras fontes alternativas. Se formos analisar a matriz energética do Distrito Federal, a situação se agrava bastante, pois as fontes mais utilizadas são os combustíveis derivados do petróleo, energia elétrica e derivados da cana-de-açúcar, com muito pouca utilização das demais fontes, inclusive do carvão vegetal e mineral.

O perfil do consumo de energia elétrica da população do Distrito Federal é bastante diferente do perfil do Brasil, tendo em vista que a classe Residencial detém a maior parte do consumo de energia elétrica (40%), seguida pela classe Comercial (30%), bem como a classe Poder Público com o maior percentual do País (11%). Em contrapartida, a classe Industrial é responsável por um dos menores percentuais do DF (6%).

Em número de consumidores, a classe Residencial é responsável por 86% dos 730.000 consumidores do Distrito Federal. Essa distribuição fez com que, durante o período do racionamento (2001 – 2002), tivéssemos que adotar uma estratégia diferenciada para atingirmos a redução de consumo necessária, diferentemente do restante do País.

Assim, qualquer análise voltada para o suprimento de energia elétrica ao Distrito Federal deve considerar de forma significativa as características dos consumidores residenciais.

Suprimento de energia elétrica ao DF até 2015

A partir da reestruturação do setor elétrico e buscando se preparar para o novo cenário que se avizinhava, a Companhia Energética de Brasília – CEB, com base num planejamento estratégico, iniciou investimentos em empreendimentos de geração de energia elétrica, que resultaram em usinas concluídas e em operação, assim como em outros aproveitamentos hidroelétricos em diferentes estágios de implementação.

Com o advento do racionamento em 2001, quando houve de forma imposta uma grande retração no consumo de energia elétrica, além da redução da receita, a CEB, como uma das poucas empresas distribuidoras que ainda são estatais, foi fortemente prejudicada por não poder utilizar fontes de financiamento do governo federal (BNDES), ao contrário das demais distribuidoras privadas.

Logo a seguir, de acordo com o Contrato de Concessão, a CEB passou pelo primeiro processo de revisão tarifária da ANEEL, ocorrido em 2004, que trouxe a necessidade de um grande ajuste nas despesas de custeio da companhia.

Assim, conforme a distribuição das fontes de suprimento de energia elétrica ao Distrito Federal, atualmente a CEB dispõe de

41% da demanda de energia suprida por empresas de sua propriedade ou que detém participação, que de acordo com as novas regras do setor elétrico a coloca em uma condição extremamente mais favorável à negociação e a obtenção de melhores preços para a energia que será distribuída no Distrito Federal.

Para garantir o suprimento de energia elétrica ao Distrito Federal até 2015, além do corredor de suprimento já existente, a partir da Subestação de Samambaia seguindo para a Subestação de Brasília Sul, de onde chegam a linhas de Furnas, criaremos outro corredor de suprimento a partir da Subestação de Samambaia até a Subestação de Brasília Centro, formando um anel que garantirá uma configuração muito mais eficiente e flexível para distribuição de energia elétrica no Distrito Federal.

Novas fontes de energia para o Distrito Federal

A Companhia Brasiliense de Gás S.A. – CEBGAS detém a concessão para exploração da distribuição do gás natural no Distrito Federal e, em decorrência das incertezas empresariais, encontra-se em estágio inicial.

Um primeiro grande projeto é a viabilização da construção de um ramal do Gasoduto Brasil-Bolívia que se estenderia até Anápolis/GO. Para tanto, seriam construídas duas usinas térmicas de energia elétrica, uma em Brasília e a outra em Anápolis. O agravamento das relações entre o Brasil e a Bolívia, notadamente no campo da energia, provocou uma paralização momentânea desse projeto.

Outro grande projeto, que está em fase mais adiantada, é a distribuição do gás natural veicular. Em Paulínea/SP, o gás natural seria transformado do estado gasoso para o estado líquido (-160º C), e dessa forma seria transportado por caminhão ou trem até Brasília, com a vantagem de que 1m³ de gás natural no estado gasoso corresponde a 600m³ no estado líquido. Em Brasília, até dezembro/2006, estarão funcionando 2 postos de distribuição de gás natural veicular, sendo um no Setor de Postos e Motéis Sul e outro no Setor de Indústria. Cada posto terá uma Unidade de Gaseificação para transformar novamente o gás natural para o estado gasoso.

Anualmente a CEB investe 1% de sua Receita Operacional Líquida, em torno de 10 milhões de reais, em projetos de Pesquisa & Desenvolvimento. Além de vários projetos voltados para a energia elétrica, existem outros relacionados com novas fontes de geração de energia elétrica. Um deles propõe a utilização de energia solar para recalque da água que passou pela Usina do Paranoá de volta ao Lago do Paranoá. Outras dois projetos, a nível de consulta, propõem a construção de Usinas Térmicas, sendo uma na área rural do PAD/DF (50 mW) e outra em Sobradinho (170 mW).

Considerações finais

A situação do Distrito Federal, no que diz respeito ao investimento em novas fontes de energia elétrica, é muito precária. Faz-se necessário um grande esforço, com participação do governo, das instituições de ensino e das empresas, incentivando novos projetos voltados para essa área como forma não só de melhor aproveitar nossos recursos mas, principalmente, para oferecer novas alternativas à população.

No campo da energia elétrica, é necessário encontrar uma solução para as invasões, principalmente na região do Setor P Norte e P Sul, onde encontram-se um quantitativo em torno de 30.000 famílias sem nenhum serviço público (água, energia elétrica, esgoto, arruamento, telefone, etc.). Todos esse moradores estão utilizando energia elétrica na gambiarra, pois, conforme a Lei Ambiental, para que possa ser construída a rede elétrica para atender regularmente esses moradores, é preciso que haja Licença Ambiental. Dessa forma, é fundamental que o governo coordene as ações que permitirão encontrar uma solução para esse problema.

Quanto à utilização de novas fontes de energia no Distrito Federal, entendo que é fundamental que haja a união, através de um Fórum, com participação do Governo, das instituições de ensino, das empresas e da população, por meio de programas que incentivem esse desenvolvimento. A participação da instituições de ensino, principalmente da UnB, no desenvolvimento de projetos de Pesquisa e Desenvolvimento nessa área é fundamental, pois já existem verbas garantidas por lei no orçamento da CEB para desenvolvimento desses projetos.

Entendo que o governo deve buscar alternativas para possibilitar o oferecimento de tarifas de energia mais adequadas às diversas camadas da população, com a instituição da tarifa amarela, por exemplo, que possibilita a aplicação de preços diferenciados ao longo do dia. É extremamente injusto que um consumidor que mora em um barraco em Santa Maria pague a mesma tarifa que um consumidor do Lago Sul.

A REINVENÇÃO DO SISTEMA DE TRANSPORTE PÚBLICO COLETIVO DO DF

Maria de Fátima Ribeiro Có

Introdução

A demanda dos transportes urbanos exige respostas permanentes, a se completarem em ciclos diários. Este fenômeno, diário e essencial, de ir e vir, constitui-se em abrangente e sensível função social. Os transportes urbanos, porque função social – da sociedade, para sociedade, pela sociedade – tem que ser assim reconhecidos para ter a atenção e o tratamento que o poder Executivo lhe deve dispensar.

Maria de Fátima Ribeiro Có – Secretária Adjunta da Secretaria de Infra-Estrutura e Obras do Governo do Distrito Federal. Engenheira Civil, pós-graduada em Engenharia de Segurança do Trabalho e em Gerência Empresarial. De 1997 a 1999 foi Presidente do Conselho Regional de Engenharia, Arquitetura e Agronomia - CREA/ DF, recebeu o título de Melhor do Ano/97, na categoria de Mérito Profissional como Engenheira Civil do Ano pela Associação de Imprensa de Brasília.

Transportes urbanos

Atualmente, existe um programa em estudo, denominado de Programa Brasília Integrada, que tem como objetivo geral promover a mobilidade por transporte público urbano no Distrito Federal, com o foco na viabilidade, de fato, da utilização do transporte público por maior parte da população, para que os usuários tenham boas condições neste meio de transporte e com isso utilizem menos o seu veículo particular.

Como objetivos específicos temos: a melhoria da qualidade do transporte coletivo quanto ao tipo e conservação dos veículos, quanto aos horários, itinerários, etc.; aumento da acessibilidade espacial-temporal, prevendo condições adequadas de acesso com conforto e segurança, paradas de ônibus eqüidistantes, iluminação, redução do tempo de viagem, principalmente nos horários de pico, etc.; melhoria da qualidade de gestão do transporte urbano, melhoria das condições de trânsito, com foco no pedestre e no ciclista.

Como ações desse programa temos: a realização de obras de infra-estrutura viária para priorização do transporte público coletivo nos principais corredores (EPTG/EPNB/EPIS) com faixa exclusiva ou prioritária ao transporte coletivo; implementação de corredores em vias urbanas (Hélio Prates/Samdu/Av. Comercial/Central); construção de novos terminais; bilhetagem automática que permita integração modal.

É certo que, realmente, uma das ações de solução de transportes se constitui na manutenção, construção ou ampliação da malha viária urbana e, por isso, foram construídos viadutos, duplicações de vias necessárias, para não haver retenções de tráfego e nem saturação das mesmas.

No entanto, o espaço é finito e a frota não pára de crescer... a frota atual é de 850.743 veículos registrados no DF, com uma média anual de crescimento de 54.750 veículos e média diária de 150 veículos, trazendo, assim, um crescimento de aproximadamente 6,5% ao ano. Entendemos que temos que romper esta lógica.

Para tanto, é presciso promover um fortalecimento institucional e a revisão da regulação do Sistema de Transporte Público Coletivo do DF, e oferecer à população transporte público de qualidade e que atenda prioritariamente seu desejo de viagem.

É também de fundamental importância uma migração dos serviços oferecidos no Plano Piloto para outras Regiões Administrativas, criando outros centros de atração de empregos. É pertinente que não seja criada cada vez mais demanda nos saturados corredores de transporte. Hoje, 70% dos empregos estão no Plano Piloto, enquanto apenas 20% residem nesta área.

Necessário se faz a implantação de um novo modelo do Sistema Integrado que permita aos usuários se deslocarem para diversos pontos, fazendo transferência entre linhas da rede e pagando tarifa de integração.

Qualquer programa que busque mitigar os problemas de transporte há de se preocupar com o pedestre e com o ciclista, pois, historicamente, quase todo estudo tem direcionado seu foco à mobilidade dos veículos automotores e, desta forma, a atual política brasileira de transporte favorece a poluição do ar, a degradação ambiental, o efeito estufa, os congestionamentos e a crescente violência no trânsito – que mata mais de 40 mil pessoas por ano.

A bicicleta, eleita como símbolo de transporte sustentável do planeta, reúne várias qualidades como baixo custo de aquisição, simplicidade de funcionamento, ausência de poluição química ou sonora, pequena dimensão, capacidade de proporcionar ao ciclista um bom preparo físico – o que traduz em saúde, além se ser um importante instrumento de inclusão social.

O Distrito Federal, por sua vez, é sabidamente uma região que possui uma vocação natural para o ciclismo, com o seu relevo pouco acidentado na quase totalidade de seu território, com baixos índices pluviométricos e também possui uma infra-estrutura capaz de absorver a construção de ciclovias sem problemas de desapropriação, por exemplo.

Portanto, há boas razões para o Governo do Distrito Federal implantar um Programa Cicloviário, que certamente irá contribuir para a promoção do bem-estar da população, ao criar ambientes viários seguros e convidativos ao pedalar.

A inclusão social da população de baixo poder aquisitivo é também, sem dúvida, mais um importante motivo para esta ação, uma vez que a bicicleta representa uma opção que resulta diretamente na economia doméstica.

Os efeitos não serão tão imediatos, porém gradativos, crescentes e sustentáveis, melhorando cada vez mais a qualidade de vida dos cidadãos.

Pesquisas feitas para a identificação das áreas de uso intensivo de bicicleta mostram claramente uma grande demanda em todo o Distrito Federal.

Foram realizados levantamentos dos dados das contagens de tráfego pelo DER/DF, bem como análise de informações sobre viagens de bicicletas contidas na Pesquisa Domiciliar -Transporte 2000. Com bases nestas informações foram feitas visitas de campo para identificação dos locais de pesquisa. A partir desta pesquisa foram levantados os dados de tráfego diário expandido de bicicletas na malha rodoviária pesquisada. Com base nos volumes de bicicleta aferidos pelas contagens de tráfego, as principais avaliações são:

- os fluxos de bicicletas no sentindo cidade - subúrbio são mais elevados que no sentido inverso.

- as rodovias que concentram os maiores volumes de bicicletas são coincidentes com os principais corredores de transporte coletivo do Distrito Federal.
- rodovias que passam por áreas urbanizadas também apresentam volumes de bicicletas bastante expressivos.
- avaliando os carregamentos de bicicletas na rede rodoviária do DF, verifica-se que se forma uma grande rota de uso intensivo de bicicletas, que começa no Entorno Sul e Gama, passando pela DF – 001 na direção do Recanto das Emas, prosseguindo pelo Pistão Sul e Norte e com continuidade pela DF-001/BR-080 na direção de Brazlândia.

Este eixo está diretamente relacionado aos deslocamentos das populações de menor poder aquisitivo em direção ao pólo regional formado por Taguatinga/Ceilândia e Samambaia. A seguir exemplos da pesquisa realizada.

Em Brazlândia, analisando o mapa de deslocamento diário por bicicleta, nota-se que há um percurso caracterizado, conforme gravuras.

Estudo de microrredes cicloviárias no Distrito Federal RA IV - Brazlândia. Levantamento e análise da pesquisa domiciliar – transporte – 2000

R.A. BRAZLÂNDIA		
Zona de Origem	Zona de Destino	VIAGENS
317	317	71
317	318	34
317	319	36
317	320	75
317	337	35
		251
318	318	152
318	319	165
		317
319	319	374
319	320	283
		656
320	320	149
		149
324	324	151
		151

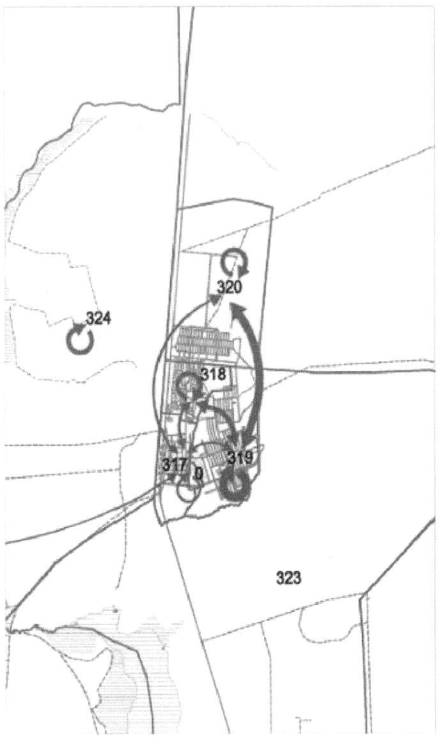

Estudo de microrredes cicloviárias no Distrito Federal RA IV - Brazlândia. Resultados das pesquisas de campo e proposições de microrredes

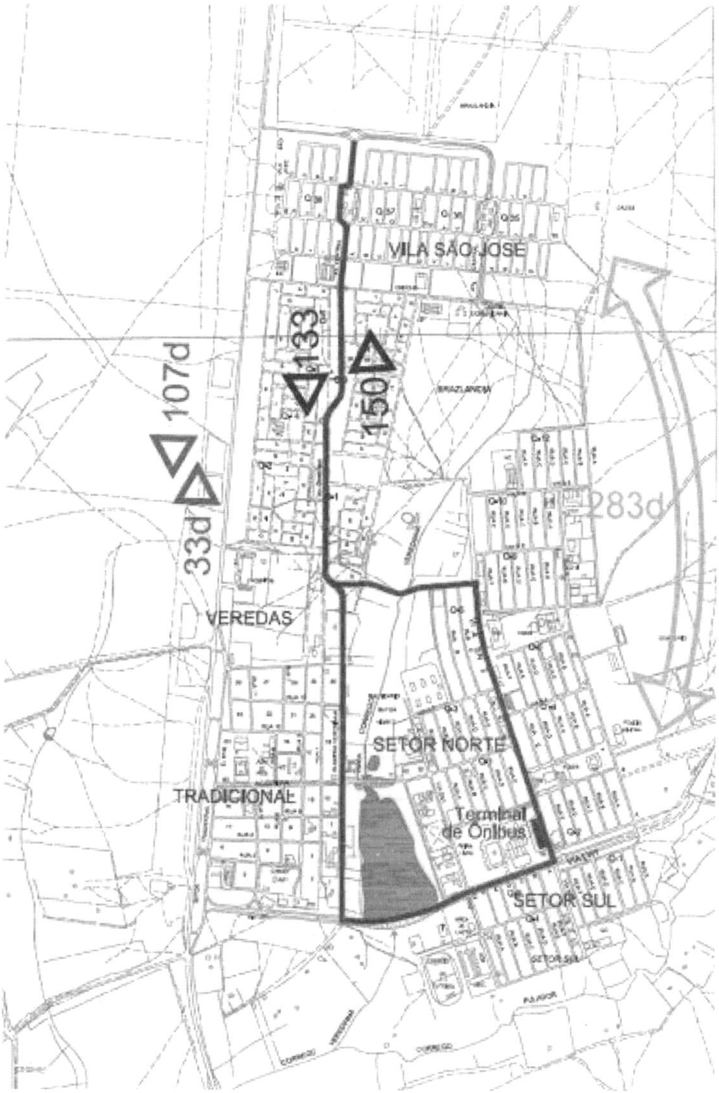

Já na Ceilândia, mesmo verificando que viagens acontecem em maior quantidade no sentido transversal à Avenida Hélio Prates, ou seja, a maior parte dos pares de zonas de origem e destino está situado em lados opostos, não há uma única caracterização neste sentido norte-sul, havendo claramente outras demandas também de utilização freqüentes.

Estudo de microrredes cicloviárias no Distrito Federal RA IX - Ceilândia. Levantamento e análise da pesquisa domiciliar – transporte - 2000

R.A. CEILÂNDIA

Zona de Origem	Zona de Destino	VIAGENS
181	181	73
181	184	33
181	196	44
		149
182	183	40
182	185	41
182	193	37
182	198	33
182	209	38
		189
183	188	33
183	193	76
183	197	37
183	201	36
183	207	43
		224
184	159	44
184	161	31
184	194	63
		139

Zona de Origem	Zona de Destino	VIAGENS
187	191	60
187	197	41
		102
188	189	33
188	190	56
188	191	56
188	193	76
188	196	33
188	203	56
		310
189	191	85
189	192	40
189	200	35
		160
192	159	42
192	192	80
192	193	83
192	195	42
192	197	80
192	200	36
192	201	36
		398

Zona de Origem	Zona de Destino	VIAGENS
193	194	31
193	195	42
193	196	37
193	197	36
193	209	36
193	210	34
		215
194	154	33
194	185	41
194	205	40
		113
201	195	36
201	201	71
201	203	71
201	204	35
201	205	71
201	207	35
201	213	36
		354
204	199	32
204	204	69
204	209	34
204	210	34
		170

Estudo de microrredes cicloviárias no Distrito Federal RA IX - Ceilândia. Levantamento e análise da pesquisa domiciliar – transporte - 2000

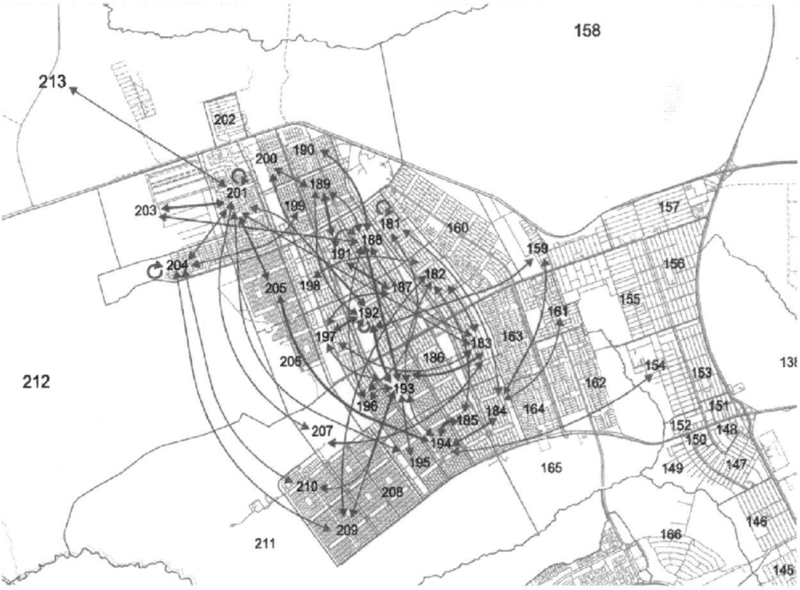

Estudo de microrredes cicloviárias no Distrito Federal RA IX - Ceilândia. Resultados das pesquisas de campo e proposições de micro-redes

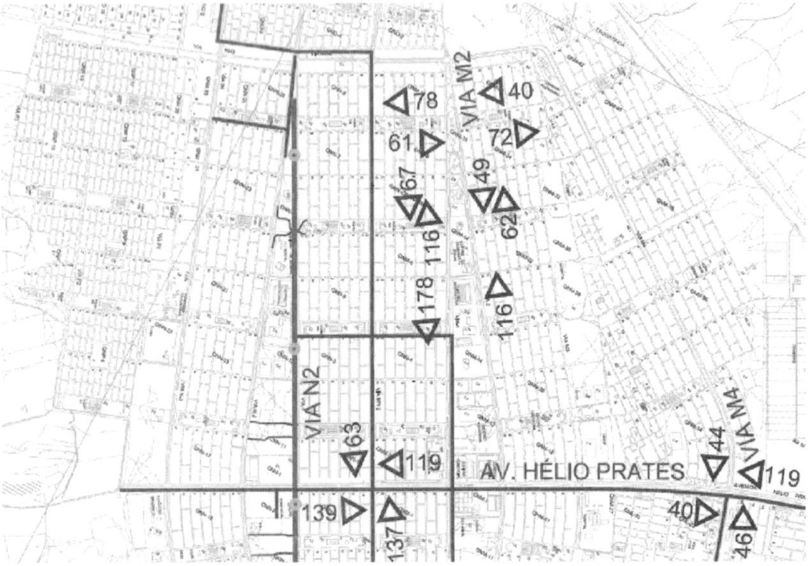

Analisando as pesquisas de demandas em todas as Regiões Administrativas chegamos a este mapa, estabelecendo microrredes cicloviárias, visando à integração com o transporte coletivo e a inclusão social.

SANTA MARIA
LEGENDA
DER DF
Estudo de Micro-Redes Cicloviárias no DF
Mapas das Microredes Cicloviárias
AeT

PLANO DIRETOR DE GERENCIAMENTO DE RESÍDUOS SÓLIDOS DO DF

Maria de Fátima Ribeiro Có

Na questão dos resíduos sólidos do DF verifica-se a necessidade de ser elaborada uma gestão regionalizada que estabeleça um elo de ligação com as políticas de saneamento, de recursos hídricos, de saúde pública e de meio ambiente e que toda a sociedade esteja envolvida, para se ter uma responsabilidade compartilhada.

Atualmente, se tem contratado um Plano Diretor de Resíduos Sólidos (PDRS) com o objetivo geral de orientar o desenvolvimento do sistema de limpeza pública do Distrito Federal, avaliando as atuais condições e estabelecimento sustentável com modernização tecnológica e inclusão sócio-econômica.

Maria de Fátima Ribeiro Có – Secretária Adjunta da Secretaria de Infra-estrutura e Obras do Governo do Distrito Federal. Engenheira Civil, pós-graduada em Engenharia de Segurança do Trabalho e em Gerência Empresarial. De 1997 a 1999 foi Presidente do Conselho Regional de Engenharia, Arquitetura e Agronomia - CREA/DF, recebeu o título de Melhor do Ano/97, na categoria de Mérito Profissional como Engenheira Civil do Ano pela Associação de Imprensa de Brasília.

Com relação às realidades econômicas, sociais, político-institucionais e ambientais locais, o PDRS deverá considerar as diversas alternativas de soluções técnicas e institucionais, que serão implementadas para o desenvolvimento do sistema de gestão de resíduos sólidos. O PDRS será elaborado de acordo com os seguintes princípios:

- segurança em termos de saúde pública e meio ambiente, com manejo diferenciado, tratamento descentralizado e disposição do lixo segundo rigorosas normas técnicas, ambientais e sanitárias;
- tratamento dos resíduos segundo suas características priorizando as atividades com maior risco;
- regularidade da coleta e, consequentemente, confiança da população servida;
- manter níveis técnicos rigorosos no tratamento e destino final dos resíduos;
- propor alternativas de inclusão social dos catadores de material reciclável e conquistar o apoio de segmentos sociais relacionados à conservação ambiental, fazendo com que o sistema alcance todos os segmentos sociais, inclusive as pequenas comunidades;
- permanente aperfeiçoamento do quadro de pessoal, com a atualização das equipes e adoção das técnicas que ofereçam melhor relação custo-benefício ao longo de todo o processo;
- avaliação baseada em indicadores que melhor refletem o desempenho técnico e financeiro do diagnóstico anual.

O Plano Diretor de Resíduos Sólidos (PDRS) está contratado com um prazo para ser entregue em dezembro de 2006. No entanto, é necessário que se tenha no Distrito Federal planos integrados de "gerenciamento" de resíduos sólidos que contemple:

- implantação da coleta seletiva de lixo em todo o Distrito Federal;
- criação de centros de triagem no Distrito Federal, com toda infra-estrutura;
- erradicação completa dos lixões;
- incentivo à reinserção dos resíduos reutilizáveis ou reciclados no ciclo produtivo;
- ações de orientação, de fiscalização e controle dos agentes envolvidos;
- garantir a inclusão social;
- ações educativas, visando a reduzir a geração de resíduos e possibilitar sua segregação.

Especialmente a questão dos resíduos sólidos da construção civil no Distrito Federal precisa de uma solução urgente, pois é significativo a sua quantidade (6 mil toneladas por dia), e a disposição desses resíduos em locais inadequados contribui cada vez mais para a degradação da qualidade ambiental.

O Plano Diretor de Gerenciamento de Resíduos Sólidos da Construção Civil deverá estabelecer:

- diretrizes, critérios e procedimentos para efetiva redução dos impactos ambientais gerados por estes resíduos;
- viabilidade técnica e econômica de produção e uso materiais provenientes de resíduos da construção civil;
- gestão integrada de resíduos da construção civil proporcionando benefícios de ordem social, econômica e ambiental;

- procedimentos junto aos geradores, tendo como objetivo prioritário a não geração de resíduos sólidos e, secundariamente, a redução, a reutilização, a reciclagem e destinação final;
- cadastramento de áreas públicas ou privadas aptas para o recebimento, triagem e armazenamento temporário (transbordo).

Concluindo, a política de gerenciamento de resíduos sólidos no âmbito do meio ambiente deverá ter como objetivo um nível de proteção elevado, tendo presente à diversidade de situações existentes. Deverá ser calcada nos princípios da correção dos atentados ao meio ambiente, preferencialmente na fonte dos mesmos, ou seja: "**quem contamina, paga**".

ALTERNATIVAS PARA FINANCIAR A INFRA-ESTRUTURA DO DF

Roberto Góes Ellery Júnior

Introdução

A relação entre infra-estrutura e desempenho econômico tem sido objeto de investigação de vários autores no Brasil e no mundo. Apesar das estimativas apresentarem discrepâncias entre si, a maioria dos estudos conclui pela existência de uma relação positiva entre infra-estrutura e produto, bem como entre infra-estrutura e produtividade[1]. Desta forma, sociedades com maior acesso a infra-estrutura teriam condições de produzir mais e de modo mais eficiente.

Conquanto a oferta de infra-estrutura esteja associada a um melhor desempenho da economia e, consequentemente, ao um maior nível de bem-estar para a sociedade, os mecanismos pelos quais tal oferta se realiza carecem de uma análise cuidadosa. Isto é verdade devido à presença de externalidades relacionadas à infra-

Roberto Góes Ellery Júnior – Professor e coordenador do curso de Pós-graduação do Departamento de Economia da UnB. Professor Titular do Departamento de Economia/UnB. Doutorado em Economia na UnB. Mestrado em Economia – Fundação Getúlio Vargas/FGV-RJ.

estrutura e pelas características de bens públicos associadas à maioria dos bens relacionados com infra-estrutura.

As externalidades são caracterizadas pelo fato da infra-estrutura gerar efeitos externos aos agentes envolvidos na decisão de ofertar infra-estrutura. A construção de uma estrada ou a eletrificação de uma região rural pode melhorar, ou piorar, a vida de pessoas que, a princípio, não pretendem utilizar a estrada ou não moram na região eletrificada[2]. Um resultado bastante conhecido é que o mercado não possui mecanismos eficientes para garantir a oferta adequada de bens que causam externalidades.

Quando a externalidade é negativa, o mercado oferta mais deste bem do que o desejável. No caso de externalidade positiva, como, por exemplo, a maioria das obras de infra-estrutra, o mercado oferta uma quantidade inferior à desejável.

Outro ponto relevante associado à infra-estrutura é que muitas vezes é impossível impedir o acesso de todos a seus benefícios. Uma vez providenciada a iluminação de uma rua, é impossível impedir que alguém não usufrua desta iluminação. Portanto, não há meio de cobrar pelo uso da iluminação pública. Bens ou serviços com esta característica são classificados com bens não sujeitos a exclusão, ou ainda, bens não-excluíveis. Assim como ocorre com bens que apresentam externalidades positiva, o mercado tende a ofertar uma quantidade menor que a socialmente desejável de bens deste tipo.

Desta forma, é razoável supor que os bens e serviços de infra-estrutura, quer por apresentarem externalidades positivas quer por serem não-excluíveis, não são ofertados de maneira adequada pelo mercado. Em outras palavras, as livres forças de mercado não são capazes de oferecer a quantidade adequada de bens e serviços relacionados à infra-estrutura.

A importância da infra-estrutura para o crescimento da economia, ou seja, para geração de emprego e renda, faz com que a busca de alternativas para providenciar infra-estrutura ocupe um lugar central na agenda de desenvolvimento de qualquer sociedade. Tais alternativas estão associadas à ação direta ou indireta do governo. No caso de ação direta, o governo toma o papel de ofertante de bens e serviços de infra-estrutura, isto ocorre quando o governo constrói uma estrada ou quando usa de empresas estatais para ofertar serviços de telefonia ou de energia elétrica. No caso de ação indireta, o governo cria incentivos para que o mercado realize a oferta desejável de infra-estrutura. Tais incentivos podem ser fiscais, como isenções ou subsídios, podem estar associados à garantia de mercado e preço mínimo ou a outras questões específicas do setor.

Nos últimos anos é possível observar uma tendência dos governos, no Brasil e no exterior, de optar por métodos indiretos para garantir a oferta de infra-estrutura. Esta opção acarreta menos despesa ao Estado, que desta forma pode direcionar seus recursos para áreas sociais, e diminuir os problemas de ineficiência relacionados à gestão de recursos por parte do setor público.

Com este pano de fundo será feita a análise da infra-estrutura no Distrito Federal. A próxima seção apresenta uma análise da evolução da infra-estrutura no Brasil desde 1950. A terceira seção trata da infra-estrutura do Distrito Federal e a quarta apresenta as conclusões do trabalho.

Oferta de infra-estrutura no Brasil

Em um amplo estudo sobre a infra-estrutura no Brasil entre 1950 e 1995 Ferreira e Malliagros (1998) identificaram duas etapas distintas na história recente. A primeira vai de 1950 a 1979 e é caracterizada por uma intervenção direta do Estado na oferta de infra-estrutura. A segunda etapa tem seu início em 1980 e se estende até hoje[3].

A primeira etapa foi marcada pela criação de diversas empresas estatais atuando na área de infra-estrutura (energia, telecomunicações, transportes, etc.). A percepção era que o setor privado não tinha interesse ou disponibilidade de capital para atuar nestas áreas e, portanto, tornava-se necessário que o governo tomasse a frente destes setores. Em um primeiro momento, décadas de 50 e 60, o financiamento destes investimentos foi feito com recursos internos, particularmente do BNDES. A partir da década de 70, as empresas estatais passaram a buscar financiamento no exterior.

A busca de financiamento no exterior para o setor de infra-estrutura contribuiu de forma decisiva para o aumento da dívida externa. Na década de 1980 a mudança no cenário econômico internacional inviabilizou o financiamento externo e expôs a fragilidade financeira do Estado brasileiro. Neste momento configura-se a crise fiscal, como conseqüência imediata torna-se impossível manter os níveis de investimento em infra-estrutura. De fato, não apenas foram reduzidos os gastos das estatais e do governo na construção de hidroelétricas, expansão da rede de telefonia, estradas, ferrovias, etc., como ocorreu um corte na manutenção das obras já existentes.

A maneira encontrada para garantir a oferta de infra-estrutura, necessária para o crescimento sustentável do País, foi transferir ao setor privado a responsabilidade pelos investimentos no setor. Deste modo, iniciou-se a onda de privatização, com destaque para o setor de telecomunicações e de energia, transformando as antigas empresas estatais em empresas privadas atuando em mercados regulados pelo Estado. O passo seguinte é regulamentar as Parcerias

Público-Privadas como forma de gerar investimento em áreas que não foram transferidas para o setor privado.

Figura 1: Investimento das Estatais, em R$ bilhões de 2000.

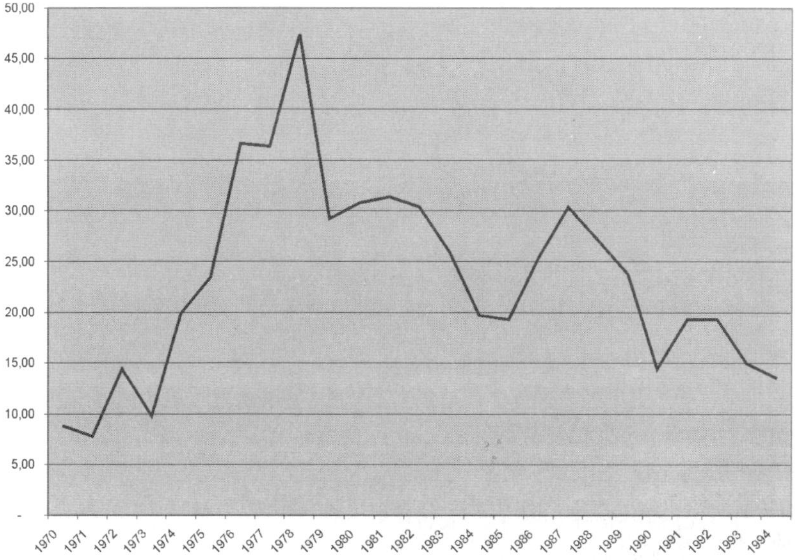

Fonte: IPEADATA

A Figura 1 ilustra o processo de perda da capacidade de investimento das estatais. Em meados dos anos 90 o investimento era menos de um terço do realizado no final dos anos 70. A Figura 2 ilustra o setor de energia elétrica. Fica claro que a queda no investimento na geração de energia elétrica observada no período traria desequilíbrios diante da expansão do consumo de energia elétrica.

Figura 2: Investimento em Geração e Consumo de Energia Elétrica

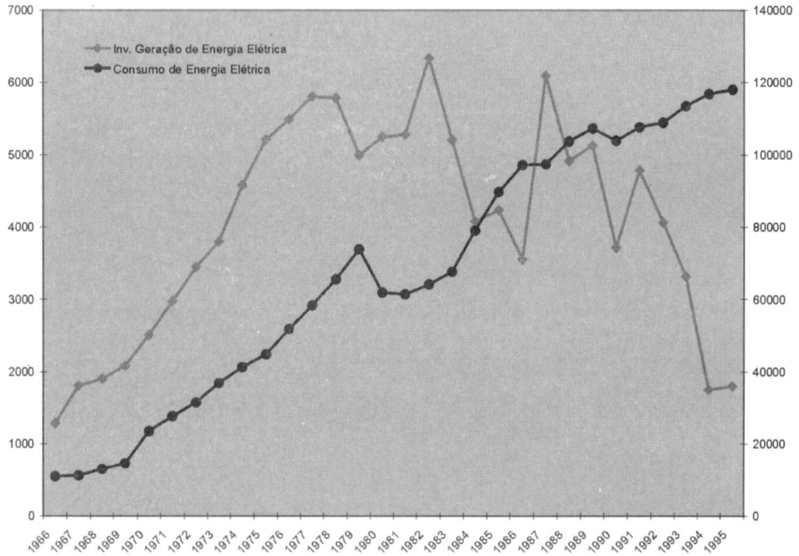

Fonte: Ferreira e Malliagros (1998).

O caso de energia elétrica não é isolado. A perda da capacidade de financiamento do Estado comprometeu toda a infra-estrutura do País. Apenas setores privatizados foram capazes de adequar as condições de oferta à demanda da sociedade. Exemplo disto é o setor de telecomunicações. O avanço das parcerias público-privada pode ser a alternativa para financiar novo projetos de infra-estrutura em setores não privatizados.

Infra-estrutura no Distrito Federal

O Distrito Federal é uma das unidades da Federação que apresentam o melhor desempenho econômico entre 1970 e 2002. Neste período, o PIB do Distrito Federal cresceu a uma taxa média de pouco mais de 7% ao ano, enquanto a taxa média de crescimento do PIB brasileiro foi da ordem de 4,7% ao ano. De acordo com o IPEA[4], o DF era a unidade da Federação com maior renda[5] *per capita* no ano de 2000, R$ 605,41. Em segundo lugar vinha São Paulo com uma renda *per capita* de R$ 442,67. A renda *per capita* média dos estados brasileiros era de R$ 246,68.

Os desafios postos ao DF no sentido de criar e manter a infra-estrutura necessária para não comprometer sua performance econômica são de natureza semelhante aos desafios postos ao Brasil como um todo. Apesar da condição privilegiada do DF, tanto em termos de renda da população quanto em termos de finanças públicas internas, existe um descompasso entre a demanda por infra-estrutura e a capacidade do governo local de ofertar estes bens e serviços.

No que tange à energia elétrica, a oferta interna de energia tem sido suficiente para atender a demanda, sem necessidade de políticas de restrição de demanda[6]. Entretanto, a oferta de energia interna possui uma forte dependência de fontes produtoras externas ao DF. Desde 1997 o índice de dependência externa de energia do DF fica em torno de 98%. A Tabela 1 abaixo ilustra este fato.

Tabela 1: Dependência Externa de Energia

Atividades	Dependência Externa de Energia				
	1997	1998	1999	2000	2001
Oferta interna de energia (mil/tep)	2.137,0	2.314,5	2.360,4	2.483,8	2.370,7
Produção de energia primária (mil/tep)	49,9	40,8	34,7	40,9	40,7
Dependência externa (mil/tep)	2.087,1	2.273,7	2.325,7	2.442,9	2.330,0
Dependência externa (%)	97,7	98,2	98,5	98,4	98,3

O alto grau de dependência não é um problema em si. Conquanto seja possível adquirir energia em outras regiões, a um custo menor do que o custo de produzir energia no próprio DF, não existem razões para investir em programas locais de geração de energia.

Assim como no resto do Brasil, o setor de telecomunicações é o que apresenta maior expansão entre todas as áreas ligadas à infra-estrutura. Esta expansão ocorre tanto na telefonia fixa quanto na telefonia móvel, e pode ser observada a partir de qualquer indicador setorial. Não apenas existem mais terminais em funcionamento como um número maior de pessoas passou a ter acesso aos serviços de telefonia.

O número de terminais fixos instalados aumentou aproximadamente 54% entre 1997 e 2001. O número de terminais móveis aumentou em mais de 800% no DF entre 1997 e 2001. No Brasil, o aumento foi de 325% no mesmo período. O desempenho do setor de telecomunicações é um exemplo de como a transferência de parte da infra-estrutura para o setor privado pode viabilizar novos investimentos. A Figura 3 mostra a evolução do número de terminais móveis no Brasil entre 1990 e 2006.

Figura 3: Terminais Móveis em Operação, Brasil 1990 - 2006

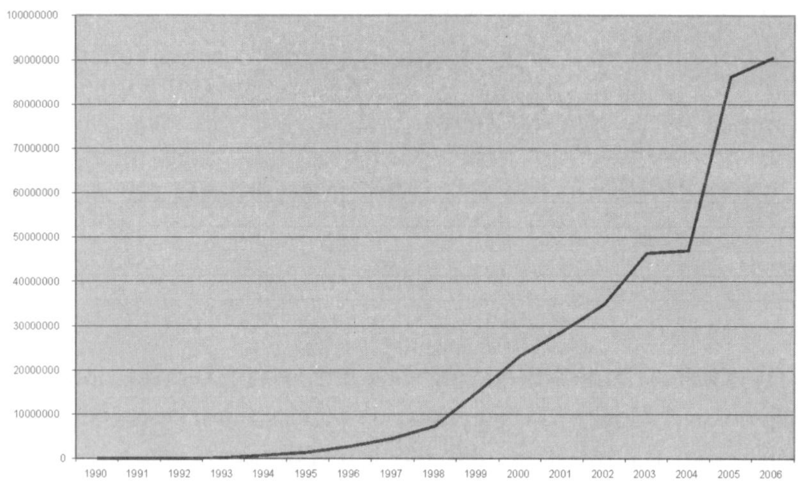

Fonte: ANATEL

A questão dos transportes é um dos pontos críticos da infra-estrutura do DF. A falta de manutenção das rodovias, bem como a inexistência de uma rede ferroviária que ligue o DF aos principais centros econômicos do País e aos principais portos, reduz a competitividade dos produtos locais no Brasil e no exterior. Este fato torna-se ainda mais grave quando se constata que o potencial de produção agrícola da região do entorno do DF e de Goiás também é comprometido pela dificuldade de escoamento.

Conclusão

A situação da infra-estrutura no Distrito Federal não difere em termos essenciais da situação do Brasil como um todo. Apesar de apresentar indicadores mais favoráveis que o de outros estados, o DF possui necessidade de investimento em infra-estrutura como forma de dinamizar sua economia.

O alto custo de transportar mercadorias até outros centros e até os principais portos do País compromete a competitividade das empresas locais fora do DF. De modo semelhante, tais dificuldades atuam como uma forma de proteção destas empresas, o que reduz o estímulo a adoção de práticas visando ao aumento da produtividade, além de contribuir para o aumento do custo de vida local.

A característica de bem público reduz o incentivo ao investimento privado na área de infra-estrutura, particularmente em áreas como transporte e saneamento básico. E a reduzida capacidade de investimento do Estado dificulta a atuação do setor público como provedor de infra-estrutura. A solução para este problema, no Brasil e no mundo, consiste em transferir para o setor privado a responsabilidade pelo fornecimento de infra-estrutura.

Um exemplo de sucesso desta estratégia é o setor de telecomunicações, beneficiado com investimentos privados e com introdução de técnicas eficientes de gestão. É o setor de infra-estrutura que apresenta o melhor desempenho nos últimos dez anos.

Nem todas as áreas, porém, são passíveis de transferências para o setor privado. Neste caso a presença do poder público torna-se necessária. Uma maneira de viabilizar projetos de infra-estrutura que não interessem ao setor privado seria uma reestruturação dos gastos públicos. Neste sentido, seria preciso uma reforma fiscal que redirecionasse gastos de consumo para gastos de investimento.

Por fim, as parcerias público-privadas, se bem utilizadas, podem ser uma alternativa para financiar investimentos em infra-estrutura com uso de capital público e privado. Da mesma forma, dependendo dos contratos realizados, os empreendimentos realizados no regime de parceria público-privadas podem se beneficiar de técnicas de gestão voltadas para a eficiência produtiva.

---

[1] A este respeito ver Aschauer (1989) e Easterly e Rebelo (1993). Para uma discussão sobre infra-estrutura e produtividade focada no Brasil, ver Ferreira e Nascimento (2006).

[2] A construção de uma estrada pode causar ou evitar congestionamento em outras cidades ou outras áreas de uma cidade. Da mesma forma a eletrificação de uma área rural pode afetar outras áreas.

[3] Muito embora Ferreira e Malliagro não incluam o final de década de 90 e o início desta década em sua análise, é lícito, e está de acordo com o espírito da divisão proposta, afirmar que a segunda etapa se estende até os dias de hoje.

[4] www.ipeadata.gov.br

[5] Vale notar que parte desta diferença na renda em relação a outros estados é devida a posição do DF como capital federal e não está associada á produção realizada no próprio DF, ou seja, a diferença na renda não decorre de diferenças na produção.

[6] Exceção feita ao ano de 2001.

Referências

ASCHAUER, D. "Is Public Expenditure Productive?". *Journal of Monetary Economics*, v. 23, 1989.

EASTERLY, W.; REBELO, S. "Fiscal Policy and Economic Growth: an Empirical Investigation". *Journal of Monetary Economics*, v. 32, 1993.

FERREIRA, P.; MALLIAGROS, T. "Impactos Produtivos da Infra-Estrutura no Brasil". *Pesquisa e Planejamento Econômico*, nº 2, 1998.

FERREIRA, P.; NASCIMENTO, L. "Welfare and Growth Effects of Alternative Fiscal Rule for Infrastructure Investment in Brazil". *Manuscrito*, 2006.

Tema 5

Investimentos em Desenvolvimento Humano para Promoção de Cidadania, Saúde, Educação e Cultura

DF em Questão

POR UMA POLÍTICA INTEGRADA DE PROMOÇÃO HUMANA: EDUCAÇÃO, CULTURA, SAÚDE E ESPORTES

Dóris de Faria

A presente sessão do Fórum "DF em Questão – Investimentos em Desenvolvimento Humano para Promoção da Cidadania, Saúde, Educação e Cultura" foi planejada de modo centrado em duas palestras temáticas, uma sobre educação e outra sobre saúde, com a questão da cultura prevista de modo transversal, sendo complementados pelo texto da debatedora, sobre os temas e as apresentações da sessão. Não pudemos apresentar palestra sobre esportes, mas pequeno comentário sobre o assunto está incluído a seguir, neste texto de coordenação que apresento. Inicio por alguns aspectos que podem ser considerados na abordagem do presente tema, a começar sobre o momento de eleições no DF.

Dóris de Faria – Doutora em Psicologia, Pós-Doutorado em Antroplogia Biológica e Professora Aposentada do Departamento de Ecologia do Instituto de Biologia da UnB. Atualmente é pesquisadora-associada do Centro de Educação a Distância (CEAD/UnB), coordenando diversos cursos nacionais. Dirige o Laboratório de Estudos do Futuro da UnB, aonde desenvolve programas estratégicos sobre o desenvolvimento do País.

Buscando diferenciar a qualificação das candidaturas

Existem grandes consensos quando o debate é sobre políticas gerais de desenvolvimento, programas estratégicos e políticas de incentivo, quando as diferenças entre eles terminam por refletir ora um tipo de prioridade, ora outro, porque na verdade **há uma lógica única, mui consensual, centrada no atendimento às demandas dos mercados, na eficiência dos processos, na economia da produção, no sucesso dos resultados etc....** Essa é a lógica constitutiva de grande parte dos temas que discutem o desenvolvimento de uma nação e, possivelmente, veremos grande similaridade e consenso entre os candidatos, sejam eles locais ou nacionais, em eleições majoritárias ou não.

Aparentemente os candidatos também não se diferenciariam por defender mais investimentos em saúde e educação, em referenciar as bases culturais de nossas comunidades e tampouco em prometer melhores condições para os jovens poderem praticar esportes. No discurso todos terminam sendo quase iguais.

Além de uma cultura política de boa qualidade, a diferença far-se-á em relação ao conteúdo que demonstram em relação a conhecimentos, informações com base de dados concretos, experiência efetiva, à capacidade que demonstrem quanto à análise do cenário, ao aporte que têm de assessoria especializada, à habilidade em lidar com os grupos sociais e a competência para elaborar projetos realísticos. Nada fácil e, só por esses aspectos, muito poucos poderiam efetivamente candidatar-se.

Entretanto, no caso de educação, cultura, saúde e, incluamos também o esporte, como os temas relacionados para este momento, o caso fica ainda pior: na generalidade todos os candidatos seriam muito parecidos, somente nos aspectos mais próprios de cada um dos temas é que poderíamos identificar algumas diferenças entre eles e em que medida apresentam indicações de melhores condições para o exercício executivo ou legislativo. No entanto e ainda assim **há algo que vai além disso tudo mais técnico, que é a sensibilidade para as temáticas humanas, a capacidade de envolver-se com ações de promoção, os conhecimentos que dispõe sobre os problemas do quadro social em relação à educação, cultura, saúde e esporte**. Aí a diferença poderá mostrar-se!

Expandir os bons índices de desenvolvimento humano para além das "Ilhas de Fantasia" do Plano Piloto de Brasília

A nossa crença é que nessa temática da relação integrada entre educação, cultura, saúde e esportes como fatores de promoção humana é que estaria realmente a diferença. Na verdade é aqui que podemos identificar o contraditório, aqui veremos as dificuldades para a atuação, aqui é que a possibilidade de fracasso fica visível, aqui se nos apresentam os pontos essenciais para reflexão, aqui as fraquezas existentes ficam expostas e aqui e só a partir daqui é que podemos alcançar algo de diferente para a discussão sobre a política do DF. Nesse tema, envolvendo principalmente a saúde e educação, mas não só, incluindo cultura e esportes, é que poderemos assistir uma trajetória que vai do óbvio ao contraditório e que certamente facilitaria a identificação das melhores competências para a direção de nosso País.

Vê-se bem que, ao almejar o desenvolvimento humano, **os discursos deveriam constitutir-se da abordagem não só da educação e saúde, mas, também da cultura e dos esportes, além de muitos outros aspectos, como a ética, as artes etc....**

Em princípio, a cultura estaria mais próxima da educação e a saúde especialmente do esporte. Os candidatos deveriam integrar todos esses aspectos. Deveríamos trazer as estatísticas de cada um. Muita coisa está obvia, é bem conhecida, mas não nos esqueçamos que **o tema é promoção humana e aí os dados são menos disponíveis, nada muito além de Brasília estar em dois primeiros lugares no IDH brasileiro, o Lago Sul obviamente, tanto em qualidade de vida quanto em renda familiar, mas o cenário é bem mais drástico quando pensamos nas cidades-satélites**. Portanto, há muito mais a se considerar como promoção humana!

Olhando os dados do Distrito Federal quanto à educação, saúde, cultura e esporte vamos chegar às mesmas conclusões: que mesmo tendo o DF os melhores indicadores de desempenho do País e quiçá da América Latina, ainda assim temos problemas internos de desigualdades gritantes, socialmente muito injustas, que alcançam também os piores índices nos diversos setores dessas áreas. E que esses índices vêm sofrendo pioras gradativas...

A desqualificação gradativa que estamos vivendo e que começa pela educação

Podemos dizer que a **Educação no DF está numa rota de desqualificação crescente, estávamos em primeiro lugar nacional, por uma série de indicadores, e estamos piorando**. Encontramos isso em todas as análises, todos sabem que nós estamos nesta direção e todos querem mudar, quanto a isso há consenso! Obviamente, a solução está em políticas públicas, universais, de re-qualificação, nas quais podemos localizar algumas diferenças entre os candidatos, especialmente ***como*** é que se trabalha esta questão de re-qualificação que a educação precisa. Obviamente nós somos campeões nos dados comparativos regionais e nacionais, mas não podemos ficar nesta vertente de achar que somos os melhores do País – ainda que o sejamos – porque internamente, quando comparamos a distribuição dos dados sócio-educativos por localidade ou por classe social, vemos que estamos perdendo a qualidade porque temos problemas com evasão permanente, a começar da primeira série; há uma repetência continua e absurda ao longo de todos os níveis escolares; aumentamos as estatísticas de analfabetos funcionais; de modo que aumentamos a marginalização gradativa do fluxo escolar que leva o aluno mais pobre e especialmente das periferias até o abandono definitivo dos estudos, constituindo-se este como um processo contínuo no nosso sistema educacional. Vemos que existem desistências no ensino quer seja devido ao trabalho juvenil, dificuldade de acesso, falta de vagas no ensino publico, em todo ele, mas especialmente superior e principalmente noturno. Vemos assim que está havendo uma desqualificação extrema e já longíncua do ensino.

Tudo isso compõe um quadro que todos conhecem, qualquer candidato vai ser capaz de, pegando as estatísticas da educação, chegar a esta mesma conclusão, a começar por professores desqualificados, insatisfeitos etc. e tal...Afinal, é revelador, só para trazer um exemplo concreto, um quadro de cem mil alunos, como no caso do ensino superior, dos quais somente 25% estão em instituições públicas. No caso do DF, só em duas instituições, as únicas que existem aqui, 75% estão nas privadas, enfim, isso é o óbvio! Buscar o contraditório é questionar o que podemos fazer a partir disso? Em que os candidatos vão diferir? Como garantirão o acesso do povo mais humilde ao ensino e, especialmente, de melhor qualidade? Como defenderão o sistema público de ensino? Será em todos os níveis? Como cuidarão da avaliação também do ensino privado, especialmente superior? Enfim, são muitas as questões que poderemos formular para os candidatos de modo a identificar aqueles que melhor se comprometem com a evolução de nossa sociedade para patamares socialmente mais justos e melhor qualificados de ensino.

A saúde de estrangulamento centrípeto exige soluções centrífugas a partir de Brasília

Fica evidente que, como a educação, a saúde também precisa ser re-qualificada. De certo modo, **no caso da saúde a situação apresenta-se até pior: está estrangulada, mesmo apresentando o quadro análogo de melhores índices nacionais e regionais, mas que não conseguem responder pela demanda crescente sobre ela, não só dentro do sistema do DF, mas do entorno também.** Afinal, também a título de exemplo, dos quase três milhões ou dois milhões e setecentos casos de internações, 12% no mínimo vem de fora do DF, significando para mais de trezentos mil. Esse estrangulamento centrípeto, que é feito do próprio Entorno sobre o sistema central em Brasília e suas satélites é, obviamente, o que compromete todo o sistema, mas que não se pode negar, porque temos que trabalhar sob a égide da universalização do serviço público para a população, o que, afinal, fundamentou o projeto do SUS no País, como forma de garantir melhores condições de saúde para a Nação.

Tudo isso indica que devemos pensar em uma solução de dupla dimensão: por um lado, a oferta descentralizada de saúde não só em Brasília, mas no DF e Entorno:

- implementando programas preventivos;

- com atendimento à saúde das famílias em centros locais de saúde;
- complementados por alguma infraestrutura hospitalar mais básica "satelitizada", para poder responder, pelo menos, por demandas mais simples e localizadas.

Por outro lado, garantir dois tipos de investimentos que são decisivos:

- um aumento mais qualificado dos recursos humanos, sejam médicos, sejam técnicos;
- garantindo as condições infra-estruturais suficientemente qualificadas para o bom atendimento da população. Com isso, recuperaríamos o quadro da saúde que, apesar de ser campeã nos índices nacionais comparativos, ainda apresenta problemas internos sérios, mas que, sem sombra de dúvida, precisam e podem ser resolvidos.

Cultura como a melhor expressão candanga

No caso da cultura, veríamos que, com todas as dificuldades, ainda é, de todos, **a que está em melhores condições, a que apresenta melhor desempenho, apesar de enfrentar a generalização de um mercado informal, muitíssimo pouco formalizado, mas que tem um alto padrão de qualidade dentro do DF, mais homogêneo, sem as gritantes diferenças que separam o centro rico da periferia pobre, *não* em níveis culturais**. Há uma programação artístico-cultural variada, com expressão popular significativa mesmo na periferia, sendo hoje reconhecidas como dispondo de alto padrão cultural local. Não reverenciamos somente o *rock and roll* de Brasília, mas também o *hip hop* e outras expressões artístico-culturais de bom nível reconhecidamente brasiliense, ainda que o Teatro, Balé e outras expressões culturais mais clássicas estejam centrados no plano-piloto. Enfim, a cultura tem sido menos dependente do estado, está sujeita a mais ação das comunidades do Distrito Federal. Apesar de tudo, apesar do menor investimento, apesar da desvalorização, ainda é dos quatro setores dessa sessão de debates, o que apresenta um melhor quadro de expressão própria da nossa sociedade local.

Amadurecendo os esportes populares

Por fim, **a questão dos esportes que, obviamente, é o setor mais imaturo no DF, tem uma estrutura mais desenvolvida no Plano Piloto, mas não nas cidades-satélites**. Lamentavelmente, essa situação precisa fortificar-se, crescer e desenvolver, para que as comunidades tenham assegurado um desenvolvimento humano mais qualificado. Claro que existem alguns programas interessantes que começam a ser desenvolvidos, mas **o fato concreto é que o esporte ainda é incipiente no Distrito Federal devido à ausência do estado. O que existe é de base social, por ação própria das pessoas e comunidades**. Mesmo assim – e exatamente por sua característica eminentemente popular e disseminada pelos inúmeros campos existentes em nosso país afora – o futebol distrital apresenta excelente nível, já compondo o quadro nacional e sendo até capaz de exportar quadros de grande valor, como jogadores para times de outros estados da Federação, dois dos quais (Kaká e Lúcio) tendo alcançado posições na seleção da copa do mundo. Expressões similares também temos na natação, atletismo, ciclismo e sua expressão conjugada (triatlo), além da corrida de carros, que já revelou campeões como Nelson Piquet. Certamente que investimentos até mais modestos possibilitariam a formação de verdadeiras escolas esportivas e formas de promover comunidades carentes e os nossos jovens que estão em situação de risco.

Abordagem integrada para a promoção humana

Dito isso, gostaria de ressaltar que a partir do momento que esta mesa coloca em discussão a questão da saúde, da educação e da cultura como absolutamente necessárias à uma mudança paradigmática dentro dos programas formais eleitorais, o Distrito Federal já poderá vir realmente a fazer uma grande transformação no curto-prazo do próximo governo. Isso obviamente caberá a cada candidato, ao saber posicionar-se sobre o que foi abordado nesta sessão. Os programas *não* tem sido voltados para a questão da promoção humana. Isso quer dizer que **educação e saúde *não* são setores exclusivos e que, portanto, deveriam ter políticas integradas de incentivo e investimentos**. Devemos buscar que não sejam enfrentadas como vêem sendo abordadas as políticas de desenvolvimento, indústria, agropecuária etc...., que podem ser abordadas de modo específico, distinto, exclusivo. Com estas áreas sociais deve ser diferente, elas precisam estar interligadas! **Deve haver um condicionamento para à abordagem na linha da promoção humana e por isso há que serem integradas**, o que faz com que, especialmente em relação com este ponto, os candidatos realmente possam se diferenciar.

No trabalho que estamos fazendo, não só debatendo, mas publicando e distribuindo o material resultante, certamente que cada um desses tópicos irá desaguar em considerações que sejam importantes para análises desses candidatos, de modo que possamos ver mudar rapidamente o quadro do Distrito Federal, para melhor.

Nós temos consciência que a Universidade de Brasília tem um papel fundamental para isso. Certamente que a nossa intenção é de discutir promoção humana e dar à saúde e educação uma abordagem diferente, integrada e sendo capaz de assimilar de modo harmonioso a cultura e os esportes.

Assim, a seguir, temos que o texto sobre Educação, da professora Ângela Naves, professora do ensino básico em Brasília, que após breve histórico, **busca nos documentos legais a base da responsabilidade do estado e da sociedade pela educação, além da escola e da família**. Formula uma série de questões que deveriam ser respondidas pelos interessados e o que deveria ser cumprido por todos para que **a educação pudesse realmente vir a ser transformada, inclusive na direção de uma integração disciplinar (multi, inter e transdisciplinaridade)**. Formula propostas concretas para os candidatos, que vão desde o planejamento estratégico e formação de novas parcerias da escola com os outros setores sociais, até a reavaliação dos currículos e métodos de aprendizagem mais significativa na escola que deveria ser integral e envolver mais a família e a comunidade, além de promover melhores condições para o exercício profissional do professor e sua qualificação, inclusive condição salarial.

O texto sobre Saúde, do professor Armando Raggio, da Escola Superior de Ciências da Saúde do GDF, identifica uma série de aspectos para que **Brasília fique "mais saudável"**: diversos pontos em relação à saúde integral e considera a RIDE como região de saúde integrada em regime de co-gestão entre o DF, estados e municípios vizinhos com o Ministério da Saúde, pleiteando reciprocidade nacional, de modo que possa haver ressarcimento dos tratamentos efetuados fora do domicílio do cidadão atendido. Propõe a criação de parcerias estratégicas para avaliação de produtos, serviços, tecnologias, programas e políticas de saúde sob a égide do SUS e uma atuação integrada por diversos setores, além da própria saúde, tomando como foco a família e a comunidade, para o que haveria uma ampliação do número de equipes articuladas com a residência médica e residência multi-profissional. A entrada do profissional para o serviço público distrital em saúde deveria ser única, a partir destas residências médica e multi-profissional, como estágio probatório e reconhecimento acadêmico de especialização.

Finalmente, em seu texto, a debatedora Tânia Rosa, da Faculdade de Medicina da UnB, alerta para os aspectos culturais e a necessidade de novos modos de pensar e enfrentar os problemas do mundo contemporâneo, fazendo especial referência às transformações que a cultura cibernética vem causando e que precisam ser bem integradas ao modo de vida de nossa era. **Propõe o novo paradigma da transdisciplinaridade** para que consigamos lidar de maneira mais eficiente com a complexidade deste mundo que vivemos, **inclusive para a formação dos currículos nos diferentes níveis de ensino**. Toca ainda em questões mais específicas, como da saúde indígena, saúde do idoso e inclusão de deficientes, bem como o uso de terapias naturais, ou mesmo a polêmica acerca da questão do ensino superior público local, distrital, além das novas modalidades de ensino, como o ensino a distância. **Como fruto do mundo complexo em que vivemos considera que saúde, educação e cultura – temas deste debate – devem ser consideradas em uma base epistemológica construtivista capaz de interligar a sua variedade temática e que seja objeto de pesquisa transdisciplinar**.

EDUCAÇÃO - UM DEVIR ÉTICO

Ângela Naves

O foco deste trabalho é a Educação, vista como base da solução para as mazelas e barbáries presenciadas em células e instituições sociais. Segundo Juan Mosquera "Sem a educação o ser humano é apenas uma possibilidade". Paulo Freire (1996) continua, somos seres inconclusos, um devir, um vir a ser constante e reafirmado por um educador contemporâneo Peter Senge (2002), que enfatiza a aprendizagem contínua e compartilhada, saindo do individual, do fragmentado, caminhando para a visão sistêmica, para as conexões: de pessoas, de idéias, de necessidades, numa organização que aprende.

Nesse sentidos o texto faz uma contextualização sumária da educação e seus princípios caminhando para um breve retrato da

---

Ângela Naves – Professora, alfabetizadora, pedagoga, supervisora, administradora escolar. Atua na área educacional em Brasília há 12 anos e como coordenadora pedagógica de educação básica em um Colégio Marista. Pesquisadora, mestranda em Gestão do Conhecimento e da Tecnologia da Educação, defende a dissertação pela Universidade Católica de Brasília. Participa do Conselho Interdisciplinar do PAS/UnB..

escola no Brasil e no DF, com os resultados do ENEM 2005, a avaliação da educação básica, e relembra algumas das melhores práticas propostas no Plano Nacional de Educação (1998).

No decorrer do "breve" século XX, o cenário mundial impôs demandas e necessidades geradas pelo avanço das ciências, particularmente das novas ciências e da Tecnologia e da Informação (NCTI) as quais alteraram, substancialmente, o perfil do profissional em relação ao mundo do trabalho.

A experiência e o saber acadêmico tradicional, que foram ferramentas de trabalho até os anos 90, gradativamente são substituídos pela "performance", pela capacidade de aplicação prática das teorias. O recurso principal de qualificação profissional passa a ser a condicionante do trabalho em equipe, o que gera um conhecimento decorrente de uma aprendizagem contínua e cooperativa, que é fruto de estudos dos mais variados e que colaboram significativamente com a capacidade de gerar mudanças.

Mesmo que algumas pessoas não se subordinem a uma lógica de necessidades ditada pelo mundo da tecnologia, são inegáveis as alterações ocorridas no transcurso do século, e as mudanças que se orientaram pelas necessidades sociais.

Segundo Humberto Maturana (1996), com a sua teoria da autopoiese os seres evoluem por meio das trocas simbólicas e concretas; reafirmado por Vigotsky (1998), em que a aprendizagem dá-se pela mediação entre as pessoas e o conhecimento; Senge (2002, 2005) com aprendizagem de visão compartilhada e também sistêmica, auto-domínio, trabalho em equipe e Paulo Freire (1995) com a aprendizagem a partir da socialização dessa pluralidade cultural, conclui-se: "O contexto é capacitante". Essa "constatação" torna-se uma grande inquietação quando volta-se os olhares ao cenário brasileiro e ao Distrito Federal, foco das reflexões desta proposta. Brasília, cérebro pensante, que influi e deve contribuir para a educação do povo brasileiro, capacita o cidadão e a cidadã para quê?

No Brasil, a concepção neoliberal norteia a política governamental. Em linhas gerais, é fato dizer que a ação do neoliberalismo tem resultado na desregulamentação dos direitos sociais (via alteração das políticas públicas), na redução da capacidade de ação do Estado (com o sacrifício, novamente, das políticas públicas), na atribuição da proteção estatal ao particular, no sentido de orientação privada de serviços essenciais à população e ao seu bem-estar.

No âmbito educacional não é diferente, ao contrário, em todas as campanhas eleitorais a educação é uma bandeira sempre levantada como prioridade, como recurso vital impulsionador de possibilidades, e fica-se no discurso. Afinal, educação é investimento a médio e longo prazo, não retorna em voto imediato. Vive-se uma crise que precisa ser administrada. Em uma nação sem a educação, por mais viadutos, pontes e metrôs que se construam, em igual proporção ou muito maior, serão necessários hospitais, cárceres, enfim, não é necessário ir longe, quem de nós já não sente-se aprisionado em suas próprias residências, tamanha a insegurança que nos é imposta?

Foi decretada a Lei de Diretrizes e Bases de nº 9.394/96, que determina uma nova concepção para a educação nacional brasileira. A seguir, destacam-se alguns artigos que dão abertura e respaldo às reflexões para as eleições 2006, em meio à crise educacional que se instalou no Brasil e no DF e, em rede, crise relacionada à segurança e saúde públicas, à desigualdade social (basta comparar as escolas do Plano Piloto e do Entorno), ao direito do trabalhador, e, acima de tudo, o direito à confiança, à ética, à seguridade que influencia imensamente no bem-estar mental, psicológico, emocional da pessoa e da sociedade.

A Lei de Diretrizes e Bases da Educação Nacional (LDB), Lei nº 9.394/96, essência legal do sistema de educação brasileira, no seu artigo primeiro estabelece que: "a educação abrange os processos formativos que se desenvolvem na vida familiar, na convivência humana, no trabalho, nas instituições de ensino e pesquisa, nos movimentos sociais e organizações da sociedade civil e nas manifestações culturais".

Portanto, responsabiliza o Estado e a sociedade e não apenas a escola ou as famílias pela educação de todos.

Não obstante, no artigo segundo assume que "a educação é um dever da família e do Estado, inspirado nos princípios de liberdade e nos ideais de solidariedade humana e que deve ter por finalidade o pleno desenvolvimento do educando, seu preparo para o exercício da cidadania e sua qualificação para o trabalho".

Além de devolver a responsabilidade exclusiva da educação à família e ao Estado, a LDB considera a educação como um direito de todos os cidadãos. Não apenas isso, mas que a educação deve ser inclusiva, libertária, integral e plena, habilitando os cidadãos à inserção social e ao aproveitamento das oportunidades de trabalho. Assim, precisaria ser feito mediante oferta de oportunidades para todos, e, de igual qualidade – em prol da excelência.

Também consta que a educação encontraria sustentação filosófica no conceito de *Paidéia,* que se fundamenta no pensamento sistêmico em lugar do cartesiano/mecanicista ou da redução holística (que generaliza o olhar). Trata-se de um conceito – *"o mundo da criança"* – que teve origem na Grécia antiga (século V a.C.), compreendendo a educação integral e sistêmica da pessoa humana, que envolve necessariamente a idéia de melhorar a qualidade da educação por meio da oferta de programas educativos que permitam às pessoas desenvolverem habilidades, talentos e saberes necessários à vida plena, ao trabalho e ao exercício da cidadania.

Necessariamente uma educação que deveria ser libertária e para emancipar. O modelo de educação proposto por Paulo Freire se diferencia da educação tradicional, pois abomina, dentre outras coisas, a dependência dominadora (ROCHA et al, 2006).

Por outro lado, o artigo 26 da LDB 9.394/96 também estabelece que os currículos do ensino fundamental e médio devem "ter base nacional comum, a ser complementada em cada sistema de ensino e estabelecimento escolar por uma parte diversificada, exigida pelas características regionais e locais da sociedade, da cultura, da economia e da clientela".

Continuando, o primeiro parágrafo do artigo 26 regulamenta que "os currículos aos quais se refere o caput devem abranger, obrigatoriamente, o estudo da língua portuguesa e da matemática, o conhecimento do mundo físico e natural e da realidade social e política, especialmente do Brasil". Complementa no § 4 que "o ensino de História do Brasil levará em conta as contribuições das diferentes culturas e etnias para a formação do povo brasileiro, especialmente das matrizes indígena, africana e européia", e no artigo 27 que "a difusão de valores fundamentais ao interesse social, aos direitos e deveres dos cidadãos, de respeito ao bem comum, a ordem democrática e a orientação para o trabalho".

Norteado pela LDB 9.394/96 está o Plano Nacional da Educação que estabelece, para o decênio 1998-2008, metas para a educação básica (educação infantil, ensino fundamental e ensino médio), que facilmente podem ser verificadas visitando o site do MEC (www.mec.org.br). Nesse sentido, pode-se visitar o portal oficial do Governo do Distrito Federal (http://www.se.df.gov.br/

publicaçoes/programas.asp) e tomar conhecimento dos Programas e Projetos da Secretaria de Estado da Educação do Distrito Federal para 2007, bem como os programas sociais, aproximadamente em número de 78.

Com esse cenário teórico explicitado vale sair dos *sites*, das estatísticas e fazer uma breve "saída a campo", revisitando a nossa realidade. Com todas essas propostas, é necessário questionar:

- Por que acontecem anualmente greve de professores e professoras no DF?
- Por que a salas de aula são superlotadas?
- Por que as escolas não oferecem espaço físico, estrutural e emocional para a aprendizagem significativa para o(a) estudante e a comunidade?
- Por que os professores e professoras ganham tão mal?
- Por que os professores e professoras são obrigados a dobrar e até triplicar jornadas de trabalho a ponto de chegarem à exaustão que os(s) impedem de estudar e se qualificar continuamente?
- Por que não se promove condições para os professores e professoras sejam pesquisadores(as) em prol da consciência e busca de melhores práticas pedagógicas?
- Por que as estruturas administrativas não promovem espaço para a visão compartilhada e aprendizagem cooperativa entre as pessoas de toda a escola?
- Por que as famílias não participam dos processos educacionais, numa cidadania participativa, em casa como pais e mães responsáveis pela educação e construção de limites e sistematização de estudos (deveres de casa) e na escola como parceiros dos educadores(as)?

- Por que há tamanha evasão e repetência dos(as) estudantes que entram na educação infantil e não conseguem chegar no ensino médio? Segundo o Informe Estatístico MEC/INEP/SEEC., 1996 e Censo Escolar 1998, apenas 30,8% da população de 15 a 17 anos matriculou-se no ensino médio apesar da ampliação de ofertas de vagas pelo Poder Público.
- Por que constata-se um nível de qualidade educacional tão baixo no Brasil (e o DF não está muito diferente)? Segundo o ENEM (exame nacional voluntário, criado pelo Ministério da Educação com o objetivo de oferecer uma referência para auto-avaliação e orientar escolhas profissionais futuras e avaliar a qualidade do ensino médio no Brasil), as médias gerais no Brasil chegaram a 40,25 nas escolas públicas e 55,72 nas escolas particulares. O DF, entre as escolas públicas do País ficou em 8º lugar (Colégio Militar de Brasília), após Rio de Janeiro (1º lugar), Recife (2º lugar), São Paulo (3º lugar), Salvador (4º lugar), Belo Horizonte (5º lugar), Campo Grande (6º lugar), Curitiba (7º lugar). Em relação às escolas particulares o DF ficou em 11º lugar. (*Folha de São Paulo*, 09/fev/2006 e site www.inep.gov.br).
- Por que as escolas continuam sucateadas? Com especial destaque as Escolas do "Entorno"? Segundo o Fundeb (Fundo da Educação Básica – que substitui o antigo Fundef), aprovado em janeiro de 2006, pela Câmara dos Deputados com unanimidade de 457 votos a 5, três premissas são apresentadas para garantir o investimento em educação; 1) aumenta substancialmente, a partir de 2006, o compromisso da União com a educação básica,

aportando cerca de 5 (cinco) bilhões de reais de investimento por ano, quando antes era em média de 500 milhões; 2)institui um único fundo para toda a educação básica, da creche ao ensino meio (e não apenas para o ensino fundamental); 3) estabelece piso salarial nacional do magistério (*Folha de São Paulo*,09/julho/ 2006).

- Por que a falta de valores éticos são cada vez mais multiplicados e engendrados?
- Por que cresce a depressão entre pessoas em especial professores(as) jovens adolescentes e até mesmo crianças?

Questionamentos que poderiam se estender por várias páginas... porém, é preciso propor algumas práticas que podem promover a educação, como é sabido, tão necessária. A "roda não precisa ser inventada novamente", ou seja, é tão obvio, basta que:

- se cumpra o que é prometido nas campanhas eleitorais;
- empregue-se com seriedade a verba que é destinada à educação, na educação;
- promova-se ao professor e professora condições para que estes e estas resgatem a sua identidade expropriada, investindo em primeira instância na capacitação continuada, com salário e condições dignas de trabalho em sala de aula e fora dela, com dedicação exclusiva à uma só escola, afinal, é o profissional que corre de uma empresa à outra);
- valorize-se as diferenças como fonte de criatividade, pois cada vez mais a humanidade orienta-se para o

empreendedorismo, para a auto-gestão, para o 3º setor (não há empregos tradicionais que atendam a toda demanda);

- que a escola seja revolucionária e não um espaço onde se teça redes de preconceito e de marginalização, começando pelas próprias estruturas físicas e administrativas (vale novamente enfatizar a diferença das escolas do Plano Piloto e do Entorno, do DF);
- as políticas educacionais garantam um planejamento estratégico – planejamento participativo, implementação com acompanhamento, gestão do conhecimento de forma integrada e democrática, avaliação, explicitação das melhores práticas, premiação por mérito em pesquisas e conhecimento, transparência dos processos;
- os programas sejam ininterruptos, ou seja, que possam vigorar além dos interesses partidários.
- sejam valorizadas e apoiadas as boas práticas, sem partidarismos, como exemplo, o PAS/UnB. Segue um pequeno relato sobre esse programa, como um referencial de boas práticas educacionais.

Atendendo às exigências legais citadas e à realidade local insere-se o Programa de Avaliação Seriada (PAS/Cespe) da Universidade de Brasília (UnB), implementando e desenvolvendo um processo alternativo ao vestibular de ingresso na Universidade, classificatório/eliminatório, porém gradativo, ao longo das três séries do ensino médio.

Neste sentido, o PAS tem orientado a aferição da aprendizagem do conhecimento com base em um currículo integrado que deve cobrir todas as áreas do conhecimento, bem como suas especificidades e relações de interdependência (a luz e todo o seus espectros). O conhecimento e as disciplinas devem ser organizados segundo os denominados Parâmetros Curriculares Nacionais/PCN.

Visa ao reconhecimento da interdisciplinaridade entre as distintas áreas de conhecimento por meio da compreensão das relações complexas que as envolvem, como também enfatiza a interpretação das diversas linguagens do mundo moderno, como mapas cartográficos, ícones dos mais variados, tabelas, gráficos e imagens, considerando as habilidades e as formas de aprendizagem da juventude dos dias atuais. Também considera as potencialidades das tecnologias subjacentes.

Faz-se aqui necessário recorrer às idéias de Milton Santos, sobre a integração disciplinar (interdisciplinaridade e/ou transdisciplinaridade) quando o mesmo afirma "cada disciplina possui algo que a identifica (que confere identidade) e a distingue das demais".

> "O que faz com que uma disciplina se relacione com as demais é o mundo, o mesmo mundo que, no seu movimento, faz com que as disciplinas se transformem". (SANTOS,120)

O sonho de "trilhar novos caminhos", abandonando os métodos arcaicos, tem facilitado o envolvimento daqueles e daquelas dispostos a se embrenharem na aventura da criação e produção do novo. Iluminados e querendo iluminar, aprendendo a aprender por meio de uma abordagem de aprendizagem mais próxima da vida – pela vida e à vida.

Assim, a reflexão aqui proposta é carregada de emoção, de humildes súplicas esperançosas aos representantes do povo que grita por oportunidades e por possibilidades de humanização entre os humanos de uma sociedade que precisa ser sustentável.

Propostas concretas para os candidatos:

- construir o programa educacional contínuo, com acompanhamento e avaliações em planejamento estratégico;
- estabelecer um piso salarial nacional digno para o professor e professora com plano de carreira que vise à formação continuada;
- tratar a educação de forma diferenciada, pagar ao professor e professora tempo de estudo e pesquisa aplicada à sua realidade;
- estabelecer no ensino médio a possibilidade do 1º emprego, via necessidades da própria escola e da educação. Exemplo: estudantes do ensino médio podem trabalhar como monitores de ensino, em equipes de correção de redações e de atividades avaliativas, acompanhados por professores, isso promove oportunidades de aprendizagens significativas;
- envolver a família em oficinas de aprendizagem cooperativa, bem como no planejamento e acompanhamento do Projeto Político Pedagógico da escola;
- promover espaço para a construção da autonomia do professor e professora em relação à sua prática pedagógica, e que esses sejam incentivados a registrar e publicar essas práticas;
- envolver os professores e professoras no processo de planejamento do Plano Nacional de Educação e

promover, periodicamente, espaço de visão e reflexão na ação, tanto presencial como virtualmente.

- repensar o currículo para que atenda às necessidades da aprendizagem significativa e de qualidade promovendo uma circularidade no processo de capacitação por meio do contexto com parcerias entre escolas, empresas e órgãos públicos;
- garantir ao estudante de educação básica mais tempo na escola (período integral), com educação de qualidade que proporcione condições de desenvolvimento das habilidades e competências referentes às diversas dimensões do ser humano: intelectual, física, emocional, espiritual, artística, afetiva...dimensões que condicionem a humanidade.
- como último e não menos importante, estabelecer a EDUCAÇÃO como prioridade em todas as política públicas, começando pelo investimento econômico, a cada análise da Lei de Diretrizes Orçamentárias, ter claro que a Educação é o caminho para todas as realizações de uma sociedade que pretenda ser sustentável e a Educação Básica é a prioridade máxima.

Referências

DELORS, Jacques, Um Tesouro a Descobrir. *Relatório para a UNESCO da Comissão Internacional sobre a Educação para o século XXI.* 4ª ED. São Paulo: Cortez; Brasília: MEC/UNESCO, 2000.

DRUCKER, Peter. The Age of Social Transformation. *The Atlantic Monthly*, November 1994, p. 53-80. DRUCKER, Peter; HESSELBEIN, Frances; GOLDSMITH, Marschall; BECKHARD, Richard. *O líder do futuro*: visões, estratégias e práticas para uma nova era. Coletânea dos autores

HESSELBEIN, Frances, p. 137-140; BECHARD, Richard; BARDWICK, Judith M., p.145-152; COVEY, Stephen R.; BOLT, James F., p. 169-179.

NOER, David M. *Uma Receita de Cola* (p. 153 à 156) segurança.p.159 à 168.

FLORES, Fernando. *The Impact of Information Technology on Business*.Address by Fernando Flores to the 50th Anniversarith Conference of the Association for Computing Machinery. San José/CALIFORNIA, março/ 1007, 38p.

________. *Organizaciones para el Futuro Creando.* 5. ed. Chile, Ed.Dolmen S.A.1997, 73p.

FREIRE, Paulo. *Pedagogia da Autonomia*: saberes necessários à prática educativa. Paz e Terra, São Paulo, 1996.

________. *Pedagogia do Oprimido.* 3. ed. Rio de Janeiro: Paz e Terra.1975.

________. *Pedagogia da Esperança.* RJ: Paz e Terra, 1986.

HADDAD, Fernando. Educação Básica. *Folha de S. Paulo,* 09 de julho de 2006.

HOCK, Dee. *O Nascimento da Era Caórdica.* 10ª ed.São Paulo, SP, Ed.Cultrix Ltda, 1996, 295p.

LABES, Emerson Moises. *Questionário: do Planejamento à Aplicação na Escola.* Chapecó:Grifos-Ed.Universitária UNOESC, 1998, 128p.

MASI, Domenico de. *O Ócio Criativo*, 2000.

________. *Revista Veja.* Reflexões para o Futuro – Em Busca do Ócio. Tradução de Marco Antônio de Rezende, p. 40.

________. *Criatividade e Grupos Criativos.* Tradução Lea Manzi e Yadyr Figueiredo. Rio de Janeiro: Sextante, 2003. 795 p.

MATURANA, Humberto. *A Árvore do Saber.* São Paulo: Cultrix, 1996.

MORIN, Edgar. *O Método*; tradução de Juremir Machado da Silva.-Porto Alegre: Sulina, 1998, 228p.

________. & Jean-Louis Le Moigne; tradução Nurimar Maria Falci. *A Inteligência da Complexidade.* São Paulo: Petrópolis, 2000, 263 p.

MOREIRA,Marco Antonio. *Aprendizagem Significativa Crítica.* Porto Alegre, 2005. 17 p.

PLANO NACIONAL DE EDUCAÇÃO-MEC. Brasília (1998-2008).

PRETTO, Ana Beatriz de Oliveira. *Potencializando a Aprendizagem Cooperativa através das Comunidades de Prática.* Orientador:Dr.Rogério Alvarenga. UCB. Brasília.Dissertação de Mestrado, 2004.

ROCHA, Ivan. *Gestão de Conhecimentos e Competências; agenciando inovações.* ABIPTI/UNIVERSA. Brasília, 2004.

_______. *Gestão de Organizações:pensamento científico,inovação,ciência e tecnologia, auto-organização, complexidade e caos, ética e dimensão.* São Paulo: Atlas, 2003. 226 p.

SANTOS, Milton. *Por uma outra globalização: do pensamento único à consciência universal.* Rio de Janeiro: Record, 1994. 174 p.

_______. *A Natureza do Espaço:Técnica e Tempo, Razão e Emoção.* 4. ed. 1 reimp. São Paulo: Editora da Universidade de São Paulo, 2004. Coleção Milton Santos, 339 p.

SENGE, Peter M. *A Quinta Disciplina.* 11. ed. São Paulo: Best Seller, 2002. 441 p.

_______. *Escolas que Aprendem:* um Guia da Quinta Disciplina para Educadores, pais e todos que interessam por educação.

TERRA, José Claudio C. *Gestão do Conhecimento: O Grande Desafio empresarial: uma abordagem baseada no aprendizado e na criatividade.* 4. ed. São Paulo: Negócio, 2001. 306 p.

VIGOTSKY, L. S. *A Formação Social da Mente.* 6. ed. São Paulo: Martins Fontes, 1998.

BRASÍLIA MAIS SAUDÁVEL!

Armando Raggio

O planejamento médico-hospitalar de Brasília veio revolucionar os sistemas até então conhecidos, romper a rotina, corrigir métodos ora existentes nas velhas cidades e impedir que, pela multiplicidade de meios de assistência, a medicina se torne onerosa e, paradoxalmente insuficiente. Ernesto Silva, 1959.

Introdução

Brasília completará 50 anos em 21 de abril de 2010. Muitos de seus habitantes já eram adultos ou pelo menos crianças, como

Armando Raggio – Coordenador de Pós-Graduação e Extensão da Escola Superior de Ciências da Saúde/Fundação de Ensino e Pesquisa em Ciências da Saúde. Formado em Medicina, Universidade Federal do Paraná; Especialização em Saúde Pública, USP; Especialização em Bioética: Cátedra UNESCO de Bioética, UnB; Assessor da Escola Superior de Ciências da Saúde / Fundação de Ensino e Pesquisa em Ciências da Saúde do Distrito Federal. Secretário da Saúde do Estado do Paraná, 1995 a 2002; Secretário da Saúde de Curitiba-PR.

os da minha geração, nascidos no fim dos anos 40 ou no início da década de 1950.

Em 1955 o candidato Juscelino Kubitschek de Oliveira, ao prometer que cumpriria a Constituição do País no comício de Jataí, ratificou a promessa de construir a nova capital aqui no mediterrâneo brasileiro. Prometeu e cumpriu a Constituição e a obra!

Brasília é uma jovem cidade, que completará o seu primeiro cinqüentenário, já tombada como Patrimônio Cultural da Humanidade e com indicadores de saúde bastante favoráveis, destacando-se dentre todas as capitais brasileiras com o menor coeficiente de mortalidade infantil – 13,8/1000 nascidos vivos em 2004.

Coeficiente de Mortalidade Infantil – Distrito Federal, 1980 a 2004

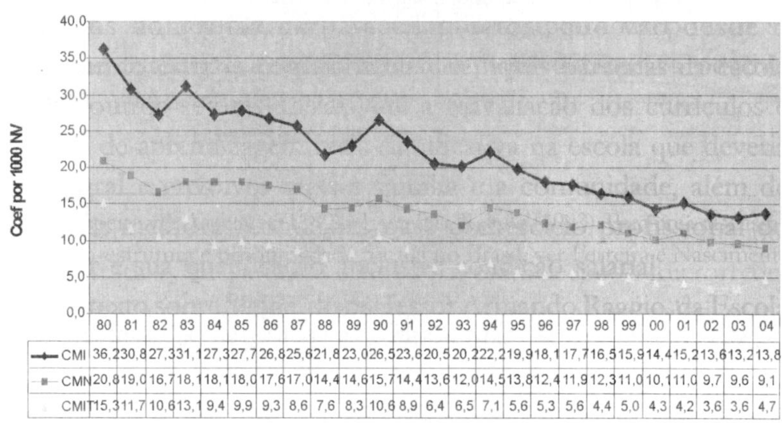

	80	81	82	83	84	85	86	87	88	89	90	91
CMI	36,2	30,8	27,3	31,1	27,3	27,7	26,8	25,6	21,8	23,0	26,5	23,6
CMN	20,8	19,0	16,7	18,1	18,1	18,0	17,6	17,0	14,4	14,6	15,7	14,4
CMIT	15,3	11,7	10,6	13,1	9,4	9,9	9,3	8,6	7,6	8,3	10,6	8,9

	92	93	94	95	96	97	98	99	00	01	02	03	04
CMI	20,5	20,2	22,2	19,9	18,1	17,7	16,5	15,9	14,4	15,2	13,6	13,2	13,8
CMN	13,6	12,0	14,5	13,8	12,4	11,9	12,3	11,0	10,1	11,0	9,7	9,6	9,1
CMIT	6,4	6,5	7,1	5,6	5,3	5,6	4,4	5,0	4,3	4,2	3,6	3,6	4,7

Fonte: Indicadores Epidemiológicos de Saúde do Distrito Federal. Diretoria de Vigilância Epidemiológica SVS/SES-DF

Num território de cinco mil Km² habitam pouco mais de 2 milhões de brasileiros vindos de todas as lonjuras para viver aqui.

Aqui chegavam às levas: de avião, de ônibus, de pau-de-arara, de carroça, a cavalo ou a pé, independente da distância, em busca de um novo horizonte. Eram os pioneiros do Núcleo Bandeirante ou da Vila Planalto, mulheres e homens chamados por candangos, sujos da terra que os acolheria no meio da imensidão.

Outro milhão de moradores se encontra arranchado ainda hoje em núcleos habitacionais circundando os limites políticos da capital, constituindo o que se convencionou chamar de "Entorno do Distrito Federal". Entorno significando ao redor de Brasília, além do limite político-administrativo da cidade, imediatamente do outro lado da linha imaginária estabelecida desde a criação do território federal. Entorno pode ter outro significado, ou seja, entornado ou despejado, como se contivesse, nessa acepção, todo o carisma de viver do trabalho em Brasília, direta ou indiretamente, sem ser incluído como cidadão candango ou brasiliense.

A iniciativa do governo da União em estabelecer a Região Integrada de Desenvolvimento do Distrito Federal e do Entorno, a RIDE como ficou conhecida, é o registro de uma preocupação que se tornou responsabilidade oficialmente assumida a quase 40 anos da fundação da nova capital.

Há também estrangeiros de todas as latitudes vivendo no território do Distrito Federal, prestando serviço nas embaixadas, na representação dos organismos das Nações Unidas ou nas empresas aqui representadas.

Aqui nasce mais uma nova cidade a todo ano: pelo menos 38.000 novas crianças brasilienses, descontados os 8.000 óbitos – em todas as idades e por todas as causas – um crescimento vegetativo de 30.000 novos candangos, que somados ao fluxo migratório positivo, atingem próximo de 50.000 novos moradores por ano.

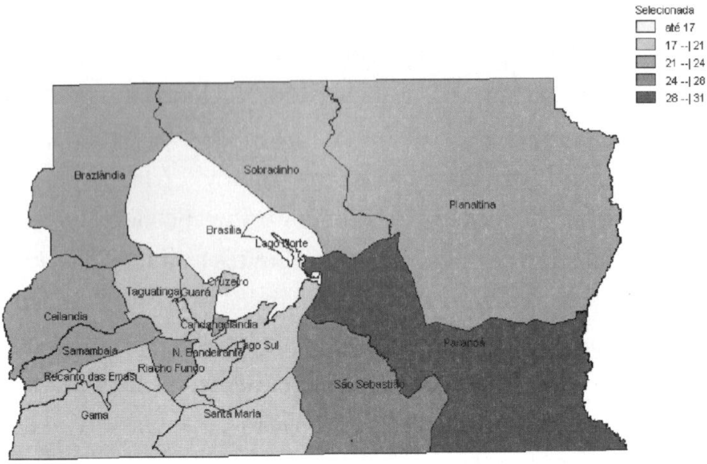

Freqüência anual de nascidos vivos no total da população.
(Número de nascidos vivos / 1000 habitantes)

A distribuição etária desta população, constituída a partir de adultos que migraram para construir a cidade e instalar o governo federal transferido a partir de 1960, é única e muito peculiar, configurando-se uma pirâmide etária mais madura que de outras cidades da mesma geração. Destaca-se dentre todos os que vieram e ficaram para sempre, a faixa de 60 e mais anos de idade equiparando-se com as metrópoles brasileiras mais antigas.

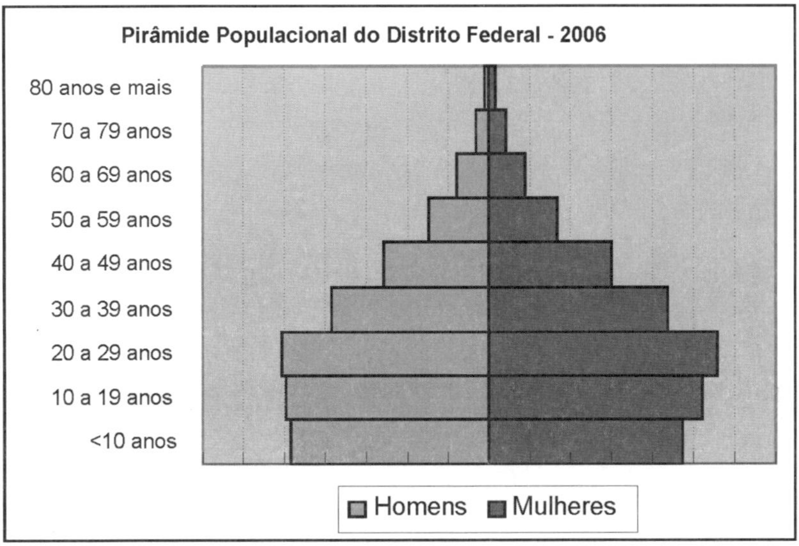

As principais causas de morte em Brasília, como na maioria das regiões do País, se concentram nas Causas Externas, nas Doenças Cardíacas e Vasculares e nas Neoplasias, estas constituindo as doenças crônico-degenerativas, ou "doenças do desenvolvimento" como também são conhecidas, ironias à parte.

Mortalidade por Grupos de Causas – Distrito Federal, 1980, 1990 e 2004

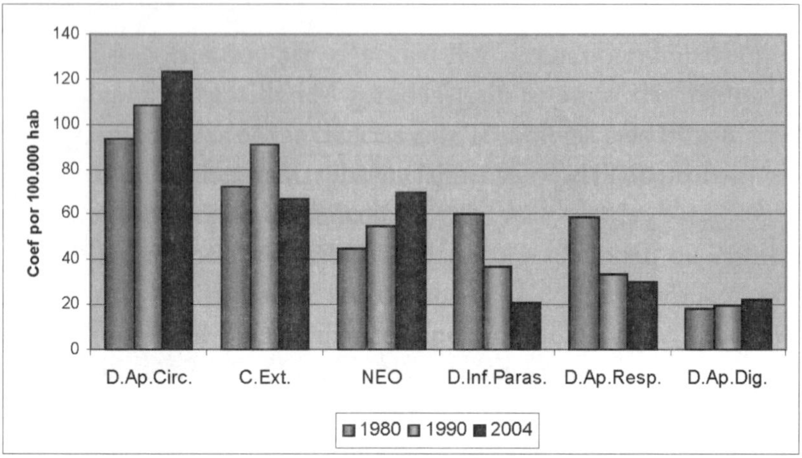

Fonte: Indicadores Epidemiológicos de Saúde do Distrito Federal. Diretoria de Vigilância Epidemiológica SVS/SES–DF

O deslocamento da concentração de óbitos para grupos etários mais elevados reflete a redução da mortalidade em idades jovens – sobretudo na infância – e o conseqüente aumento da expectativa de vida da população.

Mortalidade Proporcional Acima de 60 anos – Distrito Federal, 2004
(% correspondente à participação da faixa etária no total de óbitos anuais)

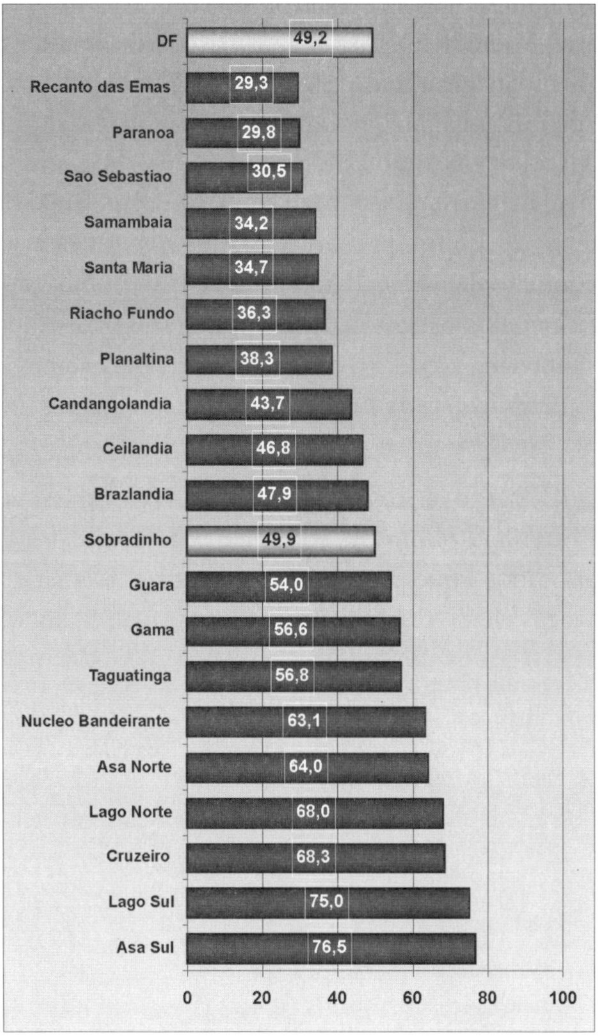

Fonte: Indicadores Epidemiológicos de Saúde do Distrito Federal.Diretoria de Vigilância Epidemiológica SVS/SES-DF.

De fato, as crianças aqui nascidas quase não morrem no primeiro ano de vida, se tiverem a felicidade de nascer em famílias bem situadas socialmente em bairros melhor estruturados. Cruzeiro, Lago Norte, Sobradinho, Asa Sul, Núcleo Bandeirante, Ceilandia, Candangolandia, Paranoá, Asa Norte e Samanbaia apresentam mortalidade infantil abaixo ou igual à média distrital de 13,8 óbitos por mil nascidos vivos em 2004.

Entre os extremos, Cruzeiro com 2,4 e Brazlandia com praticamente 20 óbitos por mil nascidos vivos nesse ano, estão regiões como Ceilandia e Paranoá abaixo da média do Distrito Federal ou Samambaia igual à média, apesar dos demais indicadores pouco favoráveis.

Coeficiente de Mortalidade Infantil por Localidade – Distrito Federal, 2004

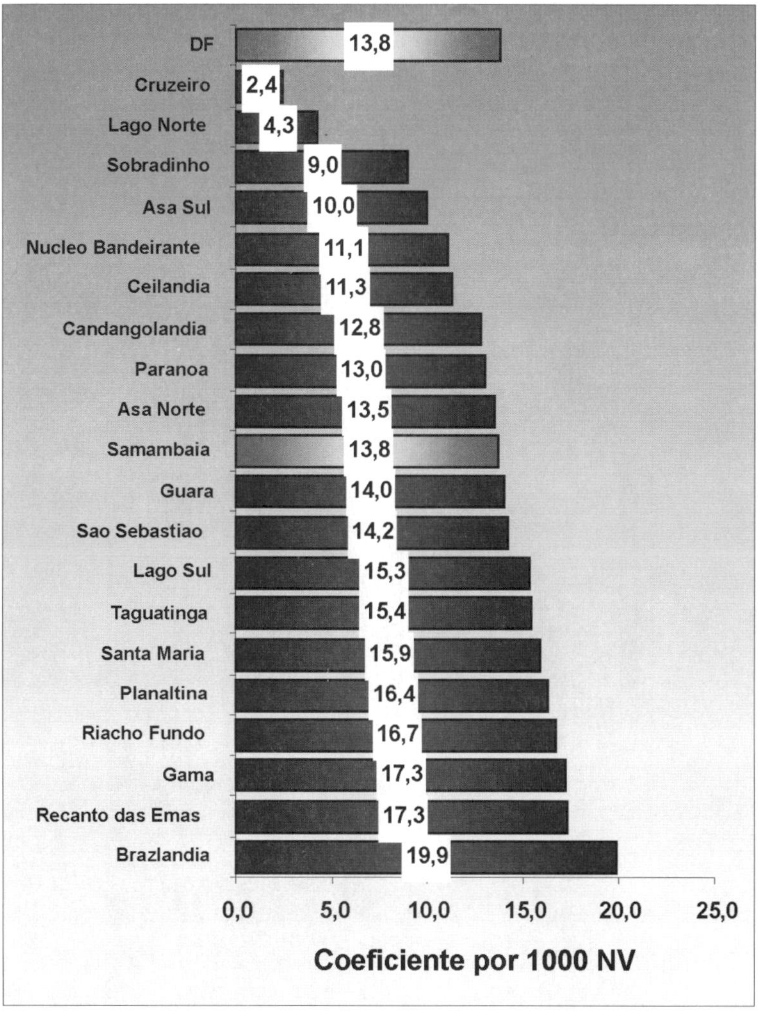

Fonte: Indicadores Epidemiológicos de Saúde do Distrito Federal. Diretoria de Vigilância Epidemiológica SVS/SES–DF

A participação dos óbitos de menores de um ano na mortalidade geral é de apenas 6,7 % no Distrito Federal, mas atinge quase o dobro em São Sebastião, onde 12,7% dos óbitos são devidos a crianças menores de um ano de idade.

Mortalidade Proporcional Menores de 1 ano – Distrito Federal, 2004

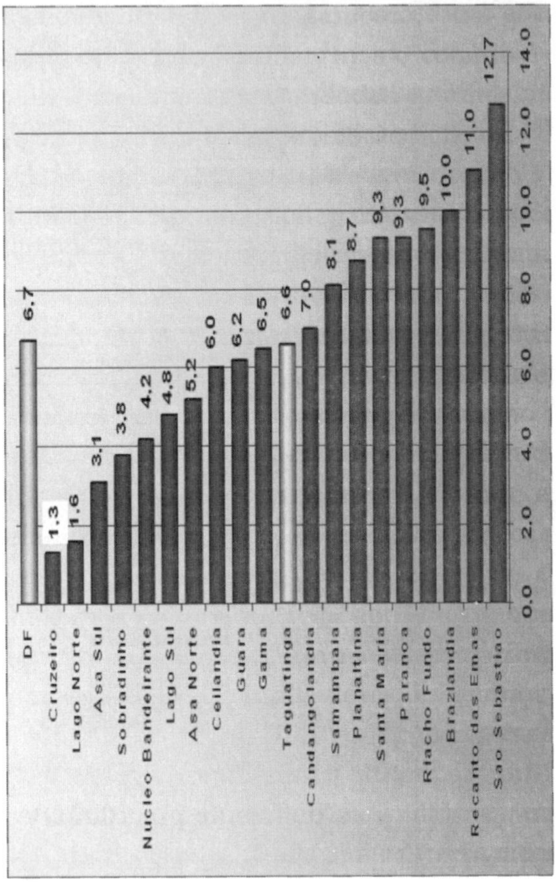

Fonte: Indicadores Epidemiológicos de Saúde do Distrito Federal. Diretoria de Vigilância Epidemiológica SVS/SES–DF

Embora Brasília disponha de toda a aparelhagem para enfrentar as causas de morte nesse período imediato ao nascimento, o enfrentamento da morbidade precoce não se faz apenas com o aporte técnico e farmacológico, mas, acima de tudo, com o cuidado assíduo durante a gestação, no chamado pré-natal, com o parto vinculado e a atenção vigilante do período peri-natal.

As doenças que comprometeriam a primeira infância, devidas ao meio ambiente insalubre, tiveram suas causas afastadas com o saneamento básico, abastecimento de água potável para toda população e esgotamento sanitário acima de 90% dos domicílios. Por isso as Afecções Peri-natais atingem a cifra de 64% das causas de morte no primeiro ano de vida em Brasília.

Causas de Mortalidade Infantil – Distrito Federal, 2004

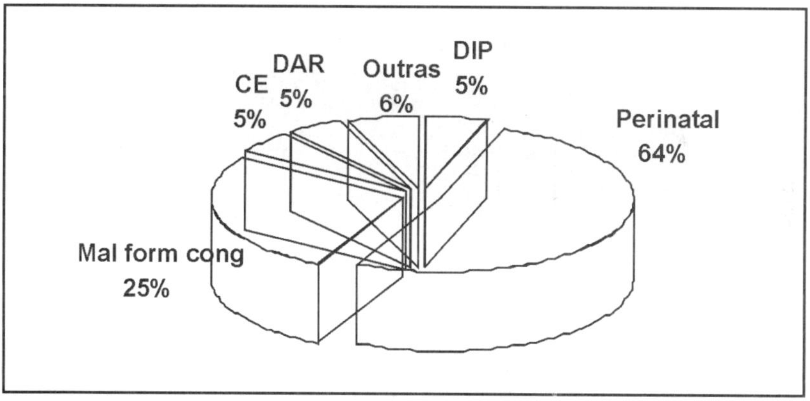

Fonte: Indicadores Epidemiológicos de Saúde do Distrito Federal. Diretoria de Vigilância Epidemiológica SVS/SES–DF

Em seguida Mal Formações Congênitas, as Causas Externas, as Doenças do Aparelho Respiratório, as Doenças Infecto Parasitárias e outras constituem as demais causas de Mortalidade Infantil no Distrito Federal.

É chamativo que a violência, Causas Externas, se configure em 5% dos óbitos infantis, provavelmente associada a acidentes de transporte ou violência intra-domiciliar.

Os homicídios lideram as Causas Externas de morte em Brasília no período de 1999 a 2004. A violência intencional e dirigida resulta em mortes e lesões corporais em proporções ainda maiores que os acidentes de qualquer natureza.

Os acidentes de transporte, quando não matam, ainda incapacitam muita gente, mesmo sendo Brasília a única cidade do País que respeita o transeunte na faixa do pedestre e que provê condições de travessia abaixo ou acima do nível das suas auto-estradas.

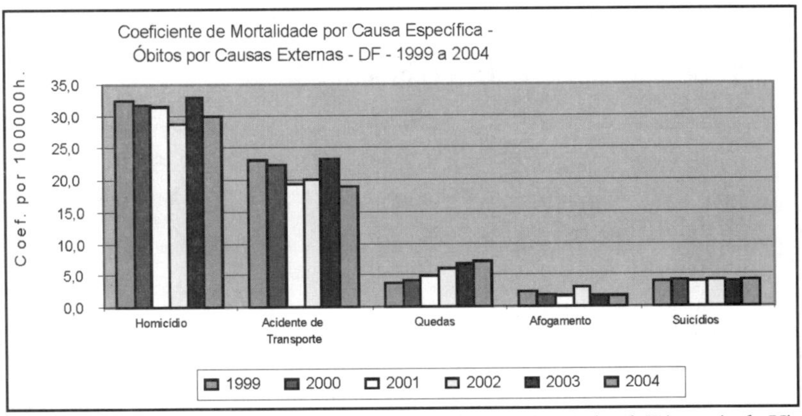

Fonte: Indicadores Epidemiológicos de Saúde do Distrito Federal. Diretoria de Vigilância Epidemiológica SVS/SES–DF

As Causas Externas progridem do centro para a periferia como causa de morte, saindo do 4º lugar na Asa Sul, Asa Norte,Lago Sul e Lago Norte, se colocando no 3º lugar em Brazlândia, Riacho Fundo, Gama, Guará, Cruzeiro, Núcleo Bandeirante e Taguatinga, em 2º lugar na Samambaia e em Planaltina, Sobradinho, Recanto das Emas, Santa Maria, Candangolandia e Ceilandia, para a ser a principal causa de morte em São Sebastião e Paranoá.

Mortalidade Proporcional por Grupos de Causas – Distrito Federal, 2004

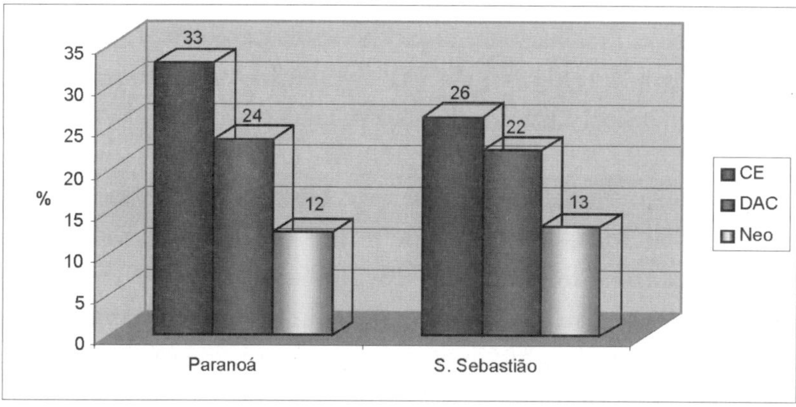

Fonte: Indicadores Epidemiológicos de Saúde do Distrito Federal. Diretoria de Vigilância Epidemiológica SVS/SES–DF (CE: Causas Externas; DAC: Doenças do Aparelho Circulatório; Neo: Neoplasias).

O SUS nasceu aqui!

Juscelino Kubitschek não imaginava, embora fosse médico, que ao criar Brasília, estaria plantando a semente de um novo sistema de saúde para a Nação. A pergunta ao candidato em campanha no comício de Jataí trazia no âmago a expectativa do povo do interior por serviços públicos e sociais. E quem poderia imaginar viver aqui, sem as facilidades de atendimento dos grandes centros urbanos do País?

No Hospital JK, como ficou conhecido o primeiro hospital aqui construído, ainda na Cidade Livre, todos eram atendidos por médicos, enfermeiros, técnicos e auxiliares, feitos profissionais sob a insígnia de proteger a vida. Era a responsabilidade pública na prática, exercida pelo Estado e seus agentes, solidários no grande empreendimento, imbuídos do espírito de bem cumprir o seu mister diante da vulnerabilidade que atinge a todos.

Em 1959, o Dr. Henrique Bandeira de Mello, técnico em organização hospitalar, apresentou o Plano Geral da Rede Médico-Hospitalar de Brasília, contratado por solicitação do Dr. Ernesto Silva ao Presidente da NOVACAP, a Companhia Urbanizadora da Nova Capital do Brasil, Dr. Israel Pinheiro da Silva.

Assim foi desenhada uma rede de unidades de atendimento da população rural, intermediária e central, somando 500 mil habitantes no total, constituída de Postos e Centros de Saúde até a unidade central denominada Hospital de Base. De entremeio unidades hospitalares regionais para cobertura de zonas distritais com 45 a 50 mil habitantes, conforme ocorresse a expansão populacional no território.

O Hospital de Base, tal qual o conhecemos, nasceu como ápice do sistema, substituindo aquele pioneiro "de madeirinha", para jamais sair de evidência. Uma rede estatal de serviços de saúde, única num país que jamais se vira obrigado a construir um sistema tão complexo e abrangente.

A proposta urbanística de Brasília, antes de qualquer conferência decidir pela "Municipalização da Saúde" (III Conferência Nacional de Saúde – 1963) ou pela "Universalidade, Integralidade e Equidade" em uma rede descentralizada, hierarquizada e regionalizada (VIII Conferência Nacional de Saúde – 1985), trazia a concepção de uma cidade de todos e para todos, onde educação e saúde seriam, desde o início, serviços públicos acessíveis a toda a população.

Mesmo assim a universalidade dos primeiros anos se viu constrangida, pela discriminação entre usuários dos serviços públicos e usuários dos serviços sociais previdenciários. Apenas estes teriam acesso ao Hospital Presidente Médici, hoje Hospital Universitário de Brasília (HUB/UnB), aos postos de Assistência Médica como o PAM Guará, o PAM Taguatinga e outras unidades do INAMPS.

As pré-condições para acolher as propostas do movimento pela Reforma Sanitária, tributário da VIII Conferência Nacional de Saúde, se iniciaram pelo Plano do Conselho de Administração da Saúde Previdenciária, o Plano CONASP, seguido da Proposta Conjunta do Ministério da Previdência Social e do Ministério da Saúde, o PREVSAÚDE e da Estratégia de Ações Integradas de Saúde, as AIS, e por conseqüência destas, do Sistema Unificado e Descentralizado de Saúde, o SUDS.

As teses aprovadas na VIII Conferência foram acolhidas pelo Capítulo da Saúde na Constituição Federal de 1988, consagrando-se a saúde como direito do cidadão e dever do Estado, sob os princípios da universalidade com integralidade, eqüidade e participação social.

O Sistema Único de Saúde (SUS), desde as Leis Orgânicas da Saúde, Lei 8.080 de 19 de setembro de 1990 e Lei 8.142 de 28 de novembro de 1990 e do Decreto Fundo a Fundo de agosto de 1994, seguidas da lei de extinção do INAMPS, se configurou na maior rede de serviços públicos do País somando unidades federais, do Distrito Federal, dos estados e dos municípios, além de milhares de hospitais, laboratórios e clínicas privadas prestadores de serviços cobrindo todo o território nacional.

Participação percentual no gasto com saúde

	Ano	União	Estados	Municípios	EE + MM
*	1980	75	17,8	7,2	25
*	1985	71,7	18,9	9,5	28,4
*	1990	72,7	15,4	11,8	27,2
**	1995	63,8	18,8	17,4	36,2
***	2000	59,7	18,5	21,7	40,3
***	2001	56,2	20,7	23,2	43,8
***	2002	53,1	21,6	25,2	46,9
***	2003	50,6	22,4	27	49,4
***	2004	49,6	24,8	25,7	50,4
***	2005	49,8	25,5	24,7	50,2
***	2006	49,3	26,1	24,6	50,7
***	2007	49,1	26,5	24,4	50,9

Fonte: Barros, Piola e Vianna (1996) Despesa total com saúde, in Política de Saúde no Brasil: Diagnóstico e perspectivas. Brasília, IPEA.

No Brasil o gasto público total em saúde sofreu uma redução progressiva do aporte de recursos do governo federal, que passou de 75 % em 1980 para 49,60% em 2004, onerando desde então o Distrito Federal, os estados e os municípios com metade do dispêndio de todo o sistema.

No Distrito Federal o gasto público com saúde em 2005 foi de pouco mais de hum bilhão e oitocentos milhões de reais (R$ 1.845.214.652.00) perfazendo o gasto *per capita* de pelo menos oitocentos reais (R$800,00), ou seja, o dobro do per capita nacional.

O total de servidores da saúde no Distrito Federal em dezembro de 2005 era de praticamente trinta mil profissionais (23.745 em atividade e 6.211 inativos), sendo um terço deles profissionais de nível superior. Em 2005 a folha de salários dos servidores da saúde importou em quase cem milhões de reais por mês (R$ 92.677.743,07), ou seja, 1,2 bilhão por ano, incluindo-se todos os custos e a contribuição do Fundo Constitucional repassado pelo governo federal.

As despesas correntes com o sistema de saúde do Distrito Federal em 2005 foram da ordem de seiscentos milhões de reais (R$ 606.611.425,00), enquanto os investimentos não chegaram a quarenta milhões (R$ 36.792.567,00).

O Distrito Federal possui 15 Regionais de Saúde, 11 Hospitais Regionais, 1 Hospital de Base, 1 Hospital de Apoio, 1 Hospital e 1 Instituto de Saúde Mental, 61 Centros de Saúde,1 Centro de Orientação Médico Psico-pedagógica, 10 Postos de Saúde urbanos, 23 Postos de Saúde rurais, 3 Unidades Mistas, 2 Laboratórios Regionais, 1 Laboratório Central de Saúde Pública,1 Central Radiológica e 21 Núcleos de Saúde. A Fundação Hemocentro de Brasília e a Fundação de Ensino e Pesquisa em Ciências da Saúde (FEPECS) são entidades vinculadas à Secretaria de Estado da Saúde.

O Hospital Universitário de Brasília (HUB/UnB), contratado pela SES-DF como Hospital de Ensino mediante a composição do interesse acadêmico e do interesse dos serviços públicos de saúde, dará retaguarda estratégica à integralidade do atendimento à população do Distrito Federal.

Oito hospitais da Rede SES-DF deverão também se habilitar como hospitais de ensino: Hospital de Base (HBDF), Hospital Regional da Asa Norte (HRAN), Hospital Regional da Asa Sul (HRAS), Hospital Regional da Ceilandia (HRC), Hospital Regional do Gama (HRG), Hospital Regional de Sobradinho (HRS), Hospital São Vicente de Paulo (HSVP) e Hospital Regional de Taguatinga (HRT), haja vista sua qualificação para a assistência e o ensino em regime de estágio curricular opcional e obrigatório (internato no caso da medicina) e residência em enfermagem, medicina, nutrição, odontologia, saúde da família e saúde mental, além da nova modalidade de residência multiprofissional.

O Hospital das Forças Armadas dá seu apoio em algumas especialidades estratégicas aos pacientes da SES-DF, enquanto a rede privada presta serviços apenas em caráter excepcional ao Sistema Único de Saúde.

Instituições beneficentes são poucas, destacando-se a Associação Brasiliense de Apoio à Criança com Neoplasia (ABRACE), que está construindo um hospital para o tratamento de crianças portadoras da doença em parceria com o governo distrital.

O SUS de Brasília tem o apanágio de cuidar integralmente da grande maioria dos seus habitantes, mais que qualquer outro sistema local ou regional de saúde do País, de cuidar ainda dos habitantes do Entorno em todos os níveis da nossa estrutura sanitária e de cidadãos oriundos de quaisquer regiões do País, especialmente na atenção terciária e quaternária.

Cidadania, educação e saúde

A cidade não apenas origina a palavra cidadania, mas é o berço da sua prática, onde cada um deve ser igual aos outros habitantes em direitos e deveres. Ninguém é dono da cidade, senão todos. Assim também é a saúde: ninguém é dono da saúde, senão todos.

Uma sociedade é saudável na medida em que todos os seus membros sejam saudáveis, do contrário, privando-se um só indivíduo de viver com saúde, por discriminação da sociedade ou por obra da natureza, onera-se a saúde de toda a coletividade.

Este princípio orientou o nascimento de uma nova escola com a Faculdade de Saúde da Universidade de Brasília, cujos alunos se formaram atendendo à população em companhia dos professores dedicados a por em prática sua visão integrada da determinação da saúde, promovendo e protegendo a vida saudável, tratando os doentes até a cura e a reabilitação.

A incorporação desenfreada da tecnologia no sistema de saúde trouxe ganhos na recuperação de pacientes, mas também veio concentrar a demanda sobre os hospitais terciários e afastou assim os profissionais e os estudantes do convívio direto com a população.

Apoiada pela Fundação Kellogs/Projeto UNI a Faculdade de Saúde resgatou em parte o eixo original da formação contextualizada com a realidade social e sanitária, tanto assim que sensibilizou o governo do Distrito Federal com a idéia de aproveitar sua estrutura de serviços para o ensino na perspectiva do Sistema Único de Saúde, constituindo a primeira e única escola de graduação em saúde, integrada a uma estrutura de serviços públicos desde 2001.

A Escola Superior de Ciências da Saúde (ESCS), mantida pela Fundação de Ensino e Pesquisa em Ciências da Saúde (FEPECS), ambas pertencentes à SES-DF, deve formar as duas primeiras turmas de Medicina em 2007 e ao mesmo tempo instalar o Curso de Graduação em Enfermagem.

Herdeira da tradição de treinamento em serviço, esta Escola Superior nasceu com mais de 600 alunos de pós-graduação *lato sensu*: os residentes de medicina engajados nos 70 ou mais Programas de Residência Médica mantidos pela rede de saúde do Distrito Federal. Em cinco anos foram criadas ainda as residências de Enfermagem, Nutrição e Odontologia.

Estes programas se somam aos do Hospital Universitário de Brasília, mais o Hospital das Forças Armadas e outras instituições privadas mantenedoras da modalidade de ensino em serviço, todos orientados pelas comissões locais de residência, referidas às respectivas comissões Distrital e Nacional.

A especialização também é ministrada na forma de cursos convencionais ofertados pela ESCS/FEPECS, pela UnB, pela UCB, pela UNIPLAC e outras instituições de ensino superior. Destaquem-se os cursos de Gestão de Sistemas de Saúde, de Saúde da Família e da Comunidade ofertados pela UnB e a ESCS/FEPECS.

Além da UnB, a UCB e a UNIPLAC são mantenedoras também de graduação em Enfermagem, Farmácia e Bioquímica, Fisioterapia, Medicina, Nutrição, Odontologia e Psicologia.

A Escola Técnica de Enfermagem de Brasília (ETESB) oferta ainda a formação de segundo grau com área de concentração em enfermagem, laboratório clínico, prótese dentária, radiologia e saúde bucal.

Brasília estará realizando, em 2007, a formatura de mais de 300 novos médicos que demandarão vagas nas diversas especializações mencionadas, além dos egressos de outras faculdades públicas e privadas, especialmente as do Centro-Oeste, do Norte e do Nordeste do País. No quadriênio 2007 – 2010 serão formados mais de 1.200 novos profissionais médicos e pelo menos outro tanto estarão se graduando nas demais profissões do setor.

Com base neste quadro, ainda que incompleto, pode-se afirmar que há uma responsabilidade inerente ao poder público em avançar com novas propostas para uma política de qualificação e incorporação destes trabalhadores, especialmente em se tratando do maior gestor público de saúde do País, em termos proporcionais.

Por que Brasília não é mais saudável?

Primeiro é preciso ter claro que sempre é possível ser mais saudável, mesmo em Brasília onde há indicadores de saúde relativamente favoráveis.

Segundo é preciso afastar a solução fácil que vem à mente de qualquer um de nós: se Brasília não tivesse que gastar com os outros, poderia ter mais saúde! Isto está fora de cogitação, não há como negar solidariedade aos que aqui demandam assistência, pois de algum modo eles pertencem a Brasília, ou Brasília lhes pertence como brasileiros que são, especialmente os habitantes do Entorno, sendo inclusive vinculados a algum tipo de atividade subsidiária da capital federal. Aliás, é bom lembrar que não houvesse Brasília, eles também não viriam habitar aqui.

Há os que aqui aportam apoiados por lideranças que conhecem nossos serviços, a esses, ninguém se propõe resistir. Se os mais fortes, com poder de vocalização próprio ou dos seus representantes, sempre conseguem acolhimento aqui ou onde quer que fosse a capital federal, por que não dar acesso aos mais fracos?

Segundo o Princípio da Justiça, de John Rawls, na sociedade democrática todos devem ter acesso a seus direitos sem qualquer discriminação e se alguma discriminação houver, só será justa aquela em favor dos mais fracos.

Este é o Princípio da Diferença, que entre nós costuma ser aplicado ao avesso, sem que ninguém se manifeste em contrário!

Em terceiro, antes de tudo que se possa fazer na operação propriamente dita do Sistema Local e Regional de Saúde de Brasília, há uma sobre-determinação que é o dilema estrutural do Sistema Único de Saúde.

Concebido como um sistema universal, integral e equânime, o nosso sistema de saúde se instalou sem solução de continuidade do que se praticava em termos de assistência médico-sanitária no País, desde os primórdios da previdência social brasileira, que remontam à Lei Eloi Chaves em 1923, vindo a adotar práticas assistenciais americanas hegemônicas até hoje, desde o fim da Segunda Guerra Mundial.

Nós temos um sistema baseado no princípio da responsabilidade do Estado pelo direito à saúde da comunidade e dos indivíduos, que herdou a prática dominante de consumo de bens e serviços de saúde como qualquer mercadoria.

Proteger a saúde do cidadão e recuperar a sua higidez parcial ou totalmente, quando comprometida em conseqüência de agravos inevitáveis, é uma tarefa muito difícil, mas plausível que se estabeleça porque é alcançável.

Outra coisa é realizar esta tarefa do fim para o começo, isto é, deixar que a população padeça doenças diversas sem condições de alcançar ou de manter um estado satisfatório de saúde, e só então se responsabilizar pela sua recuperação através da ação dos serviços de saúde.

Uma população assim abandonada demanda por tudo que lhe falta, especialmente por saúde, muito embora saiba que o consumo de bens e serviços não resulte em melhora substantiva da sua saúde. Isto, no entanto, é o que lhe oferecemos, uma obturação provisória do mal-estar gerado por fatores que não estão sob o controle dos serviços de saúde.

A concepção holística do nosso sistema de saúde é inquestionável, mas a prática inercial consumidora de exames, procedimentos e medicamentos a custos crescentes e de especialidades que se sucedem, cada vez mais distantes dos usuários, impede sua realização plena, consumindo mais energias na reparação do que na prevenção do que poderia ser evitado.

Mesmo assim, não só é possível que Brasília seja mais saudável, como é legítimo propugnar por esse objetivo.

No começo tudo era estatal e assim permanece quase tudo. No decorrer das primeiras décadas se estabeleceram práticas suficientes para a operação do sistema e outras nem tanto.

A equipe de cada Centro de Saúde estabelecia com sua clientela uma relação de conhecimento recíproco, base para que se desenvolvesse a camaradagem e a confiança indispensáveis para a sustentação de um vínculo entre os profissionais e a comunidade com a noção de pertença recíproca. Todos eram pioneiros e expectantes com a nova cidade e seu futuro, o futuro de todos!

O médico tinha seus pacientes cativos e vice-versa, os pacientes tinham seus médicos de confiança e os consultavam sobre suas queixas mais comuns, triviais até mesmo, mas também sobre as mais graves decisões de sua vida individual e familiar.

A demanda crescente mais a concentração da oferta em serviços hospitalares cada vez mais especializados foi afastando as pessoas, como se as relações pessoais precisassem ser banidas em nome da melhor organização dos serviços. As jornadas foram se decompondo em frações medidas em horas, as horas transformadas em procedimentos e, mais recentemente, a somatória de todas as atividades em faturamento.

Hoje é raro que o consulente conheça a quem está consultando, ou que volte à consulta com o mesmo profissional. O diagnóstico se escapa a cada vez que muda o profissional, e o substituto, por via das dúvidas, pede os exames outra vez, reiniciando a investigação que não sabe se vai concluir. O número de exames de resultado normal e de resultados não procurados, mesmo positivos, cresce indefinidamente.

Os hospitais davam retaguarda aos Centros e Postos de Saúde, estabeleciam relação duradoura com as equipes e com a clientela, ficando parte dela vinculada ao atendimento ambulatorial especializado. A impessoalidade do atendimento hospitalar pode ter sido até mais rápida, com a quantidade crescente de profissionais ali concentrados, o fracionamento das respectivas jornadas e a rotatividade do quadro funcional.

Para intervir nesse processo de relações impessoais, para dentro como para fora, a administração concentrada, embora responsável e comprometida com a busca de solução, cria serviços auxiliares de administração e controle, conformando um sistema de ferramentas de custos e manipulação onerosos, ameaçando inverter os meios e os fins.

Uma instituição em que os meios ameaçam assumir proporções maiores que os fins, colimará seus fins precípuos de servir a outrem, senão a si mesma?

Se no princípio era tudo estatal e funcionava, por que não funcionaria agora?

A verdade é que estamos remando contra a corrente e não saímos do lugar na melhor das hipóteses. Nunca jamais se produziu tanto atendimento, tanto exame laboratorial, tanto procedimento diagnóstico e terapêutico como atualmente.

Então, o que se passa? Será o modelo, se é que algum dia foi operado de forma orgânica, todos agindo consoante um só paradigma?

Quando esforços crescentes e produtivos não satisfazem, apesar das quantidades inauditas, é o que se denomina de contra produtividade. É o mesmo que ocorre com a facilidade do automóvel, impraticável no centro das grandes cidades na hora de ir e vir de casa para o trabalho, ou vice-versa.

Além de tudo o que o Estado fez e faz na saúde, emerge a prática privada que no início era secundária para os profissionais, tendo se convertido em principal e até exclusiva com o passar do tempo.

A integração dos serviços privados com o sistema estatal é incipiente, podendo vir a ser suplementar num plano global de melhorar o aproveitamento da capacidade assistencial aqui alocada e desenvolvida.

Direta ou indiretamente houve investimento significativo do poder público na profissionalização e na qualificação de profissionais que se dedicam ainda hoje ao setor, mas em seus empreendimentos privados.

O que fazer por uma Brasília mais saudável?

Saúde Integral – Voltar aos princípios com que se estabeleceu, no início da ocupação territorial, o Plano Geral da Rede Médico-Hospitalar de Brasília – de Henrique Bandeira de Mello – e os planos subseqüentes, desde que contextualizados. Descentralização administrativa e financeira com autonomia e contrato de gestão das redes regionais integradas, sob coordenação centralizada na SES-DF com deliberação, controle e acompanhamento por parte de seus conselhos gestores e dos conselhos de saúde, regionais e distrital.

A saúde do Distrito Federal começou com a lógica certa, universal, integral e integrada, sem discriminação de qualquer natureza. E isto se inverteu sob a influência do que vigia nas velhas cidades, como disse o Dr. Ernesto Silva. O que era exclusivamente estatal e público deu origem ao particular e privado. Há exemplos diversos em que o privado não se dispõe a suplementar o público, a menos que se lhe remunere acima dos valores estabelecidos pelo SUS. Outros, porém, entendem a missão suplementar e a consideram como um negócio rentável. Assim agem os planos de saúde e algumas unidades prestadoras de serviços.

Um sistema complexo como o SUS não pode abrir mão das capacidades instaladas no seu território, seja qual for sua natureza. O serviço de saúde só é verdadeiramente público quando atende os cidadãos em suas vicissitudes e lhes proporciona resultados satisfatórios perante o sofrimento.

A descentralização organizada em regiões de saúde reconhecidas pela população e legitimadas por bons serviços, com vínculo consistente com as lideranças e os usuários em geral pode reverter o quadro de concentração da demanda e das soluções nas unidades hospitalares.

Os centros de saúde devem ter capacidade de atender, diagnosticar e tratar os portadores de afecções de acompanhamento ambulatorial e assim constituir-se no centro do sistema, o divisor de águas entre as equipes de saúde da família e as equipes hospitalares. Um centro de saúde deve ser uma agência de articulação entre as necessidades dos indivíduos e suas comunidades, identificadas pelas equipes de saúde da família, e as capacidades instaladas nas unidades hospitalares e demais órgãos de apoio do sistema.

As especialidades devem ir aos centros de saúde e não os pacientes irem ao seu encontro. Cada centro de saúde será o meio de campo entre a atuação intensiva em trabalho – cuidado e atenção pessoal e comunitária do Programa Família Saudável – e a atenção intensiva em capital ou em tecnologia das unidades hospitalares e congêneres.

A cada região de saúde corresponde uma unidade hospitalar de referência e um conjunto de centros de saúde – agências sanitárias – com descentralização das ações de vigilância ambiental, epidemiológica, ocupacional e sanitária, além da assistência ambulatorial especializada.

A cada centro de saúde corresponderá um conjunto de equipes de saúde da família cobrindo todo o território e assumindo cuidar de toda a sua população residente, com responsabilidade pela saúde das famílias e de todos os seus membros.

As verbas necessárias para as despesas correspondentes a cada uma das redes regionais integrais e integradas serão destinadas em rubricas próprias, consignadas desde a previsão orçamentária anual e plurianual.

Os hospitais próprios também terão suas necessidades básicas asseguradas no orçamento, mas deverão prestar serviços em quantidade e qualidade requeridas pela rede descentralizada para auferir maiores ganhos, reversíveis em investimentos, estudos, pesquisas e contratos profissionais.

Os investimentos deverão ser dirigidos prioritariamente, senão exclusivamente, para recuperar, ampliar e equipar os centros de saúde de modo que possam exercer sua inversão para a clínica especializada na medida das necessidades levantadas pelas equipes de saúde da família e a comunidade assistida.

Unidades privadas, particulares ou beneficentes poderão aportar serviços suplementares para a satisfação das necessidades identificadas, mediante contrato específico.

A regional terá um crédito disponível no Fundo de Saúde para a remuneração de determinados serviços hospitalares, especialmente os agendados/eletivos e outros serviços não disponíveis na sua rede própria, mas indispensáveis ao pleno atendimento da sua população.

A administração das regionais deverá ser exercida por servidor de carreira nomeado exclusivamente para esse fim, sem acúmulo de funções administrativas ou clínicas e sem atividades privadas paralelas. A direção das unidades hospitalares não poderá ser acumulada com a direção regional, de outras unidades ou outros serviços da SES-DF.

Desse modo poder-se-á estabelecer uma verdadeira competição administrada, sem ferir o princípio da prestação pública de serviços para a população e tampouco os direitos dos trabalhadores de saúde.

Região de Saúde Integrada – Reconhecer e assumir a Região Integrada de Desenvolvimento do Distrito Federal e Entorno (RIDE) como território de ações integradas de saúde em co-gestão com o Ministério da Saúde, os estados e os municípios vizinhos.

É imperioso reconhecer que Brasília e Entorno são uma e somente uma região de saúde, sem medo de se comprometer com essa missão. Não há como conter os moradores nos limites externos do Distrito Federal, afastados do nosso sistema de saúde, mesmo porque eles vão e vêm entre seu domicílio e a capital para trabalhar, estudar, passear e se tratar, por que não?

O não reconhecimento oficial tem impedido o progresso da organização, mas não é capaz de deter o fluxo indiscriminado de pacientes para serviços de todas as regiões e especialidades, especialmente ao sul do Distrito Federal.

A descarga de viaturas e ambulâncias nas portas dos estabelecimentos de saúde de Brasília não é a conduta recomendável, mas isto só mudará com o desenvolvimento de laços de cooperação e confiança, cabendo aos mais preparados o primeiro passo no sentido da integração.

Construir só o indispensável, depois de aproveitar muito bem o que já existe. Por em operação as unidades intermediárias, os Centros e Postos de Saúde, revitalizados ou construídos de modo que eles possam contribuir para uma convergência conceitual e operacional com Brasília.

Recursos alocados para custeio nos estados e municípios vizinhos poderão ser creditados à gestão tripartite para operação efetiva de uma região interestadual integrada e de interesse nacional.

Este desafio pode ser mais uma oportunidade de reafirmação da liderança de Brasília e região na área de saúde, pois não há como sustentar o SUS com universalidade, integralidade e equidade sem a regionalização integrada.

Mesmo pensando apenas no que é bom para nós, ainda assim, interessa que a população do Entorno seja bem atendida e mais saudável.

O que for bom para a saúde do Entorno, será bom para a saúde de Brasília!

Reciprocidade Nacional – Pleitear o reconhecimento do tratamento fora de domicílio (TFD) aqui realizado para habitantes dos demais estados e municípios sem restrições prejudiciais aos cidadãos, mas sem onerar o financiamento do Distrito Federal, ou seja, com o ressarcimento correspondente.

Brasília, exceto eventual perda de arrecadação, é bem financiada em relação aos outros estados, mas também é muito mais demandada em termos relativos. O nosso sistema três em um, contempla atender todas as comunidades locais, a população regional e a população nacional conforme o caso.

O financiamento de Brasília não é justo com essa característica da nossa demanda e por isso se deve pleitear a aplicação do princípio de que **"a verba acompanha o paciente"**, do mesmo modo que devemos fazer para dentro do Distrito Federal.

A reciprocidade deve se verificar também no atendimento de necessidades bem definidas de pacientes de Brasília em outras regiões do país.

Laboratório de Avaliação – Estabelecer parceria com o Ministério da Saúde – Fundação Instituto Oswaldo Cruz e Escola Nacional de Saúde Pública (FIOCRUZ/ENSP) – Fundação Nacional de Saúde (FUNASA) – Agência Nacional de Vigilância Sanitária (ANVISA) e Agência Nacional de Saúde Suplementar (ANS).

Esta parceria ampla e abrangente seria estabelecida tendo em vista desenvolver Avaliação de Produtos, Serviços, Tecnologias, Programas e Políticas de Saúde sob a égide e os princípios do Sistema Único de Saúde, com ênfase em Assistência Integral e Integrada,

Gestão de Saúde, Educação na Saúde e Extensão como Práxis em Saúde.

A formação, o treinamento, a capacitação, o aperfeiçoamento, a especialização e a pós-graduação *stricto sensu*, deverão se constituir em tarefa compartilhada entre os parceiros do Laboratório de Avaliação, para sustentação do compromisso de educação permanente na saúde.

Atuação Intersetorial – Estabelecer todos os esforços para integração das políticas públicas setoriais do Distrito Federal, buscando o enfrentamento da exclusão social de forma coordenada, mais efetiva e eficiente, promovendo o bem estar, a redução da violência aguda e crônica e dos seus efeitos reparáveis, especialmente sobre os grupos mais vulneráveis, como crianças, mulheres, idosos, portadores de deficiências, e os que vivem ou trabalham em áreas de risco.

As políticas públicas setoriais desenvolvidas pelo Distrito Federal contribuem para o alcance de melhoria de vida das comunidades e grupos excluídos da população, mitigando os efeitos da discriminação e promovendo a inclusão de amplo contingente de habitantes mais pobres, imigrantes ou nascidos aqui.

Essas mesmas políticas setoriais, no entanto, podem não resultar em autonomia bastante dos indivíduos e suas famílias, mas em dependência prolongada. Assim poderão comprometer sua própria capacidade de ação, sob risco de transformar em clientela quem deveria alcançar a auto-sustentação com relativa independência do Estado.

Todo cidadão sofre vicissitudes e tem necessidade de apoio do Estado em algum momento da sua vida, sendo esta talvez a mais forte razão para a existência do Estado. Por isso mesmo é recomendável todo empenho para que não se perpetuem relações de dependência, não só no sentido da maior autonomia de cada um e de todos, mas também para que haja disponibilidade do Estado para o atendimento geral da sociedade.

Embora em graus diversos, todos precisam do Estado, uns mais outros menos, conforme as condições sócio-econômicas de cada família e de cada indivíduo, mas todos nós somos vulneráveis. Não fosse assim, porque concordaríamos todos com a manutenção das instituições e do poder público?

A intersetorialidade é ainda incipiente no nosso meio, cuja prática é muito difícil, exigindo tolerância, compaixão até mesmo, além de muita perseverança.

A distribuição por critérios políticos eleitorais e, portanto, não programáticos, dos postos de ação setorial pode estar na base dessa dificuldade.

Cada dirigente querendo fazer da ação do Estado a sua legitimação política e eleitoral, resistirá em compartilhar recursos e resultados, repartindo rubricas orçamentárias aquém do ótimo necessário, ao invés de compor as verbas sinergicamente.

Uma boa matriz de ações conjuntas poderá ter sucesso desde que se aproveite a soma de esforços dos setores afins, mas necessita de uma liderança superior cujo objetivo seja o bem estar geral e não o desempenho de uma ou outra política isolada.

As experiências mais animadoras e gratificantes se dão por distribuição das verbas com justiça e equidade e uma grande concentração de esforços, com a população atuando ao mesmo tempo, em parceria e sem subordinação, deliberando em conjunto com as autoridades, mesclando representação e exercício direto do poder.

Uma comunidade não será mais saudável por consumir mais serviços de saúde do que outra, mas esta outra poderá ser menos doente se não lhe faltar o essencial perante o risco de adoecer e morrer.

A ação do Estado não pode tudo, mas pode prejudicar mais do que fazer bem, quando destrói laços de solidariedade social ou não permite que eles se revelem. Operadores sob o assédio de demandas diversas, podem acabar comprometendo mais recursos com menos resultados, dando mais a quem tem mais, ao contrário do que seria justo e eqüitativo: de cada um conforme a sua capacidade a cada um conforme a sua necessidade!

Se a forja faz o ferreiro, a escassez poderá nos fazer publicistas, pois nunca haverá a verba ideal para enfrentamento do vergonhoso débito social que perdura.

Uma só entrada para o Serviço Público de Saúde – Estabelecer a seleção para Residência nas diversas profissões de nível superior como porta de entrada para o servidor público, contratando os residentes como servidores em estágio probatório, de modo que ao fim da Residência possam ser avaliados na sua dedicação ao trabalho, no seu desempenho e interesse pelo serviço público, para obtenção do título na especialização correspondente e a permanência ou não como servidor público distrital.

A realização de concursos para o provimento de cargos do quadro de servidores da Secretaria de Saúde é obrigação constitucional rigorosamente respeitada pela administração estadual. A seleção de residentes para ocupar as vagas de treinamento em serviço também é prática regular na SES-DF, ao recrutar a cada ano mais de 300 profissionais recém formados como bolsistas, sob um regime de 60 horas semanais de dedicação ao serviço, que, todavia, não pode ser exclusiva. Assim pode ocorrer, como já se comprovou algumas vezes, que os profissionais em treinamento tão intensivo como extensivo, ainda saiam em busca de outras fontes de renda, como plantões em serviços privados ou públicos da região ou à procura de oportunidades de colocação para logo que terminarem o seu período de formação. Houve casos transitados em julgado, em que a SES-DF não pode excluir residente por atuar em atividades paralelas à residência. A medida não impedirá que eventualmente um profissional tenha a mesma prática que se considera inconveniente para a sua formação e para a boa prática da saúde. No entanto, se ofereceria aos serviços todas as condições administrativas para o melhor controle de seus residentes e as melhores condições morais para que as preceptorias de treinamento em serviço possam exigir a dedicação e a responsabilidade devidas com o serviço e com os pacientes. A expectativa de engajamento como quadro profissional do Distrito Federal reforçará o interesse dos candidatos, e dos selecionados, em respeitar a instituição e obter assim seu primeiro emprego sem solução de continuidade de seu trabalho nos serviços em que se especializarão. A Secretaria da Saúde terá nesse contingente de novos profissionais recrutados a cada ano a possibilidade de renovação de seus quadros, haja vista a entrada em tempo de aposentadoria de número crescente de servidores.

Brasília mais saudável – Saúde da Família para Todos com ampliação do número de equipes articuladas com a Residência Médica e a Residência Multiprofissional em Saúde da Família e da Comunidade.

Brasília tem hoje 74 equipes do Programa Família Saudável que somadas a outras 15 em implantação, poderão dar cobertura para não mais que 16% da população com esta alternativa de Atenção Básica. Estas equipes mais as Equipes Básicas Multi-profissionais (EBMP) e as equipes do Programa de Agentes Comunitários de Saúde, num total de 1285 trabalhadores, mais os servidores lotados nos centros e postos de saúde fixos compõem o contingente profissional dedicado à Atenção Básica no Distrito Federal.

A proposta adequada ao uso estratégico da Saúde da Família, para promover mais saúde e reduzir a dependência de tratamento em estágio avançado das doenças, é a sua aplicação universal para toda a população de uma cidade.

Esta iniciativa é reconhecida pelas autoridades e, mesmo assim, é protelada por diversas razões que impediram até aqui a sua consolidação como uma verdadeira estratégia. O próximo governo deverá fazê-lo, impreterivelmente. Não é possível atender a população anonimamente, sem vínculo duradouro entre a clientela e os serviços, sem adscrição das famílias a um domicílio sanitário.

A proposta de implantação de pelo menos 100 equipes de Saúde da Família por ano permitirá alcançar a meta de 500 equipes em 2010, no cinqüentenário de Brasília.

As instituições de ensino superior da saúde seriam parceiras desta empreitada contribuindo para a produção de conhecimento a partir dos serviços e para a sua disseminação na comunidade acadêmica, profissional, usuária e gestora de políticas públicas.

Referências

BARROS, E.; PIOLA, S. F.; VIANNA, S. M. (1996) Despesa total com saúde. *Política de Saúde Brasil*: diagnóstico e perspectivas. Brasília, IPEA.

BELACIANO, M. I. (2003) A contribuição do currículo de Medicina da Escola Superior de Ciências da Saúde para a consolidação do *status* da Secretaria de Saúde do Distrito Federal como SES educadora. *Revista de Saúde do Distrito Federal*, v. 14, nº 1, 2, p. 19-29, jan-jun.

BRASIL (2006) Ministério da Saúde. Secretaria de Atenção à Saúde.

Departamento de Atenção Básica. *Política Nacional de Atenção Básica. Brasília – DF*, Editora do Ministério da Saúde.

BRASIL (2004) Simpósio Violência e Bioética. *Revista Bioética*, v. 12, nª 2 Brasília-DF Conselho Federal de Medicina.

CAMPOS, G. W. S. (2006) *Reflexões temáticas sobre eqüidade e saúde. O caso do SUS. Departamento de Medicina Preventiva e Social da FCM / UNICAMP.* Campinas-SP.

CARVALHO, G. (2006) Universalidade limitada ou integralidade regulada? ENC-312 Domingueira – Universalidade ilimitada. Sítio www.idisa.org.br acessado em 27 de julho de 2006.

COSTA NETO, M. M. (2000) Tecnologia e saúde: causa e efeito? In GARRAFA, V.; COSTA, S.I.F. (org) *A bioética no século XXI*. Brasília – DF, Editora da UnB.

DISTRITO FEDERAL (2006) Secretaria de Estado da Saúde. Subsecretaria de Vigilância à Saúde. Diretoria de Vigilância Epidemiológica. Indicadores Epidemiológicos de Saúde (Power Point). Brasília – DF.

DISTRITO FEDERAL (2006) Página da Secretaria de Estado da Saúde. Subsecretaria de Planejamento e Políticas de Saúde. Relatórios. Sítio www.saude.df.gov.br acessado em 25 de julho de 2006.

FAVERET FILHO, P.; OLIVEIRA, P. J. (1990) A Univerzalização Excludente: Reflexões sobre as tendências do sistema de saúde, in *Planejamento e Políticas Públicas*, nª 3, junho, p. 139-161.

FORTES, P. (2000) Avanços tecnológicos significam melhoria da saúde? In: GARRAFA, V.; COSTA, S. I. F. (Org.). *A bioética no século XXI*. Brasília – DF, Editora da UnB.

FÓRUM RSB (2006) O SUS pra valer: universal, humanizado e de qualidade. Subsídio à Frente Parlamentar de Saúde para discussão com outras entidades dos setores de saúde e de educação e a sociedade em geral. Acessível nos sítios www.abrasco.org.br; cebes@ensp.fiocruz.br; www.abres.fea.usp.br; www.redeunida.org.br; www.ampasa.org.br.

FREJAT, J. (1999) *Sistema de Saúde do DF: um modelo para o país in Revista de Saúde do Distrito Federal*, v. 10 nºs 1, 2, 3 e 4, jan-dez, p. 52 – 53; Brasília – DF.

FREUD, S. (1974) O Mal-Estar da Civilização in *Edição Standard Brasileira das Obras Psicológicas Completas de Sigmund Freud*, vol. XXI. Rio de Janeiro Imago Editora.

HOUAISS, A.; VILLAR, M. S.; FRANCO, F.M.M. (2001) *Dicionário Houaiss da Língua Portuguesa.* Instituto Antonio Houaiss de Lexicografia. Rio de Janeiro, Objetiva.

KANIAK, C. E. A. (1999) Plano Geral da Rede Médico-Hospitalar para o Distrito Federal de Henrique Bandeira de Mello in *Revista de Saúde do Distrito Federal*, v. 10 n°s 1, 2, 3 e 4, jan-dez, p. 8-11; Brasília – DF.

KOTTOW, M. (2000) Bioética e política de recursos em saúde. In: GARRAFA, V.; COSTA, S.I.F. (org) *A bioética no século XXI.* Brasília – DF, Editora da UnB.

MONTEIRO, R. A.; SCHMITZ, B. A. S. (2004) Principais causas básicas da Mortalidade Infantil no Distrito Federal, Brasil: 1990 a 2000 in *Revista Brasileira de Saúde Materno-Infantil*, Recife, 4 (4), p. 413-421, out-dez.

NARVAI, P. C. (2005) Integralidade na Atenção Básica à saúde. Integralidade? Atenção? Básica? In *Novos rumos da saúde bucal: os caminhos da integralidade.* Rio de Janeiro, ABORJ/ANS/UNESCO.

PIOLA, S. F.; VIANNA, S. M. (Org.). (1995) *Economia da Saúde: conceitos e contribuição para a gestão da saúde.* Brasília-DF, IPEA.

RAGGIO, A. M. B. (1998) *O dilema do sistema de saúde no Brasil.* Apresentação em Simpósio do Conselho Federal de Medicina sobre o Sistema Único de Saúde. Brasília-DF.

________. (2006) O que é isto: a Economia da Saúde? Texto de apoio à Oficina nº 18: "Descomplicando o financiamento da Atenção Básica". VII Congresso Nacional da Rede Unida, Curitiba.

RAWLS, J. (1997) *Uma Teoria da Justiça.* São Paulo, Editora Martins Fontes.

SANTOS, L. (2006) *SUS: contornos* jurídicos da integralidade da atenção à saúde. Instituto de Direito sanitário Aplicado – Idisa. Campinas-SP.

SANTOS, N. R. (2004) *Ética Social e os rumos do Sistema Único de Saúde. Subsídios ao II Simpósio de Política Nacional de Saúde da Câmara dos Deputados*, Brasília-DF.

SCHRAMM, F. R.; REGO, S.; VAZ, M.; PALÁCIOS, M. (Org.). (2005) *Bioética, Riscos e Proteção.* Rio de Janeiro, Editora UFRJ/Editora Fiocruz.

A NECESSÁRIA ABORDAGEM SISTÊMICA DA SAÚDE, DA EDUCAÇÃO E DA CULTURA

Tânia Torres Rosa

A Humanidade preocupa-se em difundir cultura, onde necessariamente se embute educação e saúde, desde os primórdios de sua existência.

A biblioteca de Alexandria, construída em 300 a.C., foi pensada como o local onde se reuniria todo o conhecimento humano. Assim não foi no curso da História.

Atualmente esse antigo sonho está se tornando realidade com o movimento internacional que pretende colocar em forma digitalizada, e disponibilizar na rede mundial de computadores todos os livros existentes no planeta.

O Brasil já se incluiu nesse movimento e o sítio www.dominiopublico.gov.br, pertencente ao portal do Ministério da Educação, já disponibilizou mais de 500 títulos para leitura e cópia.

Tânia Torres Rosa – Doutora em Clínica Médica é Diretora do Hospital Universitário de Brasília (HUB). Foi diretora da Faculdade de Medicina da UnB (2000/2004), vice-diretora do HUB (julho a novembro de 2000), chefe da Divisão Médica do HUB (1998/2000). Coordena estudo desenvolvido desde 1983 sobre fatores clínicos, epidemiológicos e terapêuticos da hipertensão arterial.

Os filósofos, desde os primórdios, sempre citaram mundos imaginários onde realidades paralelas se desenvolviam fazendo-nos entender o cotidiano da existência, pela técnica de observação a distância e posterior introjeção, com análises que permitissem o evoluir da condição humana. Da mesma forma, o povo sempre se referiu a "outro mundo" com conotações religiosas, ou de qualquer tipo de fé, quando necessita amenizar as agruras da vivência terrena, buscando conforto em algo que virá, ou que se alcançará.

Desde o ano passado, o recém graduado físico norte-americano Philip Rosedale disponibilizou um "outro mundo", em tempo real, com a criação de um ambiente em terceira dimensão a que denominou *Second Life*, onde se pode desenvolver uma realidade paralela à nossa, fazendo tudo que fazemos no mundo real, inclusive ganhar dinheiro, pois já se conhece seu PIB, que é igual a US$5,5 milhões.

Interessante assinalar que Rosedale montou seu primeiro computador quando estava em um nível de escolaridade correspondente à terceira série aqui no Brasil e fundou sua primeira empresa de *software* antes de terminar o segundo grau. Certamente a cultura de seu país e o equivalente sistema educacional pode contemplar o potencial intelectual desse jovem e também lhe dar saúde para desenvolver seus projetos com tanta agilidade e brilhantismo.

Secon Life vem sendo administrada pela empresa criada especificamente para esse fim: *Linden Lab*, e lá é possível se assistirem a shows gerados pela *BBC* no mundo real, com exclusividade para os 300 mil habitantes que já moram por lá.

Um grupo que reúne duzentas universidades americanas e canadenses, denominado *New Media Consortium*, instalou lá um campus, onde ministra diversos cursos, disciplinas e eventos para os habitantes do *Second Life* interessados em adquirir conhecimento além do nosso mundo, em tempo real com sua vida convencional.

Enfim, há diversas atividades em *Second Life* que tornam uma opção interessante para lá se existir e tal empreendimento será implantado no Brasil, com previsão de início de operações em início de 2007.

Como conviver com realidades tão assombrosamente evoluídas e outras tantas, que produzem a mesma magnitude de assombro, cujos inícios datam de antes da Biblioteca de Alexandria, ou mesmo dos primeiros eruditos da filosofia mundial, como a fome, o analfabetismo, a exclusão social desenvolvimentista, a inadequação cultural de povos que se extinguem no mundo globalizado, que não para de girar ao redor de nossa estrela maior, em nossa galáxia, que já foi tida como única no universo e hoje se perde nas inumeráveis observadas, ou cuja existência se pode estimar, utilizando-se recursos antes inimagináveis de aparelhos e instrumentos hoje disponíveis.

A cada mínima distância percorrida na rotação de nosso planeta surgem novos desafios e demandas, que adquiriram uma velocidade de aparecimento em razão exponencial neste século, em relação ao passado, e a cada dia essa dinâmica mais se agiganta, obrigando-nos a administrar essas novas problemáticas, com soluções de gestão que ainda não foram criadas em muitos rincões do planeta, a exemplo do que somos neste país, nesta região, neste Distrito Federal.

Penso que esse preâmbulo era necessário para abordar o tema aqui proposto, que tem como objetivo definido servir de base de reflexão para os novos governantes, uma vez que deverá ser apresentado aos postulantes ao cargo de Governadores do Distrito Federal, como subsídios para o planejamento de uma nova gestão.

Philippe Quèau, engenheiro francês que já dirigiu a Divisão de Informação e Informática da UNESCO, há cerca de uma década escreveu: "A cibercultura não é simplesmente uma cultura do ciberespaço e da navegação pelos imensos recursos da informação; é também uma cultura do governo global... A revolução atual não é simplesmente técnica, mas algo muito mais profundo, comparável ao que foi o aparecimento do alfabeto".

Por outro lado, há mais de década os pensadores sobre Educação, Saúde e Cultura vêm insistindo em alertar-nos para a necessidade de um novo modo de pensar e equacionar os problemas emergentes de nossa própria evolução.

Edgar Morin, por exemplo, em 1997, a convite do governo Francês, presidiu um Conselho Científico, cujo objetivo era o de apresentar sugestões para o ensino do segundo grau daquele país. Resolveram por operacionalizar as discussões por meio de jornadas temáticas e elegeram os seguintes temas: O Mundo; A Terra; A Vida; A Humanidade: línguas, civilizações, artes, cinema; As Culturas Adolescentes; A Religação dos Saberes.

Para tarefa tão complexa definiram-se novas ferramentas a que chamaram transdisciplinaridade. Esse termo conceitualmente evoluiu de interdisciplinaridade, que já se originara do termo multidisciplinaridade, conferindo-lhe uma característica de integração, criado no século passado, na década de 60, para encerrar o significado e importância de se reunirem várias disciplinas para elaborar respostas a questões que abordavam opções de solução para problemas em diversas áreas, especialmente educação, saúde e cultura.

O antropólogo Claude Raynault enumera algumas questões que só podem ser atendidas por transdisciplinaridade, como: de que maneira fazer com que disciplinas clínicas, que lidam com pessoas doentes tentando achar soluções para as causas de seu sofrimento físico integrem o fato de a essência da pessoa humana ir muito além de seu corpo biológico, sendo um ser que pensa, imagina, simboliza, vive tanto de afetos e fantasmas, como de alimentos naturais? Como conseguir que as ciências psicológicas e sociais admitam que o ser humano não é constituído somente de um espírito, mas também de um corpo? Como fazer que elas admitam que as sociedades humanas não podem ser analisadas apenas na sua dimensão cultural, levando unicamente em conta suas representações, seus modelos de comportamento, o modo como elas organizam as relações entre seus membros?

Fica claro que o método cartesiano, ao qual nos acomodamos em todos os níveis dialéticos, e sua análise causal e linear foram apropriados à concepção do mundo mecânico e previsível, como era imaginado nos séculos XVIII e XIX. Passamos pelo século XX e iniciamos o XXI enfrentando realidades complexas, que exigem posturas metodológicas e técnicas de pesquisa diferentes.

Proponho que reflitamos sobre a oportunidade de utilização da transdisciplinaridade como ferramenta principal no processo de resolução de questões que nos afligem como cidadãos, que vivem em sociedade organizada e administrada por governantes, que têm de mudar de atitude com urgência, se não quiserem ser vítimas do anacronismo e impotência que de outro modo poderão demonstrar ao encarar nossas atuais demandas sociais, especialmente em termos de educação, saúde e cultura e tentar administrá-las sem os instrumentos adequados de gestão.

Comecemos por abordar essas questões fazendo críticas às formas convencionais dos saberes disciplinares, que encaram os problemas de forma parcial, segmentar e estanque. Incorporemos a complexidade dos conhecimentos científicos aos saberes tradicionais não-científicos. Integremos os procedimentos interdisciplinares de pesquisa, ensino e extensão dos pesquisadores, com aqueles dos saberes e práticas dos seres sociais.

Elegendo essa práxis como nosso novo paradigma, poderemos aceitar a complexidade do todo, que desafia nossas crenças e conhecimentos convencionais, encarando-o sem medo da insegurança que ele causa, pois que lhe é inerente. Entender que a tão temida "perda de poder" ocorrerá à medida que ignoremos novos espaços e nunca ao procedermos a sua ocupação, criando e ousando na utilização de novos recursos operacionais que se adequem melhor.

Já é tempo de aceitarmos que fracassaram as doutrinas econômicas e os instrumentos de intervenção na sociedade por elas preconizados, que ampliam os impactos da crise em que nos encontramos para o âmbito das políticas oficiais, dos partidos tradicionais e da organização burocrática do Estado e de seus aparelhos ideológicos.

Saúde, educação e cultura devem, portanto, ser consideradas em uma base epistemológica construtivista, como temas absolutamente interligados e, assim, sofrerem análises com a metodologia de sistemas complexos, caracterizando-se como objeto de pesquisa transdisciplinar.

Os sistemas educacional, de saúde e cultural devem abranger a sociedade em sua totalidade, com abordagens sistêmicas que resultem de uma análise do ponto de vista histórico, social e geográfico, que precisa refletir as intrincadas relações entre as dinâmicas econômica, social, cultural, ambiental e política da região a que servem, no nosso caso o Distrito Federal e a região Centro-Oeste, pelo menos, e que traga reflexos positivos a todo País.

Para dar um exemplo concreto, que integra nossa realidade atual, pensemos na saúde indígena: Brasília é referência para o tratamento de várias tribos do Centro-Oeste e nosso Hospital Universitário têm um convênio com a Fundação Nacional de Saúde para recebê-los para tratamento hospitalar, quando a internação se faz necessária.

Seus agravos à saúde devem ser entendidos no contexto de uma cultura especial, que vem sofrendo ações da hegemonia secular dos conquistadores e que para sobreviver devem se ajustar, sem se acabar, adequando-se às agressões sofridas e combatendo-as pelo total entendimento da cultura dominante. Isso só pode ser feito por meio da educação a que devem ter acesso, bem como ao sistema de saúde, que deve possuir mecanismos de inclusão que permitam o tratamento de suas patologias no contexto de suas comunidades e do país onde se inserem.

Não seria melhor que pudessem se deitar em redes, ao invés de leitos hospitalares; que comessem sua comida habitual, ao invés de dietas especiais; que permanecessem cercados pelos companheiros de tribo e recebendo visitas freqüentes de seus pajés para ter maior conforto espiritual; que pudessem manter uma chama acesa, para evitar que se perca tamanha conquista como o fogo, ao invés de serem terminantemente proibidos de fazerem qualquer procedimento inflamável, pois as enfermarias têm oxigênio circulante. Alguns casos não poderiam ser assim poupados, mas a maioria se beneficiaria com os recursos da telemedicina, já consagrada em tantos outros procedimentos e grupos sociais.

Assim colocado, o problema da saúde indígena expõe muito maior complexidade do que a hipótese linear da desnutrição das crianças indígenas, que continuamos a insistir em realizar.

Para concluir um novo "Governo Novo" deverá:

- utilizar e implementar a cibercultura e utilizá-la em todas as áreas possíveis;
- entender os paradigmas existentes, aplicá-los com propriedade e desenvolver novos que qualifiquem a condição humana na sociedade e em seus extratos comunitários específicos;

- propor políticas estatais calcadas nessas bases, incluindo os técnicos no processo, para que forneçam sistemas que as viabilizem.

Inseridos nessa nova sistemática de trabalho, poderíamos então discutir questões pontuais, sem descontextualizá-las, tais como:

- Tendo em vista a política atual de financiamento do ensino superior, o que se deveria priorizar no DF: a implantação da Fundação Universidade Aberta do DF, como consta no plano pluri-anual (PPA) até 2007, ou se desenvolverem parcerias com a Universidade pública já existente?
- Como implementar políticas para promoção e recuperação da saúde por meio de terapias naturais e qual seria o impacto dessas ações no custo da saúde pública do DF?
- Em que dimensão os programas de ensino a distância e o Programa Escola Digital Integrada (PPA 2007) devem se inserir no planejamento estatal da educação e quais seriam seus impactos?
- Os dados do IBGE apontam para modificação na pirâmide populacional, com crescimento relevante da faixa etária acima de 60 anos. Como integrar o Programa Integral da Saúde do Idoso, que exige assistência de forma eletiva, no contexto do atendimento de urgências, que prevalece no DF?
- Quais seriam as ações estratégicas de imediato visando à inclusão dos deficientes nas políticas públicas de educação e cultura?

Como se nota, as questões já se colocaram há tempos e esperam respostas coerentes com nossa atualidade. Nosso pensamento linear, também na política, resultou na criação de redes de informação privilegiada, quadros de afirmação de identidade intelectual, fomentando preconceitos de toda ordem e territórios de poder dentro da própria equipe que detém o poder.

Revertamos este quadro construindo coletivamente modelos complexos que contemplem nossas necessidades, como seres sociais buscando a felicidade e uma existência digna e saudável.

Modelos que funcionam não se encomendam, constroem-se.

Tema 6

Estratégias de Segurança Social no DF

DF em Questão

DF em Questão

SEGURANÇA SOCIAL NO DISTRITO FEDERAL: ESTRATÉGIAS E DESAFIOS

Lia Zanotta Machado

Este é um momento crucial para a reflexão sobre quais serão as políticas futuras para alcançar a segurança social: estamos num momento fortemente politizado, um momento de eleições. Torna-se imperativo fazer indagações sobre os desafios relativos à segurança. Quais são as reflexões que já acumulamos sobre os acertos e equívocos relativos à segurança? Quais são os limites e as possibilidades que temos, ao enfrentar as novas e antigas questões da segurança social através dos sistemas de segurança pública?

Hoje, muito mais do que no período eleitoral de há quatro anos passados, a questão da segurança pública no Brasil é uma questão de extrema visibilidade e importância, e que coloca desafios muito grandes às políticas públicas de segurança. Estamos realmente em um período de crescimento da violência organizada no Brasil. Se hoje, as páginas dos grandes jornais do Brasil dão destaque

Lia Zanotta Machado – Professora Titular de Antropologia da UnB, Chefe do Departamento de Antropologia e pesquisadora nas áreas de violência, saúde e gênero.

especial à violência dos sistemas de crime organizado que atravessa as fronteiras entre detentos e não detentos em São Paulo e à violência e poder do comando territorial do tráfico de drogas sobre comunidades na cidade do Rio de Janeiro, os índices gerais de mortalidade por homicídios no Brasil evidenciam que a violência no Brasil está presente em todas as regiões do país e é comparativamente muito alta. Não só relativamente aos índices dos países desenvolvidos, como aos índices latino-americanos.

Os sistemas de segurança pública ao se defrontarem com o combate à violência, não se deparam apenas com a violência gerada pelos sistemas de crimes organizados ou pelas formas individualizadas de delinqüência. A questão da violência no Brasil tem uma dupla face. Se uma das faces tem a ver especialmente com os sistemas de crimes organizados que estão em expansão, há também uma outra face.

O grande desafio no Brasil, para o combate à violência é refletir e agir sobre a articulação entre estas duas faces da violência. E de como estas duas faces da violência são potencializadas em face dos desafios econômicos e da desigualdade social que também enfrentamos.

Esta outra face da violência a que me refiro, diria que é de longa duração e vem de há muito tempo; é uma violência que nem sempre chega às manchetes dos jornais, e quando chega, é contada como se fossem casos excepcionais: crimes ditos "passionais" e crimes considerados "impensáveis", como aqueles entre pais e filhos. Trata-se do que chamamos, entre os pesquisadoras e pesquisadores do Núcleo de Estudos da Mulher da Universidade de Brasília (NEPeM/UnB) de formas de "violência interpessoal", uma violência enraizada na crença cultural de que conflitos entre pessoas que se conhecem e que fazem parte de uma mesma rede de sociabilidade, possam e devam ser solucionados e resolvidos pelo uso da violência física. Trata-se de uma violência que aparece como estruturante das relações entre homens e mulheres, pensada como devendo ser de posse e controle, e estruturante das relações entre vizinhos, amigos e parentes, como devendo ser comandada pelo valor do desafio masculino de defender sua honra ou sua bravura. Dada a crença de que a solução dos conflitos possa, ou deva ser resolvida, pelo uso da violência física; os índices de violência doméstica contra as mulheres são altíssimos, assim como são altíssimos os índices de lesões resultantes de brigas derivadas de desafios masculinos e os homicídios derivados destes mesmos desafios.

Levando-se em conta as pequenas notícias sobre os informes policiais daqueles jornais que mais se dedicam a acompanhá-los, o Movimento Nacional de Direitos Humanos (MNDH) levantou dados que permitiram visualizar resultados impressionantes: cerca de 40% dos homicídios ocorridos anualmente são decorrentes não do uso da violência física em função do crime organizado ou da delinqüência individualizada, nem do confronto entre policiais e civis, mas da violência que emerge entre conhecidos para resolverem conflitos. Trata-se da violência acionada no desafio entre amigos, parentes, num bar numa vizinhança e de homens contra "suas" mulheres. A questão dos homicídios no Brasil atinge especialmente homens jovens que matam especialmente homens jovens, num elogio perverso, trágico e insidioso a uma suposta honra e valor em torno do "desafio masculino" e a uma suposta obrigação de controle dos homens sobre "suas" mulheres que resulta numa violência constante e permanente contra as mulheres, que, muitas vezes também chega ao assassinato das mulheres.

Tradicionalmente,os sistemas de segurança pública, não davam nenhuma importância a esta face da violência que é a violência interpessoal. E ela é estruturante e alimentadora da banalização do uso da violência que se torna cada vez mais presente na modernidade. As passagens podem ser feitas rapidamente. Do uso da violência para o controle da sua rede de relações sociais, para o uso da violência, de forma instrumental, para a entrada no mundo do tráfico de drogas ou do crime organizado.

No Brasil são altos os índices de violência interpessoal em contextos onde não se tem uma "violência instrumental", isto é, quando você não tem nada para ganhar economicamente: é a constância das pequenas e grande brigas usando a força dos corpos, facas e armas, para resolver disputas conflituosas e que se transformam em homicídios, a partir de motivos que, juridicamente, podem ser considerados fúteis. É grande a batalha do Brasil moderno que acredita nos direitos humanos contra essa forma tradicional de resolver conflitos entendidos como desafios masculinos. Esta é uma violência de longo percurso, que está enraizada. Contra ela, os movimentos sociais pelos direitos humanos, pelos direitos iguais entre homens e mulheres, pelos direitos dos idosos e das crianças e pelos direitos à não discriminação racial, vêm fazendo constante luta e reivindicações.O Estado brasileiro vem respondendo com a criação de novas legislações e de novas instituições nos sistemas de segurança como as delegacias especializadas das mulheres, das crianças e dos adolescentes, dos idosos e da discriminação racial.

Não se pode admitir que os conflitos interpessoais se resolvam pelo uso da violência física... Contudo, esta violência tão insidiosa, continua em grande parte a passar desapercebida na sua importância no dia a dia do funcionamento dos sistemas de segurança pública. É uma violência tão enraizada, que continua sendo naturalizada e minimizada na sua importância pelos sistemas de segurança.

É preciso quase uma revolução cultural para que se possa caminhar num sentido de igualdade, dignidade, e verdadeiramente respeito entre todos. Este continua sendo um dos grandes desafios da segurança social para os sistemas de segurança pública, sob pena do aumento da banalização e da naturalização da violência em todas as esferas da vida social.

Por outro lado, está se desenvolvendo em toda ordem mundial, e não só no Brasil, uma violência cada vez mais advinda e inerente às formas institucionalizadas de crime organizado: o tráfico internacional das drogas, das armas, o crime organizado de assaltos, de seqüestros, roubos de carros e cargas, etc. As organizações, seus laços e suas redes vão tomando conta local, nacional e internacionalmente. A violência vai se enraizando entre redes e tomando as "mentes" e os "corações".

Um rápido olhar sobre os novos valores da modernidade, nos mostra uma modernidade fundamentalmente problemática e contraditória. De um lado, a introdução intensiva pelos movimentos sociais, pelos organismos intergovernamentais internacionais e pelas organizações não governamentais da legitimidade dos direitos humanos nas suas mais distintas faces em prol dos direitos iguais e dos direitos à não discriminação; por outro lado, a possibilidade de internacionalizar e potencializar a organização econômica em torno de determinadas atividades criminosas, seja o tráfico de drogas, o tráfico de armas, o tráfico de pessoas, os assaltos, os seqüestros, os roubos de carros e cargas, o que for, que produzem formas de violência similares a guerras civis.

São candentes os desafios para a Segurança Pública em paises como o Brasil em que a violência se apresenta com intensidade nas suas duas faces. Duas faces de violência que se aglutinam e muitas vezes se fundem. Banalização da violência que muitas vezes faz também grassar a violência policial, como também a violência do crime organizado contra agentes de segurança.

O Distrito Federal e o Entorno, hoje, não são, no Brasil, o centro do embate do crime organizado contra a ordem legal; os confrontos parecem estar sediados no Rio e São Paulo. Contudo, os índices de violência tal como sinalizados pelos índices de homicídios comparados entre regiões e cidades brasileiras, parecem indicar que o Distrito Federal e o entorno, tal como todas as regiões brasileiras, estão sendo atingidas tanto pelas formas de violência interpessoal, quanto pelas formas de violência, presentes no funcionamento do crime organizado.

O Secretário de Segurança do Distrito Federal, General Athos de Faria em sua exposição adverte que, mesmo nos estados brasileiros "onde a criminalidade se encontra, efetivamente, sob controle dos órgãos responsáveis por garantir a segurança da população, como é o caso do Distrito Federal", a "ameaça está presente" pois "quando os criminosos obtêm sucessos em seus redutos de origem, tendem a expandir suas atividades para outros pontos do País".Este é um dos desafios para o Distrito Federal que o Secretário propõe responder buscando manter a qualidade do sistema de segurança no Distrito Federal que considera privilegiada.

Propõe como estratégias principais adotadas a maior integração do sistema de segurança do Distrito Federal com os municípios do Entorno, e a Integração das Polícias Civil, Militar e do Corpo de Bombeiros do Distrito Federal. O desenvolvimento da "segurança nas áreas rurais", da "inteligência" no combate ao crime organizado, da "qualificação profissional" e da "participação comunitária", são as outras estratégias propostas e adotadas para a melhoria da segurança pública e da defesa social.

O professor de sociologia, Arthur Trindade, especialista nas questões de segurança pública, elogia a efetividade de uma maior integração das ações da Polícia Militar, da Polícia Civil e do Corpo de Bombeiros e da Defesa Civil no Distrito Federal, se comparada a outras regiões e cidades brasileiras. Assinala a presença de uma estrutura própria de formação e treinamento de quadros e de um orçamento de segurança que é um dos maiores do país, e uma das mais altas remunerações responsável pelo perfil de elevado grau de escolaridade dos soldados policiais militares e agentes da polícia civil. Entretanto, entende que os moradores do Distrito Federal convivem com altas taxas de violência e de homicídios e que ainda não se demarcou o fim de "episódios de arbitrariedade e violência" entre as instituições de segurança pública e a sociedade. Sugere quatro iniciativas: "a) a criação de um órgão de controle externo da atividade policial; b) elaboração de manuais de conduta policial; c) realização de pesquisas de vitimização e d) adoção de novas estratégias de policiamento inspiradas na filosofia do policiamento comunitário".

Esta última estratégia está fundada na "idéia de prevenir a ocorrência de crimes ao invés de simplesmente tentar solucioná-los e prender os criminosos" e, assim, corresponde em grande parte à necessidade de propor estratégias de combate às formas culturalmente enraizadas da "violência interpessoal" que enfatizei nesta introdução. Esta é uma das estratégias de combate ao uso cultural da violência física como suposta solução de conflitos interpessoais. É esta forma cultural de uso da violência que se constitui em importante canal facilitador do recrutamento de jovens cidadãos brasileiros nas organizações de crime organizado: a prévia e enraizada banalização da violência.

O SISTEMA DE SEGURANÇA PÚBLICA NO DF

Gal. Athos Costa de Faria

Introdução

O mundo vem atravessando uma fase de notáveis transformações – políticas, econômicas e sociais – daí resultando reflexos em todos os países, notadamente naqueles em processo de desenvolvimento.

O Brasil, evidentemente, não está imune aos efeitos da conjuntura internacional. Por mais que os governantes se esforcem para atender aos reclamos da sociedade, especialmente no campo socioeconômico, compreendendo os setores de saúde, habitação, trabalho, educação e segurança, não há como agir alheio às causas e conseqüências de medidas e ações externas de repercussão global.

Os registros de eventos característicos da ousadia com que delinqüentes vêm desafiando o Poder Público em diversas cidades importantes do País e a forma com que são divulgados para a sociedade, pelos meios de comunicação de massa, têm comprometido a sensação de segurança, fundamental para a paz social.

Athos Costa de Faria – Secretário de Estado de Segurança Pública e Defesa Social do DF.

Nesse quadro adverso, o crescimento do crime organizado surge como uma ameaça em todos os estados brasileiros, inclusive naqueles onde a criminalidade se encontra, efetivamente, sob controle dos órgãos responsáveis por garantir a segurança da população, como é o caso do Distrito Federal. Isto porque, quando os criminosos obtêm sucessos em seus redutos de origem, tendem a expandir suas atividades para outros pontos do País.

Assim sendo, mesmo que indicadores locais da violência e da criminalidade indiquem que o DF desfruta de situação privilegiada no cenário nacional, quando comparado a outras grandes metrópoles brasileiras, a conjuntura e a sua tendência de evolução recomendam que sejam intensificadas medidas que consolidem a política em execução, enquanto sejam introduzidos novos procedimentos na condução das medidas que visem o interesse da tranqüilidade pública e a defesa da cidadania.

A polícia da Capital do Brasil desfruta de grande credibilidade em todo o território nacional, cujo tal conceito foi granjeado, seja pelos baixos índices de corrupção e de violência policial, seja em razão das demonstrações de capacidade para elucidar crimes, desde os mais simples, com rapidez e precisão, até aqueles que causam comoção junto à opinião pública.

Sob tal enfoque é que deve ser definida a política de segurança pública e defesa social do Distrito Federal, fiel aos objetivos do governo em responder às demandas com responsabilidade ética, política e profissional, priorizando a congregação de esforços na prevenção de delitos, estimulando a ação proativa dos organismos de segurança pública e de defesa social e, principalmente, buscando a participação da comunidade na identificação e na busca de soluções para os problemas advindos da criminalidade.

Por oportuno, o momento é propício para a participação da sociedade, representada por seus diversos segmentos, particularmente pelas universidades, estimulando todas as ações voltadas para a identificação e busca de soluções para os problemas de segurança pública e defesa social, visando à proteção e ao socorro do cidadão e, principalmente, melhorando a qualidade de vida da população.

O Distrito Federal

Brasília, a capital de todos os brasileiros, possui características próprias que a divergem dos outros estados da Federação.

Com uma superfície de 5.822,1 Km² de clima tropical, o Planalto Central tem seu ponto culminante em Brazlândia, atingindo 1.349 metros de altitude.

Possuindo o melhor IDH do País, é sede dos poderes Executivo, Legislativo e Judiciário, tanto em âmbito federal quanto em distrital.

A criação do Distrito Federal mudou o perfil de desenvolvimento do Centro-Oeste. Antes de 1960, o Produto Interno Bruto representava apenas 2,5% do PIB nacional, hoje esse percentual quase triplicou e chega a 6,5%. Antes de 1950, a renda média *per capita* do Centro-Oeste era 50% menor do que a renda média nacional, hoje é a maior do País. O crescimento da região foi positivo e acima da média nacional em todos os setores econômicos.

Os impactos da construção de Brasília não se restringiram apenas aos indicadores econômicos. A multiplicação e a expansão da rede de transportes, a reorientação de fluxos migratórios e o crescimento da malha urbana transformaram o perfil de ocupação do Centro-Oeste de uma maneira geral e da região do Planalto Central, em particular.

A população candanga era de 2.145.839 habitantes, de acordo com o censo demográfico do ano 2000, com uma projeção da ordem de 2.383.700 para este ano de 2006. Entretanto, o acúmulo de pessoas chega a quase 3.000.000 em virtude da população flutuante, originada do Entorno, que vem para o Plano Piloto em sua labuta diária.

Esse movimento populacional guarda estreita correlação com a questão habitacional, notadamente entre a classe de renda mais baixa. Se, por um lado, o preço da moradia é elevado no DF, por outro lado, é grande a oferta de imóveis a preços atraentes para esse segmento, nesses municípios.

Migração e "Filtering off"

(Imigração paro Entorno do Distrito Federal)

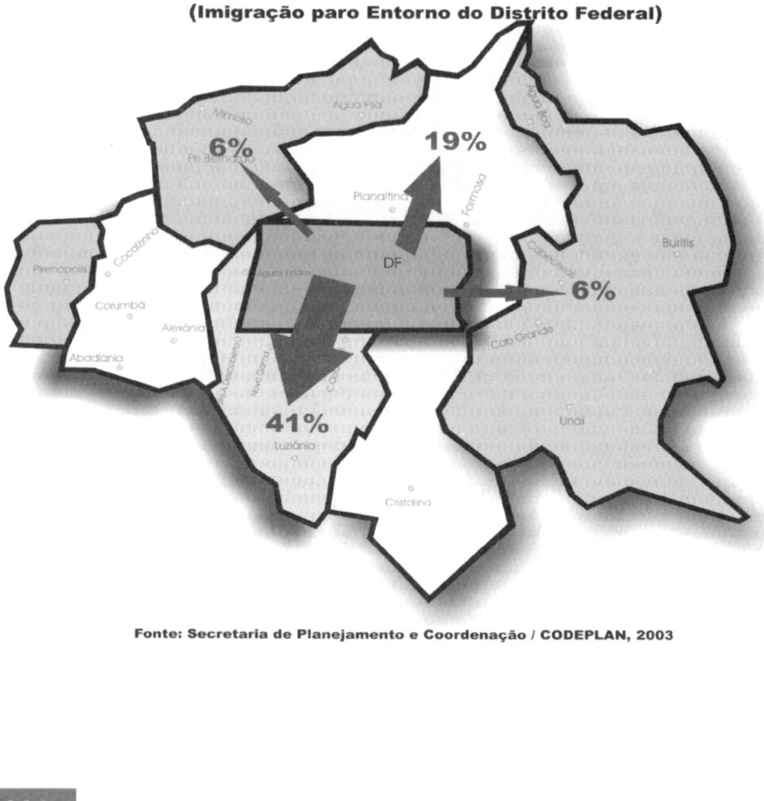

Fonte: Secretaria de Planejamento e Coordenação / CODEPLAN, 2003

O Encontro

Em 2003, a Secretaria de Planejamento e Coordenação realizou um estudo sobre o Entorno constatando que a sua formação não decorre só da expulsão da população nordestina à procura de empregos no DF. Grande parte dos moradores do Entorno é "expulsa" à procura de habitação mais acessível. Famílias inteiras obtêm lucros com a venda de seus domicílios valorizados nos assentamentos do Distrito Federal e se mudam para regiões mais distantes, passando a desfrutar do capital alcançado na venda de seus antigos imóveis.

A região do Entorno enfrenta problemas de toda ordem e precisa da atenção articulada de todos os entes federativos envolvidos: Governo Federal, Distrito Federal e os Estados de Minas Gerais e Goiás.

A velocidade de mudanças no crescimento e ocupação do Entorno exige muito dos governos, do setor privado e também da sociedade, através de uma gestão participativa bastante aproximada e integrada. Esta ação deve ser empreendida, também, nos aspectos de segurança pública para a região, de tal maneira que destes esforços resultem ações práticas e eficientes, a curto, a médio e a longo prazos, em benefício direto dos cidadãos do DF e do Entorno, na busca de uma melhoria da qualidade de vida para todos.

As distorções no campo da segurança pública, entre o DF e os municípios do Entorno, já eram percebidas há bastante tempo. Tem-se registro de que, pelo menos desde o final da década de 80, os governos de Goiás e do Distrito Federal vêm estabelecendo parcerias formais entre seus órgãos de segurança pública (convênios, acordos de cooperação etc.), na busca da união de esforços para o enfrentamento conjunto dos problemas que assolam a segurança pública. Desde então, realizaram-se operações conjuntas com as polícias do DF, de GO, de MG e Federal.

No ano de 1998, cria-se a RIDE, Região Integrada para o Desenvolvimento do Entorno do DF. A RIDE se configura em uma excelente idéia que, oficialmente, criou o Conselho de Administração da RIDE (COARIDE), um corpo gestor formado por representantes de todos os entes interessados, que passou a atuar como um corpo articulador dos esforços nos diferentes níveis das entidades federadas – União, Estado e Município – voltados para minimizar os problemas socioeconômicos que já assolavam o DF e os municípios de seu Entorno. Sua criação despertou os gestores de todos os níveis (federais, estaduais, municipais e DF), para a necessidade da ampliação do campo da análise dos fenômenos para uma região mais ampla, tirando a visão fragmentada restrita ao DF, ou a um grupo de municípios de Goiás ou Minas Gerais. Entretanto, vale ressaltar que o texto inicial e suas iniciativas não contemplavam qualquer referência a ações da segurança pública. Paralelamente, quase na mesma época, o Ministério da Justiça cria oito Conselhos Regionais de Segurança Pública, dentre os quais o do Entorno.

A RIDE e as Regiões Polarizadas

Região I - Alta Polarização
Região II - Média Polarização
Região III - Baixa Polarização

Região I – alta polarização: Águas Lindas, Cidade Ocidental, Luziânia, Novo Gama, Santo Antônio do Descoberto e Valparaiso de Goiás;

Região II – média polarização : Abadiânia, Alexânia, Cocalzinho de Goiás, Cristalina, Formosa e Planaltina de Goiás;

Região III – baixa polarização: Água Fria de Goiás, Buritis, Cabeceira Grande, Cabeceiras, Mimoso de Goiás, Padre Bernardo, Pirenópolis, Unaí e Vila Boa.

A Secretaria de Estado de Segurança Pública e Defesa Social do Distrito Federal (SSPDS) constatou a necessidade de estender ao meio rural, de maneira efetiva e perene, a realização de ações de segurança pública e defesa social por meio da prestação dos serviços disponibilizados por todos os segmentos integrantes vinculados ao Sistema de Segurança Pública e Defesa Social, dentro de um conceito de Segurança Rural. Para tanto, concretizou a realização das seguintes ações:

Construção de quatro Centros Integrados de Segurança Pública (CISP)

Os CISP Rurais surgem como um projeto-piloto inédito no País, tanto sob os aspectos da ocupação de um ambiente comum e o desenvolvimento de trabalhos conjuntos entre os segmentos de segurança pública e defesa social, como também sob o aspecto da disponibilização aproximada desses serviços à Comunidade Rural. Portanto, constantes aperfeiçoamentos e ajustes serão necessários para a otimização de suas rotinas, durante o seu funcionamento.

A implantação dos CISP proporcionará experiências importantíssimas para o desenvolvimento do processo de integração dos segmentos de segurança pública entre si e com a comunidade rural.

A concepção dos CISP exige a adoção de um boletim de atendimento único à comunidade pelas polícias e bombeiros de modo a facilitar ao cidadão o acesso aos serviços, que poderá ter um atendimento bastante aproximado e até mesmo domiciliar, contando com o somatório dos recursos humanos e materiais dos respectivos CISP; conseqüentemente, as policias civil, militar e bombeiros necessitarão de uma codificação única para os atendimentos e ocorrências policiais.

Durante os trabalhos conjuntos levados a efeito no período 2002/2003 sobre os modelos de funcionamento dos CISP, chegou-se à conclusão de que as tarefas afetas a cada segmento deveriam ser melhor desenvolvidas através de órgãos operacionais especializados.

No caso da PMDF, a Unidade que mais se aproxima deste modelo, bem como já desenvolve sua tarefa na zona rural, é a CPMA – Companhia de Polícia Militar Ambiental.

Da mesma forma, na PCDF, a DEMA – Delegacia Especial do Meio Ambiente, e no CBMDF, as 1ª e 2ª CPCIF- Companhia de Prevenção e Combate a Incêndio Florestal já desempenham suas atividades voltadas, prioritariamente, para a zona rural.

Assim, entende-se que estes órgãos, já ambientados e conhecedores desse espaço geográfico, poderiam ser ajustados, com menores custos e tempo de implantação, para atuarem de maneira mais ampla no contexto da Segurança Pública e Defesa Social Rural, nas áreas rurais das cidades-satélites de Planaltina-DF, Paranoá e Brazlândia, bem como na Região do Porto Seco do Distrito Federal, contemplados inicialmente para a implantação do projeto.

Aquisição de viaturas 4x4 para a área rural

A formalização do Acordo de Cooperação Técnica (ACT) 2005 –União/DF/GO/MG veio reforçar as ações já em andamento por meio de convênio entre o DF e Goiás, estendendo a participação formal da União através da Secretaria Nacional de Segurança Pública do Ministério da Justiça (SENASP), da Polícia Federal, e do Estado de Minas Gerais, através de sua Secretaria de Segurança Pública, e órgãos vinculados (Polícias Civil e Militar, Corpo de Bombeiro Militar).

Deve se destacar que o Ministério da Justiça através da SENASP cedeu, para uso na área do Entorno, 27 viaturas novas para a realização de *Forças-Tarefas* na região do convênio, assim distribuídos:

- PMDF – 07 Vtr X-Terra
- PMGO – 15 Vtr X-Terra e 05 Vtr Parati

Aquisição de motocicletas

Com a formalização do acordo de Cooperação Técnica (ACT) de dezembro/2000 entre União/DF/GO o Distrito Federal e o Estado de Goiás, estabelecem uma parceria que de forma inédita no País, tinha como partícipes, pela União, o Gabinete de Segurança Institucional da Presidência da República, a Secretaria Nacional de Segurança Pública, Polícia Federal e Rodoviária Federal, pelo DF e GO as Secretarias de Segurança Pública, as Polícias Civis e Militares.

O Acordo teve por finalidade a conjugação de esforços entre os partícipes, visando à prevenção e à repressão à criminalidade, nos territórios do Distrito Federal e do Estado de Goiás. Como a área da RIDE é muito extensa, o Acordo abrangeu parte da RIDE, cobrindo os municípios de Goiás limítrofes ao DF(9) acrescidos de Abadiânia, Alexânia e Luziânia.

Esta parceria contemplou a realização de treinamentos e capacitações integrados com a participação de profissionais das diferentes polícias para o aperfeiçoamento de estratégias operacionais e estudos da criminalidade. Procurou-se estimular o desenvolvimento de canais permanentes de diálogo com as lideranças comunitárias legítimas visando ao desenvolvimento da filosofia de *Polícia Comunitária.*

Além disso, visando realizar a coordenação e planejamento das ações a serem desencadeadas, inovou na criação de um **Grupo de Planejamento Integrado – GPI**, de caráter permanente, integrada por representantes dos órgãos. Funcionou sob a coordenação da Secretaria Nacional de Segurança Pública do Ministério da Justiça.

Paralelamente às iniciativas do Acordo, de forma coordenada, as Secretarias de Segurança do DF e GO apresentaram projetos que promoveram o re-equipamento das polícias, bem como ainda a construção de novas instalações operacionais para melhor abrigar as polícias do DF (delegacia e quartel da PM) e de Goiás (Mini-Presídios e os CIOPS). Na oportunidade, o Estado de Goiás adquiriu cerca de 600 viaturas e motos.

Assim os projetos possibilitaram uma ação repressiva mais eficaz da Polícia através de seu re-aparelhamento, mas também, fundamentalmente, a valorização do recurso humano, através do treinamento e uma melhor remuneração através de um incentivo salarial para os policiais de Goiás que trabalhassem no Entorno.

Implantação de um sistema de patrulhamento em todas as vias federais, distritais e vicinais

01MAR2005 – Convênio entre DF e GO

Em março de 2005, o GDF estabelece novo convênio com o Estado de Goiás, *Convênio de Cooperação Para Ações Integradas de Segurança Pública E Defesa Social no Entorno*. Este convênio tem seu período de vigência de 1 de março de 2005 a 31 de dezembro de 2006, com o objeto de realizar ações integradas de segurança pública e defesa social.

Desde a vigência do Convênio houve preocupação para que houvessem ações práticas em benefício direto da população. Desta forma, desde a assinatura do convênio, em 01MAR2005, **semanalmente** tem sido realizado operações conjuntas das polícias do DF e GO através de Forças Tarefas e Pontos de Bloqueio.

Esta cooperação envolve ações:

- **Policiais** – preventivas, ostensivas, repressivas, investigações da ação delituosa de criminosos organizados.
- **Defesa civil** – busca e salvamento e preservação da vida.
- **Detran** – fiscalização de trânsito e documentação veicular.

A área a ser abrangida pelo presente Convênio no território do Estado de Goiás são as zonas rurais e urbanas dos municípios de Águas Lindas, Abadiânia, Alexânia, Cidade Ocidental, Cocalzinho, Corumbá de Goiás, Cristalina, Formosa, Luziânia, Novo Gama, Padre Bernardo, Pirenópolis, Planaltina de Goiás, Santo Antônio do Descoberto e Valparaíso de Goiás e as zonas urbanas e rurais compreendidas por todo o território do Distrito Federal.

Por meio deste convênio são realizadas de forma conjunta, integrada, respeitando-se a independência funcional de cada órgão, dentro de um clima de grande cordialidade e harmonia, tudo voltado para o combate ao crime, na região do DF e Entorno.

As seguintes ações tem sido realizadas:

- troca de informes e informações, na elaboração execução de operações conjuntas;
- troca de informações acerca de serviços periciais;

- aplicação de uma seqüência investigativa, no combate ao crime organizado, evitando a sua interrupção quando este transpuser a divisa;
- foi estabelecido uma rede-rádio interligando as principais unidades operacionais do Entorno com a CIADE/CIOSP/SSPDS-DF;
- consulta recíproca de banco de dados sobre criminosos, mandados de prisão, ocupação de área de risco, situação de emergência, estado de calamidade pública;
- resgate continuado pelo Corpo de Bombeiros do DF, de vítimas de acidentes em rodovias e em áreas de lazer (cachoeiras, rios e lagos);
- pretende-se, ainda, estimular o Estado de Goiás na criação de núcleos de ação contra as drogas nas Delegacias Regionais da Polícia Civil do Estado de Goiás e Delegacias de Polícia Civil do Distrito Federal, envolvendo os segmentos organizados pela sociedade.

Mapeamento dos Pontos de Bloqueio das vias de acesso e saída do DF

Criação de um Cinturão de Segurança em torno do centro de poder do DF

A definição dos *Pontos de Bloqueio*, associados à base dos CISP-Rurais e aos Postos da Polícia Militar Rodoviária (PRv), facilita a racionalização e o controle dos recursos empregados, bem como o apoio às equipes em ação. Igualmente, os protocolos definidos em Acordo de Cooperação Técnica, celebrado entre o Distrito Federal, a União e os Estados de Goiás e Minas Gerais, para ações conjuntas de prevenção e repressão policial na Região do Entrono, devem ser explorados como facilitadores imprescindíveis para a eficácia dos controles impostos aos veículos e pessoas que transitam pelos postos instalados.

Manter ativo um plano operacional específico para a ocupação periódica ou eventual de pontos vulneráveis no território do Distrito Federal (*Pontos de Bloqueio*), voltados para o controle da entrada e saída de criminosos em fuga, de passagem ou em preparação para aqui agir, é uma medida de prevenção, inibição ou repressão à prática de crimes. Ações dessa natureza devem ser consideradas de significativa importância para dissuadir a atuação dos delinqüentes, principalmente se forem realizadas de forma inopinada e com regularidade em freqüência e periodicidade.

O Sistema de Segurança Pública e Defesa Social do DF

A segurança pública, dever do Estado, direito e responsabilidade de todos, é exercida nos termos da legislação, para a preservação da ordem pública, da incolumidade das pessoas e do patrimônio e para a defesa social.

No Distrito Federal, o Sistema de Segurança Pública e Defesa Social, cujo órgão central é a Secretaria de Estado de Segurança Pública e Defesa Social (SSPDS), é composto pelas Polícias Civil e Militar do Distrito Federal e Corpo de Bombeiros Militar do Distrito Federal, tendo como órgão vinculado o Departamento de Trânsito do Distrito Federal, conforme estabelece o Decreto nº 23.557, de 23 de janeiro de 2003.

Fundamentado em conceitos inerentes aos métodos, processos e doutrina de emprego operacional nos órgãos que atuam na proteção e socorro ao cidadão contra as ameaças do crime, dos sinistros, dos acidentes e das catástrofes, o Sistema, depois de uma auto-retrospectiva histórica e uma nova contextualização, nos cenários nacional e local, estruturou suas ações na relação entre as atribuições básicas de cada um dos seus órgãos componentes e vinculado e as quatro vertentes estratégicas estabelecidas no Plano de Segurança Pública do DF, quais sejam: a Prevenção e Repressão à Criminalidade e à Violência dela derivada; a Redução dos Riscos de Desastres e Catástrofes; a Capacitação Profissional e Valorização de Recursos Humanos e a Modernização e Integração Sistêmica nas Atividades Operacionais, as quais, para sua efetiva implementação, vêm se desdobrando em programas e projetos específicos com a devida definição dos resultados que se espera alcançar dentro de horizontes temporais definidos, com base em um conjunto de fatores considerados essenciais para a segurança pública e defesa social no Distrito Federal, dentre os quais destacamos os seguintes:

Integração

A integração é a medida fundamental de todo o processo da articulação do Sistema de Segurança Pública e Defesa Social do Distrito Federal, que resultará no compartilhamento dos bancos de dados operacionais dos órgãos vinculados ou subordinados, bem como na unificação descentralizada das comunicações por radiofreqüência. É indispensável que essa troca de informações, bem como o funcionamento das comunicações operativas em uma mesma rede se processem em todos os níveis, para todos os elementos empenhados nas ações de segurança pública e defesa social.

Considerando-se que os órgãos do Sistema possuem missões e competências bem definidas e distintas, cultura profissional e formas de atuação peculiares, não se deve confundir a integração com transferência de papéis no emprego, muito embora variadas ações e operações possam e devam ser executadas em conjunto, no mesmo cenário, mas cada órgão com seus agentes desempenhando as atribuições próprias, típicas de cada um deles. Ela tem por propósito otimizar o emprego dos recursos operacionais disponíveis nos diferentes órgãos, porém respeitando as suas respectivas autonomias.

Para que se obtenha resultados efetivos, o processo de integração não deve se restringir ao Sistema. Deve ocorrer, também, de forma cada vez mais estreita, entre os órgãos de segurança pública e defesa social do Distrito Federal e as organizações e instituições de outras Unidades da Federação, em particular com os órgãos de segurança pública da Região do Entorno e, de forma mais ampla, com os organismos federais.

Tudo isso encontra-se em vias de plena concretização com a recente inauguração das instalações do edifício da Coordenadoria Integrada de Operações de Segurança Pública e Defesa Social da SSPDS (CIOSP), a qual, em breve, se consolidará como a melhor estrutura operacional em ações de segurança pública e defesa social da América Latina.

Inteligência

Eliminar o poder armado de criminosos que impõem sua tirania territorial a comunidades vulneráveis e a expandem sobre crescentes extensões de áreas públicas; bloquear a dinâmica de crescimento do crime organizado e do recrutamento de crianças e adolescentes para o crime; e reduzir a criminalidade e a insegurança pública são objetivos que recomendam a orientação das ações do policiamento preventivo e repressivo, a partir de estudos prospectivos de Inteligência em segurança pública e defesa social, tendo como fundamento o levantamento e mapeamento geoprocessado das ocorrências criminais que indicam os locais que apresentam os mais elevados índices de violência e de criminalidade, para dirigi-los, em esforço concentrado, de forma a eliminar eventuais bolsões de criminalidade.

Os sistemas inteligentes de mapeamento e análise dos fenômenos da criminalidade e seus efeitos na expansão da violência, empregando recursos da Tecnologia da Informação, para levantamento, coleta e processamento de dados comparados de crimes, modos de atuação e de características singulares para a solução de delitos perpetrados por indivíduos, bandos ou por quadrilhas organizadas, são instrumentos indispensáveis para a racionalização do emprego dos recursos e o aumento da eficiência policial.

Muitas das modalidades de crimes e modo de atuação dos criminosos que se intensificam no presente sofrem influências de experiências em outras Unidades da Federação. Por isso, a cooperação com os órgãos federais e estaduais, especialmente aqueles encarregados da fiscalização aduaneira e fazendária e as organizações policiais, para a prevenção e repressão ao roubo e furto de veículos, ao narcotráfico, ao contrabando, aos crimes tecnológicos, à lavagem de dinheiro e outros tipos de crimes interestaduais e transnacionais, dentro de um processo de integração sistêmica de atividades de Inteligência e de ações policiais conjugadas em rotinas e operações especiais conjuntas, se caracteriza como uma prática indispensável para o enfrentamento da criminalidade em áreas críticas.

Qualificação profissional

A situação particular do Distrito Federal difere significativamente das posições geopolíticas peculiares às grandes metrópoles brasileiras. Entretanto, assemelha-se às condições desfavoráveis de outras capitais quando o enfoque se volta para o aumento da criminalidade e da violência real, o que é agravado pelo crescimento da sensação de insegurança individual e coletiva da população.

Com isso, a demanda sobre os serviços prestados pelos órgãos de Segurança Pública e Defesa Social cresce significativamente, exigindo maior agilidade de atendimento, maiores e melhores recursos operacionais e mais eficientes aparelhos de contenção das infrações às regras de convivência na sociedade. Os órgãos policiais e de Defesa Social, portanto, precisam estar à altura das exigências atuais, não apenas pela dotação de recursos materiais, mas, também, pela melhor capacitação funcional dos seus servidores, pelo aprimoramento da cultura profissional e da motivação para o trabalho, fatores importantes para a conquista do respeito e da confiança do cidadão.

Por meio da nossa Subsecretaria de Doutrina Ensino e Pesquisa (SUSDEP), estamos promovendo a qualificação, conscientização e doutrinação dos profissionais dos órgãos integrantes e vinculados ao Sistema, o que vem se notabilizando como instrumento fundamental para o êxito das medidas de segurança pública e defesa social a serem adotadas. O treinamento é o termo chave desta questão para o nível operacional, em que o pessoal deverá estar perfeitamente qualificado para o exercício de suas funções, até mesmo em razão da modernização dos meios, dos novos processos e métodos de trabalho, cuja capacitação deverá ser ampliada em todos os níveis e na medida de sua implantação.

Está sendo oportunizado o acesso a cursos de altos estudos e estágios de capacitação técnica promovidos pelos órgãos do Sistema ou por outros estaduais e federais, bem como os de especialização e de aperfeiçoamento, no campo da administração dos recursos humanos, orçamentários, financeiros e de materiais, além daqueles ligados diretamente aos cargos e funções de direção superior da atividade própria dos órgãos.

Paralelamente às medidas voltadas para a melhoria da qualificação técnico-profissional dos quadros, em todos os níveis, é imperioso que sejam asseguradas condições favoráveis de trabalho aos profissionais de segurança pública e defesa social, seja no regime de escalas de serviço compatíveis com as exigências da função, seja no provimento dos recursos indispensáveis ao desempenho das atividades, ou no atendimento às necessidades básicas do ser humano, sempre compatibilizando os interesses individuais ou coletivos e institucionais, com os interesses maiores da sociedade.

Participação comunitária

A participação da comunidade nas ações de segurança pública e defesa social se efetiva na conformidade dos conceitos doutrinários do Programa *Segurança Comunitária,* implantado, no âmbito do Distrito Federal, pela nossa Subsecretaria de Programas Comunitários (SUPROC). O programa pressupõe um novo patamar de eficiência e eficácia na prestação de serviços de atendimento às demandas da população, privilegiando canais permanentemente abertos entre os organismos que compõem o Sistema de Segurança Pública e Defesa Social e a comunidade, de forma a assegurar transparência aos procedimentos e ampla participação do povo no acompanhamento da qualidade dos serviços prestados.

A concepção do Programa *Segurança Comunitária* está ancorada na descentralização operacional por responsabilidade de Áreas de Segurança Pública e Defesa Social e na integração e compartilhamento das informações, dos bancos de dados e das comunicações por todos os agentes do Sistema, para o mais amplo e eficiente atendimento das necessidades de cada segmento da população.

Nesse contexto, todos os órgãos integrantes do Sistema devem procurar desenvolver, dentro da respectiva competência, a aproximação de seus elementos de execução com a comunidade, em todos os escalões e atividades, de forma permanente, inclusive com a participação ou contribuição de agentes de outras organizações, de empresas públicas e particulares, entidades e organismos não-governamentais.

Os princípios da *Segurança Comunitária* se aplicam tanto às áreas urbanas como à zona rural. Ampliar a implantação de frações das unidades com responsabilidade de Área de Segurança Pública, especialmente designadas para a missão, é uma forma de contemplar, também, os moradores do campo, condomínios e dos núcleos rurais com a presença aproximada do policiamento ostensivo, para a prevenção de crimes peculiares e de eventuais conflitos de interesses.

Contudo, é importante estabelecer que a participação comunitária nas ações de segurança pública e defesa social não deve ser interpretada como o envolvimento direto da população, quer individualmente ou em grupo, em atividades de natureza eminentemente técnica, mas na definição de prioridades das ações policiais de prevenção e de correção de riscos, em função dos meios disponíveis nos organismos de segurança pública e defesa social, nos ambientes sociais em que agem.

Uma boa medida para operacionalizar a aproximação com a comunidade e a identificação das suas necessidades e expectativas é a partir dos Conselhos Deliberativos de Segurança Comunitária – CONDESCOM, dos Grupos Gestores Regionais de Segurança Comunitária – GESCOM e nos Núcleos de Segurança Comunitária

– CUSCOM, coordenados pela SUPROC, com a mais ampla participação da comunidade, para estimular a expansão dos Conselhos Comunitários de Segurança, das Comissões e Núcleos de Defesa Civil, dos Conselhos de Segurança Escolar e de outras entidades de organização popular favoráveis ao bem-estar público, bem como participar dos programas comunitários especiais, com eles cooperar ou a eles incentivar, a todo o tempo.

Conclusão

O Sistema de Segurança Pública e Defesa Social do Distrito Federal vem se constituindo em um mecanismo que pode impulsionar o surgimento de uma nova maneira de pensar e de agir em termos de segurança pública e defesa social, colocando-nos na condição de referência na América Latina, devido aos altos níveis de qualidade em relação aos serviços prestados à nossa sociedade, por nossos órgãos integrantes e vinculados.

No entanto, os níveis de excelência já alcançados não devem ser vistos como um fim em si mesmos, ou a panacéia para a solução definitiva para todos os problemas da área, pois ele é apenas um instrumento norteador das práticas gerenciais aplicadas na Secretaria e que sistematiza, de forma sintetizada, os anseios e aspirações do corpo funcional das Instituições em uma visão prospectiva e focada nos interesses e necessidades da sociedade, a quem tem a SSPDS a missão de servir.

Por se tratar de uma estrutura com suas ações e propósitos voltados para o presente e que, também, projetam o futuro, o Sistema exigirá um acompanhamento permanente por parte de todos os setores envolvidos e necessitará de revisões e atualizações periódicas, de modo a manter-se em sintonia com a realidade, os objetivos institucionais e as demandas da sociedade brasiliense.

OS DESAFIOS DA SEGURANÇA PÚBLICA NO DISTRITO FEDERAL

Arthur T. M. Costa

Introdução

Em outubro deste ano serão realizadas eleições gerais no Brasil. Serão eleitos o Presidente da República, os 27 governadores de Estado, os deputados federais, deputados estaduais e 1/3 dos senadores. A exceção dos prefeitos e dos vereadores, todos os cargos eletivos do sistema político brasileiros estarão em disputa. Este ano as questões econômicas como desemprego, crescimento econômico, inflação e abertura de mercados não serão os únicos temas dominantes no debate político. A exemplo dos anos anteriores, a segurança pública deverá ocupar lugar de destaque nos debates eleitorais.

Os problemas enfrentados pelas instituições da área de segurança pública têm sido percebidos pelo eleitorado. Segundo uma pesquisa nacional do Instituto Datafolha realizada em março de 2002, a segurança pública aparecia em segundo lugar dentre as principais preocupações do eleitorado brasileiro (21%), atrás apenas

---

Arthur T. M. Costa – Professor do Departamento de Sociologia da Universidade de Brasília.

do desemprego (32%). Em 1996, o tema era citado como principal problema do País por apenas 2% dos brasileiros. Essa taxa cresceu para 5% em maio de 1997, voltou a cair para 2% em dezembro do mesmo ano e oscilou para 3% em dezembro de 1998. Esse percentual dobrou para 6% em setembro de 1999, chegou a 13% em junho de 2000. Em março de 2002 alcançou a marca de 21%. Em 2006, a segurança pública continua entre as principais preocupações do eleitorado.

O momento, portanto, é bastante propício para debater os desafios a serem enfrentados na área. Para isso, antes é necessário descrever as condições institucionais e os problemas sociais relacionados à área de segurança pública. A partir desta análise será possível tratar dos desafios que os dirigentes políticos do Distrito Federal deverão encarar nos próximos anos.

O contexto atual da segurança pública

No campo da segurança pública, o Distrito Federal destaca-se por alguns aspectos singulares do seu sistema de justiça criminal. Do ponto de vista político, o DF reúne algumas condições que facilitam a integração e a coordenação das ações de segurança pública. Ao contrário de outros estados, não há conflitos de interesses entre governador e prefeitos. De acordo com a Constituição Federal (1988), o DF não pode ser subdividido em municípios. Assim, o governador é legalmente competente para implantar tanto ações típicas das prefeituras quanto aquelas relativas aos governos estaduais.

A estrutura das instituições que compõem o sistema de segurança justiça criminal também é *suis generis*. Ao contrário de alguns estados, o Distrito Federal há bastante tempo conta com uma Secretaria de Segurança Pública, o que possibilitou, sob certas condições, uma maior integração das ações da Polícia Militar, da Polícia Civil e do Corpo de Bombeiros e da Defesa Civil. Além disso, cada uma destas instituições possui sua própria estrutura de formação e treinamento de quadros. Pode parecer óbvio, mas lembramos que muitos estados não possuem academias de polícia e bombeiros, exigindo que a formação e o aperfeiçoamento do seu pessoal seja realizada em outros estados.

Do ponto de vista orçamentário, a Constituição Federal estabelece que as despesas com segurança pública são de competência da União. Isso tem permitido que, apesar das limitações, o orçamento de segurança do Distrito Federal seja um dos maiores do País. Segundo dados da Secretaria de Orçamento Federal do Ministério do Planejamento, em 2002 o Distrito Federal apresentou o quarto maior orçamento da área de segurança pública entre os estados da Federação. Neste ano, o governo do Distrito Federal gastou em segurança pública R$ 1.249 bilhões, cifras inferiores apenas às apresentadas pelos estados de Minas Gerais (R$ 2.435 bi), do Rio de Janeiro (R$ 3.023 bi) e São Paulo (R$ 4.911 bi). Os gastos com segurança pública apresentados pelo Distrito Federal foram superiores aqueles apresentados por Rio Grande do Sul (R$ 950 mi), Bahia (R$ 760 mi), Paraná (R$ 650 mi) e Pernambuco (R$ 590 mi), por exemplo.

Desta forma, os investimentos em pessoal, treinamento e material têm sido consideráveis. Segundos dados da Secretaria Nacional de Segurança Pública (SENASP), o Distrito Federal contava em 2003 com um efetivo de 28.285 policiais para realizar a segurança de aproximadamente 2.2 milhões de habitantes. O DF é a unidade da Federação que apresenta a maior proporção de policiais em relação a sua população. Em 2003, havia 1 policial militar para cada 137 habitantes, número muito inferior a média nacional (453) e também se comparado a outros países como o Canadá e a França, a relação é bastante baixa. Pode-se dizer que em termos de efetivos o Distrito Federal é a unidade mais policiada da Federação.

No Distrito Federal, a remuneração daqueles/as que ingressam nas carreiras profissionais ligadas à segurança pública está entre as mais elevadas do Brasil. Como reflexo disso, nota-se mudanças no perfil dos novos policiais. Nos últimos anos temos verificado um aumento substantivo do número de candidatos aos cursos de formação de soldados policiais militares e agentes da polícia civil com elevado grau de escolaridade.

Entretanto, a privilegiada situação política, orçamentária e institucional do Distrito Federal não se reflete em melhorias substantivas para a população. Os moradores do Distrito Federal convivem com altas taxas de violência, em especial de homicídios. Além disso, a relação entre as instituições de segurança pública e a sociedade está demarcada por episódios de arbitrariedade e violência.

Seguindo a tendência nacional, o Distrito Federal também vem apresentado taxas crescentes de homicídios nas últimas décadas. Entre 1980 e 2000, a taxa de homicídios aumentou 188%. Nesse período esta taxa saltou de 12,3 para 35,4 óbitos por 100 mil habitantes. Até 1986, o crescimento da taxa de homicídios no Distrito Federal acompanhou a tendência nacional. A partir deste ano, as taxas no Distrito Federal cresceram mais aceleradamente que as taxas nacionais até 1994, quando alcançou o patamar de 34 homicídios por 100 mil habitantes, apresentando pouca variação desde então (Vasconcelos & Costa 2005).

Comparando com outras capitais brasileiras, em 2000, o Distrito Federal encontrava-se em uma posição intermediária no que se refere à mortalidade por homicídios. Apesar da mortalidade por homicídio não estar tão presente no cotidiano da população brasiliense como está em Recife (74,1), Porto Velho (70,3), Vitória (69,4), Cuiabá (69,4), São Paulo (69,0), Rio do Janeiro (60,2), o Distrito Federal (35,4) apresentou taxas de homicídios superiores às apresentadas por capitais como Belo Horizonte (34,4), Salvador (32,5), Porto Alegre (29,5), Curitiba (26,9), Belém (26,0), Goiânia (25,6) e Fortaleza (24,9).

Da mesma forma que nas outras capitais do País, os homicídios não se distribuem da mesma forma pelas diversas regiões que compõem o Distrito Federal. Em geral, observa-se que quanto menor a renda média da localidade, maior a taxa de homicídios. Varjão, Itapuã, Vila Estrutural e Ceilândia são localidades com rendas médias inferiores a 5 salários mínimos por família que apresentam taxas de homicídios superiores a 40 óbitos por 100 mil habitantes. Por outro lado, localidades com renda familiar mais elevada, as taxas são inferiores a 10 homicídios para cada grupo de 100.000 habitantes. É o caso do Plano Piloto, Lago Sul, Lago Norte e Cruzeiro.

Também como no restante do País, a maior parte das vítimas de homicídios era jovem do sexo masculino. Entre 1999 e 2001, cerca de 93% das vítimas de homicídios no Distrito Federal eram do sexo masculino. Uma razão de 13 óbitos masculinos por cada óbito feminino. Metade das vítimas tinha menos de 25 anos de idade e mais de 83% tinham menos de 40 anos. A população jovem (de 15 a 24 anos) concentrou 45% dos óbitos por homicídios nesse período.

Os desafios para a segurança pública

Dois temas têm recebido bastante destaque no presente debate sobre segurança pública: a necessidade de políticas mais efetivas de segurança pública, que permitam uma redução nos índices de criminalidade e a necessidade de reformas nas instituições policiais, que permitam um melhor atendimento à população. A redução das taxas de criminalidade não depende somente da ação das polícias. A melhoria das condições sociais (habitação, emprego, educação e lazer) é fator fundamental para diminuir as estatísticas sobre a violência urbana. Também é importante melhorar e aumentar o acesso da população à justiça civil e criminal.

No que se refere às instituições do campo da segurança pública (principalmente as polícias), o grande desafio é melhorar os serviços prestados à população. Lidar com a violência e arbitrariedade policial e buscar maior aproximação com a sociedade são os principais desafios para a área. Para isso, sugiro quatro iniciativas específicas já experimentadas com sucesso em outros países: a) a criação de um órgão de controle externo da atividade policial; b) elaboração de manuais de conduta policial; c) realização de pesquisas de vitimização e d) adoção de novas estratégias de policiamento inspiradas na filosofia do policiamento comunitário.

São freqüentes os casos de violência e arbitrariedades cometidos por policiais. Mesmo assim, o Distrito Federal não conta com uma ouvidoria capaz de exercer o **controle externo da atividade policial**. A criação deste tipo de órgão é uma tendência mundial. Desde a década de 1970 as polícias dos EUA, Canadá, Reino Unido, Espanha e Portugal implantaram este tipo de controle. A partir daí, várias polícias passaram a conviver com mecanismos de controle externo. No Brasil, São Paulo, Minas Gerais, Rio de Janeiro e Rio Grande do Sul já criaram suas ouvidorias de polícia. Entretanto, a estrutura e capacidade desses órgãos têm variado bastante (Costa 2004).

Alguns órgãos de controle externo apresentam uma ligação bastante próxima com as instituições policiais. Às vezes, eles fazem parte da própria estrutura do sistema policial, como no caso das ouvidorias de algumas polícias brasileiras que pertencem às secretárias de segurança pública. Noutros casos esses órgãos são totalmente desvinculados do sistema policial, possuindo autonomia financeira, administrativa e equipe própria de investigadores, como no caso das províncias canadenses do Quebec e Ontário.

Quanto ao controle político, alguns órgãos de controle externo têm seus diretores eleitos diretamente ou nomeados pelos parlamentos como no caso do *Police Complaints Authority* inglês. Outros têm seus diretores indicados pelo chefe do poder Executivo. Há ainda os casos de órgãos de controle externo que têm a composição mista entre policiais e civis, como no caso do *Civilian Complain Review Board* (*CCRB*) de Nova Iorque. Com relação às capacidades políticas de cada órgão, alguns podem punir policiais e decidir por mudanças institucionais no que diz respeito a treinamento e códigos de conduta, como no caso da polícia de Toronto. Outros podem apenas fazer recomendações ao chefe de polícia, como na Polícia de Los Angeles (*LAPD*).

As polícias do Distrito Federal ainda não contam com **manuais de conduta** que efetivamente orientem a ação cotidiana dos policiais. Vale acentuar, no entanto, que os principais códigos e regulamentos de formação da Polícia Militar e da Polícia Civil remontam o período militar, especialmente o *Regulamento Disciplinar da Polícia Militar* (*RDPM*). A criação de normas de conduta também é uma tendência mundial. No Brasil, a PMESP e a PMMG passaram a elaborar os POPs (procedimentos operacionais padrão).

Nas últimas décadas, vários países criaram códigos de conduta visando aumentar o controle sobre a atividade policial cotidiana. Nos EUA, vários departamentos de polícia adotaram normas de condutas restritivas ao uso de armas de fogo. No Canadá, algumas polícias impuseram procedimentos operacionais específicos para lidar com as ocorrências de violência doméstica. As polícias francesas criaram seus códigos de deontologia buscando conciliar os princípios de proteção aos direitos humanos com as práticas policiais. Em todos os casos, a adoção destas normas de conduta implicou em transformações no treinamento e na supervisão da atividade policial.

A *Polícia Militar do Distrito Federal* conta com poucas normas de condutas estabelecidas oficialmente e sistematizadas na forma de manuais de instrução. Elas tratam principalmente das atividades de controle de trânsito e sobre a utilização de determinados equipamentos. Atualmente, pode-se dizer que nenhum material utilizado no treinamento básico dos policiais no Distrito Federal pode ser caracterizado como norma de conduta para o "uso legal da força". As duas principais obras utilizadas nas instruções sobre policiamento ostensivo são o *Manual de Policiamento Ostensivo e o Manual Básico de Policiamento.*

Tais manuais não estabelecem procedimentos e condutas a serem adotadas nas atividades cotidianas de policiamento que envolvem o uso legal da força. Trazem extensas descrições sobre o que vem a ser policiamento ostensivo, suas modalidades e especificidades. Deste modo, tais manuais pouco servem para orientar e limitar o uso da autoridade policial. Assim, os princípios, responsabilidades, direitos e obrigações, descritos nos códigos de deontologia tornam-se apenas "boas intenções", pois não se apóiam em outros manuais que permitam a sua operacionalização.

As **pesquisas de vitimização** são instrumentos importantes para o planejamento das polícias públicas de segurança, uma vez que fornecem informações complementares às estatísticas criminais produzidas pelos órgãos de segurança pública. Estas permitem às autoridades públicas lidar com o fenômeno das "cifras ocultas", ou seja, a diferença entre o número de crimes cometidos e não denunciados e aqueles que chegam ao conhecimento da polícia.

É cada vez mais freqüente a realização anual de pesquisas de vitimização e de *surveys* sobre o sentimento de insegurança. Este tipo de pesquisa surgiu nos EUA na década de 1960, sendo logo difundido para diversos outros países como Inglaterra, França, Noruega e Canadá. No Brasil, o IBGE introduziu, em 1988, pela primeira vez na sua Pesquisa Nacional por Amostragem Domiciliar (PNAD) um questionário sobre vitimização. Basicamente nestas pesquisas pergunta-se aos membros de uma amostra estatística se foram vítimas de algum tipo de crime ou violência dentro de um período de referência, se conheciam os agressores, quais as circunstâncias destas ocorrências, se procuraram ou não a polícia e por quais razões.

No Brasil já foram realizadas algumas pesquisas de vitimização. Além do IBGE, outras instituições como o ILANUD, o ISER, a Fundação SEADE e a Universidade de São Paulo e a Fundação João Pinheiro já buscaram obter informações mais abrangentes sobre a violência e a criminalidade. Dessas, apenas a PNAD/1988 teve abrangência nacional. As demais se concentraram em obter informações sobre as regiões metropolitanas de São Paulo, Rio de Janeiro e Belo Horizonte (Catão *apud* Lemgruber 2002).

Apesar dos esforços dos pesquisadores brasileiros, ainda não existe pesquisa sistemática de abrangência nacional, capaz de permitir comparações regionais e internacionais. É muito difícil comparar estas pesquisas entre si, uma vez que as variáveis selecionadas e o grau de representatividade abrangido nem sempre são os mesmos. Além disso, existem diferenças metodológicas significativas em relação ao desenho da amostra, ao período de referência adotado e ao público-alvo.

O atual quadro social brasileiro indica a urgência e a necessidade de se realizarem pesquisas de vitimização periódicas e abrangentes. No Distrito Federal isso ainda não foi feito. À exceção da PNAD/1988, não dispomos de informações sistemáticas sobre vitimização. Na verdade, a falta dessas informações torna praticamente impossível determinar a real dimensão da criminalidade e da insegurança no Distrito Federal.

O **Policiamento Comunitário** vem sendo apontado por muitos como uma nova forma de relacionamento entre a polícia e a comunidade. Recentemente têm se verificado algumas tentativas de substituição das estratégias de segurança por políticas preventivas, voltadas para o policiamento comunitário ou concentradas sobre grupos e problemas específicos, tais como: violência juvenil, violência contra mulheres, crianças, homossexuais e minorias étnicas. Programas de policiamento comunitário e preventivo foram implantados em diversos países como Austrália, Canadá, EUA, Bélgica, Inglaterra, França e Itália.

No Brasil, temos verificado o surgimento de inúmeras iniciativas inspiradas na filosofia de policiamento comunitário. A criação de conselhos comunitários de segurança, como os recentemente criados no Distrito Federal é um exemplo desse tipo de iniciativa. Entretanto, estas iniciativas carecem de planejamento, sistematização e avaliação. Se queremos de fato implantar políticas de segurança inspiradas na filosofia de policiamento comunitário no Distrito Federal, é preciso realizar profundas modificações nas instituições e práticas sociais presentes no campo da segurança pública.

O policiamento comunitário não é uma política pública de segurança, mas sim uma filosofia de policiamento. Basicamente essa nova filosofia enfatiza a necessidade de um maior envolvimento da sociedade nas políticas de segurança pública, a fim de realizar um controle social democrático. Para tal destaca-se a necessidade de mudanças nas relações das forças policiais com suas respectivas comunidades, o que implica em profundas mudanças organizacionais, políticas e culturais dos aparatos policiais.

Em primeiro lugar, as estratégias de policiamento comunitário assumem a centralidade do papel das comunidades na prevenção da criminalidade. O controle social passa a ser encarado como responsabilidade da sociedade. Ao Estado, cabe, auxiliar e fortalecer certas instituições, organizações e práticas sociais entendidas como relevantes para a realização de controle social. Em outras palavras, o Estado deve reforçar a rede de sociabilidades locais como associação de comerciantes, de moradores, desportivas, além das igrejas e famílias. Para realizar esta tarefa é fundamental que as polícias contem com a confiança da população. Ações policiais violentas e arbitrarias têm um efeito perverso sobre as relações com a comunidade.

Em segundo lugar, as polícias devem abandonar, pelo menos parcialmente, seu papel reativo, onde a ênfase do policiamento recai na resposta às emergências policiais, e passam a ter um papel predominantemente preventivo. A idéia é prevenir a ocorrência de crimes ao invés de simplesmente tentar solucioná-los e prender os criminosos. Portanto, é fundamental a utilização de todos os tipos de informações necessárias à prevenção de crimes e violência, tais como pesquisas de vitimização, análise ecológica das ocorrências policiais e estudos sobre grupos e comportamentos desviantes. Isso implica numa revolução informacional dentro dos departamentos de polícia, uma vez que, normalmente, as antigas formas de coleta, análise e divulgação de informações não se mostram de grande utilidade para o policiamento preventivo.

Terceiro, há necessidade de ampliar a participação da sociedade civil no planejamento e na supervisão da atividade policial.

A democratização das políticas de segurança pública aparece como elemento fundamental para o resgate da legitimidade da autoridade policial. Nesse sentido, iniciativas buscando um maior envolvimento da sociedade nas políticas de segurança pública, tais como a criação de conselhos comunitários de segurança pública e de fóruns especiais para a discussão dos problemas comunitários, tornaram-se traço constante das políticas de policiamento comunitário.

E, finalmente, a descentralização administrativa das atividades policiais passou a ser vista como fundamental para enfrentar os diferentes problemas existentes nos centros urbanos. As unidades policiais e seus comandantes passariam a desempenhar papel fundamental no planejamento e na condução das operações policiais. O papel do policial também muda. Este deixa de ser visto como mero executor de ordens e instruções e passa a gozar de maior iniciativa e liberdade de ação para atender às demandas da comunidade. Para isso, é necessário a elaboração de normas de condutas que estabeleçam orientações claras e precisas aos policiais sobre a forma de proceder nas suas atividades cotidianas.

Conclusão

Se comparado com outras unidades da Federação, o Distrito Federal goza de condições privilegiadas na área de segurança pública. A sua atual estrutura institucional, política e orçamentária permite que se imponham novos desafios na área. Não se trata mais de exigir maior integração das ações da polícia civil, militar, Bombeiros e Defesa Civil. Tampouco de cobrar maiores investimentos. Noutras palavras, fruto de um esforço continuado das autoridades locais e de uma privilegiada situação política, a área de segurança pública no Distrito Federal já conta com boas condições estruturais. O desafio agora é melhorar os serviços prestados à população.

Referências

VASCONCELOS, A. M. N.; COSTA, A. (2005). Demografia da Violência: evolução e características. In: PAVIANI, A. et al (Org.). *Brasília: Dimensões da Violência Urbana*. Brasília: Editora Universidade de Brasília.

COSTA, A. (2004). *Entre a Lei e a Ordem*: violência e reforma nas polícias do Rio de Janeiro e Nova York. Rio de Janeiro: FGV.

LEMGRUBER, J. (2002). Controle da Criminalidade: mitos e fatos. In: OLIVEIRA, N. V. (Org.). *Insegurança Pública: reflexões sobre a criminalidade e a violência urbana*. São Paulo: Nova Alexandria.

Tema 7

Estado Democrático de Direito e Eleições 2006 no DF

DF em Questão

A INCIPIENTE CONSTRUÇÃO DA TERCEIRA VIA POLÍTICA PARA O DF

Lúcia Avelar

A questão eleitoral e partidária tem uma origem. Ela foi fruto de mudanças políticas ocorridas ao longo dos séculos XIII a XVIII que culminaram com a construção do Estado moderno e do sistema representativo, com a idéia das eleições como o principal veículo de participação do individuo no sistema político.

Com efeito, a grande contribuição do Estado moderno para a sociedade foi justamente possibilitar o acesso à política às diferentes camadas da população pela introdução do sufrágio, ao lado de outros mecanismos de participação política que entrariam na agenda da ampliação dos direitos de cidadania.

Tais conquistas se deram em períodos distintos de cada país. No Brasil, por exemplo, o sufrágio universal só veio a ser instalado a partir da Constituição de 1988, com a extensão do voto aos analfabetos. As mulheres conquistaram o direito de votar em 1932.

Lúcia Avelar – Diretora do Instituto de Ciência Política – IPOL/UnB. Doutora em Ciência Política, com pós-doutorado na Yale University. Foi professora da Unicamp, atualmente é professora titular do Departamento de Ciência Política da Universidade de Brasília. É autora, entre outros, de *O segundo eleitorado e Tendências do voto feminino no Brasil* (Ed. da Unicamp).

Até então votavam os homens em conformidade com sua renda, ou seja, em correspondência a um *status* social específico. Em geral, tal renda era proveniente da exploração da propriedade da terra, ou do comércio, com um *X* mínimo. A lei eleitoral estabelecia a renda mínima para que um individuo se tornasse um eleitor. Estou enfatizando esse fato porque o voto é parte da conquista de direitos ainda muito distantes da maioria da população brasileira. Há ainda muitos direitos a serem conquistados, como o direito a uma vida digna para todos os cidadãos, com acesso igual à educação, à proteção aos serviços de saúde, à cultura e à política. Estamos ainda longe do fato de que "todo cidadão brasileiro tem o direito de votar e ser votado", porque apenas aqueles provenientes das camadas mais privilegiadas é que têm acesso aos partidos, à vida pública, e, portanto, o direito a ser votado.

Apenas para citar um exemplo, cabe lembrar que dos 124 milhões de eleitores que irão às urnas daqui a três meses, em torno de 60 milhões de eleitores nem sequer completaram o ensino fundamental. Então, há uma diferença muito grande no perfil do eleitorado brasileiro. Apenas nove milhões de eleitores têm curso superior completo. Esta grande disparidade precisa ser lembrada inclusive em relação ao Distrito Federal, porque o Distrito Federal é um ponto privilegiado no mapa brasileiro, na geografia do País. É uma cidade-estado, obviamente, mas existe um Entorno onde nós reproduzimos exatamente a mesma desigualdade social de várias regiões do País.

Nos artigos do tema sobre Estado Democrático de Direito e as eleições de 2006 no DF, a seguir, o professor André César trata da importante questão dos blocos de poder. Destaca que desde a redemocratização do País, quando foram restabelecidas as eleições diretas para governador no DF, dois grupos polarizaram a cena política do Distrito Federal. O primeiro desses grupos liderado pelo governador Joaquim Roriz e outro liderado por Cristovam Buarque do Partido dos Trabalhadores. O governador Roriz introduziu o populismo clássico e assistencialista e obteve um grande sucesso político junto aos grupos de baixa renda. A partir de 2002, porém, a administração Roriz consegue atingir igualmente as classes média e alta, e conseguiu reunir em torno de si diversas organizações, transformando-se em um legítimo bloco de poder, com enorme influência política em todo o Distrito Federal.

O segundo grupo político destacado pelo palestrante foi o PT. O PT retirou sua força do funcionalismo público e dos sindicatos. O auge da influência desse Partido ocorreu durante o governo Cristovam Buarque. A partir de então teve dificuldades em voltar ao poder Executivo. Atualmente concorre ao cargo de governador a Deputada Arlete Sampaio, uma liderança em ascensão no Partido dos Trabalhadores.

Não há dúvida que as candidaturas a governador do Distrito Federal nas eleições de 2006 refletem situações ou posicionamentos quanto a um grupo político que se consolidou no poder do Distrito Federal e agora se vê dividido entre duas propostas: uma de cunho mais conservador, liderada pelo Partido da Frente Liberal, com José Roberto Arruda, que se diz o verdadeiro representante e continuador da obra e de Joquim Roriz, e outra corrente do bloco conservador liderada pela vice-governadora Maria de Lourdes Abadia, que busca atrair para si a herança de Roriz. Além de não contar com o apoio integral do ex-governador Joaquim Roriz, Abadia não dispõe de carisma e não é articulada quanto Roriz. A pergunta que se faz correntemente entre os observadores políticos é sobre uma possível transferência de votos de Roriz para Abadia. Mesmo que Roriz quisesse, é possível transferir sua intenções de voto pra Abadia (ou para Arruda)? Não temos resposta para a questão, até porque existe uma controvérsia sobre quem seria o continuador da obra de Roriz, se Arruda ou Abadia.

O Professor André ressalta, ainda, que até o momento as tentativas de se criar uma "terceira via" no Distrito Federal fracassaram. Nas eleições de 2006, porém, existe uma nova situação. Obteve-se uma candidatura que congrega toda a esquerda, mas a líder do grupo, Arlete Sampaio, não conseguiu deslanchar nas pesquisas e o PT perdeu espaço no momento desta disputa eleitoral.

Em outro artigo, os Professores Ricardo Caldas e Leonardo Barreto fazem uma apresentação sobre ao perfil do eleitorado do Distrito Federal e dos dados sobre as tendências políticas e o comportamento do eleitor local. Estes dados são frutos de um projeto de pesquisa, com dois focos principais: o primeiro, analisar a racionalidade (ou não) dos votos dos eleitores locais, baseado nas diversas teorias políticas contemporâneas de Ciência Política (Elitistas, Pluralistas, Marxistas etc.). O eleitor vota racionalmente? Por quê? Este projeto contou com o trabalho de cerca de 50 alunos da disciplina "Teoria Política Contemporânea (TPC)" ministrada pelo Professor Ricardo Caldas no IPOL/UnB. Um outro foco do trabalho era verificar a satisfação (ou não) por parte dos eleitores do DF com as instituições públicas (Congresso, Executivo e Judiciário). Os resultados mostraram que o eleitor do Distrito Federal acredita na existência de elites, ou seja, grupos com mais poder que outros, em um percentual de 76,9%. De tais grupos (econômicos, empresários, religiosos, culturais, militares, etc.), os grupos (ou elites) políticos são os mais influentes para 48,8% dos eleitores, que acreditam que as pessoas que mais detém mais poder no Brasil são os políticos. São seguidos pelas elites econômicas com 32,8% e pelas elites militares (3%). Além disso, as pesquisas apontam que para o eleitorado do DF, as instituições políticas estão desgastadas.

Para 73% dos entrevistados, os partidos políticos não são dignos de confiança. Cerca de 80,3% dos entrevistados não confia na Câmara dos Deputados e 87,4% dos brasilienses não confiam nos políticos. 70% não confia no Senado. Para 60,5% dos eleitores do DF, o Poder Executivo está desacreditado. E, finalmente, 49,4% não confia na Justiça ou nos juízes.

São números preocupantes, que nos fazem refletir sobre as perspectivas de futuro da democracia no Brasil. Com efeito, quase 30% do eleitorado do DF não acredita na existência de democracia no Brasil. Esse dado não deveria surpreender, pois para 58,7% os partidos não representam o povo.

Um dado de alento na pesquisa é que para 33,1% dos eleitores a principal razão para escolher um candidato é a honestidade, em seguida vem a ética (19,9%) e em terceiro a experiência (15%). Para cerca de 80,0% dos eleitores a corrupção endêmica que tomou conta do País pode ser revertida. Ponto para a democracia.

AS ELEIÇÕES E OS DESAFIOS DO PRÓXIMO GOVERNO DO DISTRITO FEDERAL

André Pereira César

Esse texto está dividido em duas partes. Em primeiro lugar, será abordada a situação das candidaturas a governador do Distrito Federal. As alianças partidárias e o novo contexto político local serão discutidos de forma sucinta. Em seguida, as principais demandas da população local serão objeto de análise.

A partir da primeira metade da década de noventa, dois grupos polarizaram a cena política do Distrito Federal. O primeiro desses grupos tinha como grande liderança o governador Joaquim Roriz. Ao lado de seus aliados, Roriz colocou em prática políticas de cunho populista e assistencialista e obteve grande espaço junto aos setores menos favorecidos da população. Nos últimos tempos, porém, a

---

André Pereira César – Sociólogo e cientista político pela Unicamp, e Analista Senior do IBEP – P. Especialista em controle orçamentário pela Escola da Administração Fazendária (ESAF). Em 1992 e 1993 trabalhou no Núcleo de Estudos de Políticas Públicas da Universidade de Campinas (Unicamp) nas áreas de sindicalismo e política habitacional. Diplomado pela Escola de Governo de São Paulo e membro do Instituto de Pesquisa e Estudos do Governo (IPESG).

administração Roriz foi adquirindo um caráter mais universal e, desse modo, atingiu um espectro mais amplo do eleitorado local. Cabe ressaltar que o PMDB é a base partidária de Roriz, mas outras agremiações sempre estiveram ao seu redor, dando suporte para sua ação política.

O segundo grupo político que polarizou a cena local até recentemente foi o PT. O partido sempre concentrou suas ações junto a setores mais organizados da sociedade, em especial o funcionalismo público e sindicatos de trabalhadores. Pode-se dizer que o ápice do PT no Distrito Federal se deu entre os anos de 1994 e 1998, durante a gestão de Cristovam Buarque. A exemplo do grupo de Roriz, alguns partidos orbitavam em torno dos petistas, como o PC do B.

Cabe ressaltar que, até o início do século XXI, todas as tentativas de se criar uma "terceira via" no Distrito Federal fracassaram.

Nas eleições de 2006, porém, essa situação mudou. O grupo de Roriz dividiu-se em dois. No âmbito da esquerda o cenário também é outro. O PT perdeu força e alguns antigos aliados passaram a reclamar por maior espaço.

São três as candidaturas fortes ao governo distrital. O PFL, que apostou suas fichas na chapa "puro-sangue" José Roberto Arruda-Paulo Octávio, é tido como o grande favorito no pleito de outubro. As pesquisas mostram que cerca de metade dos eleitores estão dispostos a votar na chapa, mas ainda não está garantida a vitória no primeiro turno. Aparentemente, o partido superou as rusgas internas que ameaçaram dividir a chapa. Com uma boa estrutura de campanha e a presença de Arruda, um candidato com algumas características semelhantes às do ex-governador Roriz, pode-se afirmar com convicção que, no mínimo, os pefelistas estarão no segundo turno da disputa.

Disputando a mesma faixa do eleitorado está a aliança entre o PSDB e o PMDB, com a atual governadora Maria Abadia encabeçando a chapa. O principal ativo da coligação é o apoio do ex-governador Joaquim Roriz que, na condição de candidato a uma vaga no Senado, tenta repassar seus votos para a aliança. Trata-se de uma missão difícil, pois a transferência de votos de um candidato a outro não se dá de maneira automática. Além disso, muitos dos eleitores potenciais de Abadia enxergam em Arruda a continuidade natural da obra de Roriz.

A terceira força das eleições de outubro no Distrito Federal é a esquerda, com a coligação PT - PC do B. Não foi fácil a costura do acordo que selou essa aliança e o próprio Palácio do Planalto foi instado a participar das negociações. É sabido que o ex-ministro dos Esportes Agnelo Queiroz, do PC do B e bastante ligado ao presidente Lula, tem maior apelo eleitoral do que Arlete Sampaio, mas o PT não abriu mão de ter a cabeça de chapa. Desse modo, coube ao PC do B indicar o ex-ministro para o Senado Federal, em troca do apoio à petista Arlete Sampaio. O PT aposta em sua militância para chegar ao segundo turno, mas sabe que terá obstáculos sérios em seu caminho.

A crise ética que assolou o partido, em especial no que diz respeito ao escândalo do mensalão, associada ao desgaste dos servidores públicos com a política econômica do governo Lula, pode afastar boa parte do eleitorado tido como "cativo" dos petistas. Cabe lembrar que, quando governador, Joaquim Roriz colocou em prática uma política de negociação com importantes setores do funcionalismo, como os sindicatos dos médicos e a Polícia Militar. Esses grupos, como se sabe, eram cativos da militância petista e foram cooptados por Roriz. Essa maneira de atuar pode gerar votos para Abadia, ou até mesmo para Arruda.

Os outros três candidatos, que disputarão o pleito de outubro pelos pequenos PSOL, PCO e PSDC, quase nada acrescentam ao processo sucessório.

Independentemente do nome do vencedor da disputa, são bastante claros os desafios para o futuro governador. O IBEP, Instituto Brasileiro de Estudos Políticos, conduziu uma pesquisa qualitativa, realizada entre março e abril de 2006, na qual foram apontadas as principais demandas da população local. Os entrevistados foram divididos em dez grupos. Seis desses grupos concentravam pessoas das classes C, D e E, enquanto os outros quatro eram compostos por representantes das classes A e B. Todos os entrevistados são moradores do Plano Piloto ou das cidades-satélites A pesquisa em si não aponta novidades, mas fica evidente a esperança da população na solução de seus problemas. Em geral, o sentimento é o de que Roriz realizou um governo satisfatório, mas é necessário que se dê um "salto adiante", melhorando as condições de vida de todos.

Uma questão básica diz respeito à região do Entorno. Trata-se, a rigor, da questão política do futuro. Essa região cresce mais que o restante do Distrito Federal. Há a percepção, em toda a sociedade, de que a situação de penúria e degradação crescente do Entorno acaba pressionando os serviços públicos do Distrito Federal. Essa pressão, é claro, tem como conseqüência inevitável uma redução na qualidade desses serviços, o que resulta em transtornos para a população, em especial aos mais carentes, que dependem diretamente das ações do Estado. A população das cidades-satélites, por sinal, enxerga os habitantes do Entorno como uma espécie de "estrangeiro". O próximo governo precisará se decidir entre incluir essa população residente no Entorno ou impedir, de maneira definitiva, seu ingresso no Distrito Federal. Ambos os caminhos são espinhosos e dependerão, em larga medida, de uma ação coordenada do governo local com os dos estados fronteiriços.

A pesquisa aponta as áreas de maior carência da população. Saúde, educação, geração de empregos, segurança pública, habitação e transporte público encabeçam as demandas de todos os moradores da região. Essas questões estão todas interligadas, e o que o eleitor deseja é solução rápida e eficaz para todas essas áreas.

Assim como ocorre em todo o Brasil, a imensa maioria da população do Distrito Federal depende única e exclusivamente da rede pública de saúde, mas a situação não é das melhores. Greves, falta de equipamentos e de profissionais e outros problemas impedem que se tenha um atendimento com um padrão mínimo de qualidade. O aprofundamento de um programa como o "Saúde em Casa", pelo qual o profissional de saúde fica bem mais próximo do cidadão de baixa renda, é um caminho apontado por parcela não desprezível da população. As classes médias, em geral moradoras do Plano Piloto, podem arcar com os custos da saúde privada, mas mesmo essa parcela mais favorecida da sociedade pede melhorias na saúde pública.

O mesmo se dá com a educação pública. O sistema é deficiente e registra elevados índices de repetência e de evasão escolar. Some-se a isso os salários baixos dos professores e dos demais profissionais da área e o cenário torna-se quase caótico. Nesse caso específico, boa parte dos entrevistados citou o governo de Cristovam Buarque como um modelo de gestão eficiente na área educacional. Há um sentimento de que a retomada de certos programas daquele governo seria positiva. O programa "Bolsa-Escola" é uma referência e acaba sempre sendo citado pela população. Outra sugestão é o início de um processo de informatização em massa das escolas das cidades-satélites.

Há uma clara demanda também por uma política eficaz de geração de empregos. Atualmente, sete em cada dez empregos criados no Distrito Federal são gerados no Plano Piloto, e apenas três nas cidades-satélites. Nesse sentido, boa parte dos entrevistados aponta o empresário e senador Paulo Octávio, candidato a vice de Arruda, como uma pessoa capaz de "gerar empregos". A sensação, em especial nas classes menos favorecidas, é a de que não há geração de empregos de qualidade, mas de subempregos. Muitos dos habitantes do Distrito Federal apontam a população do Entorno como culpada, ao menos em parte, pela precariedade dos empregos gerados.

As classes mais abastadas sentem a pressão gerada pelo Entorno mais diretamente na questão da segurança pública. A sensação de insegurança é disseminada. "Falta polícia", "tenho medo de sair de casa", "conheço alguém que foi assaltado com arma", são frases recorrentes nesse quesito específico. Um governo que tenha como prioridade o estabelecimento de mecanismos eficazes para a proteção do cidadão tem o respaldo de parcela significativa do eleitorado. Entre os exemplos de boa gestão nessa área está a experiência dos "Cosme e Damião", duplas de policiais que fazem a ronda por todo o Distrito Federal.

No quesito habitação, a população do Distrito Federal convive com dois problemas distintos. De um lado, os segmentos mais carentes não têm recursos para adquirir um imóvel ou mesmo alugar um local para morar. A onda de invasões, processo que se agudizou nos últimos anos, é o mais claro retrato dessa situação. A favelização de boa parte do Distrito Federal mostra isso. De outro lado, as classes médias também são diretamente afetadas pelo problema da moradia. O mercado imobiliário local é restrito e, como consequência, os preços de aluguel e venda estão bastante acima da média nacional.

A solução encontrada por muitas famílias é adquirir terrenos sem escritura, portanto irregulares, a preços e condições muito mais acessíveis. A proliferação de condomínios irregulares é um fato inegável. O que essa parcela da sociedade deseja é regularizar a situação. Os meios para que se dê essa regularização, porém, passam pela ação governamental.

Por último, a população espera por soluções rápidas no que diz respeito ao transporte público. Todos concordam que o sistema é deficiente. Poucos ônibus são postos em circulação, muitos deles velhos e sem condições de uso. A população reclama também do elevado preço das passagens. De fato, estudos mostram que o preço do transporte público no Distrito Federal é dos mais elevados do Brasil. As alternativas colocadas à disposição da população, como as vans e os chamados "automóveis piratas", carecem de segurança e não mantém rotas regulares. A população quer o estabelecimento de novas regras para o sistema de transporte público, regras essas que gerariam uma sensível melhora na qualidade desse serviço. Mais uma vez, a ação do governo será decisiva para o encaminhamento de soluções para os problemas.

Em resumo, o eleitorado sabe claramente quais são os principais problemas que afetam o cotidiano de todos e, mais ainda, parece disposto a cobrar soluções viáveis e concretas de seus governantes. É fato que os recursos disponíveis são escassos, mas a utilização racional dos mesmos pode gerar efeitos quase imediatos.

A PERCEPÇÃO DOS ELEITORES DO DF SOBRE INSTITUIÇÕES PÚBLICAS

Ricardo Wahrendorff Caldas
Leonardo Barreto

Introdução

Nos últimos quatro anos, a crise política tornou-se item prioritário na agenda política brasileira, de tal maneira que a questão da "ética" passou a ocupar papel importante nas pesquisas acadêmicas. Da mesma forma, o tema deve desempenhar papel destacado no debate eleitoral e constituir-se-á certamente em um fator importante para determinar o

---

Ricardo Wahrendorff Caldas – Economista e mestre em Ciência Política pela Universidade de Brasília e Ph.D em Relações Internacionais pela *University of Kent at Canterbury* (Inglaterra).
Leonardo Barreto – Cientista político. Mestre em Ciência Política - UnB, 2005. Professor substituto do Instituto dde Ciência Política - UnB.

voto do eleitor do Distrito Federal. Dentre as diversas conseqüências da corrupção destaca-se a criação de um cenário de crise permanente, caracterizado pela a perda de credibilidade por parte das instituições públicas e seus dirigentes.

Nesse sentido, os objetivos desse artigo são apresentar e analisar dados acerca da percepção depositada pela população do Distrito Federal nas suas instituições públicas e demonstrar que o contexto de insatisfação generalizada criado pelas recentes crises não impede a população de realizar diferenciações entre elas, atribuindo-lhes valorações, reconhecimento e papéis distintos.

Esse trabalho é essencialmente descritivo e exploratório, ainda bastante preliminar. Para tanto, foram realizadas cerca de 600 entrevistas, por meio de amostra aleatória simples estratificada por região administrativa, sexo, idade, escolaridade e renda.[1]

Neste trabalho, utilizou-se de dados primários para se obter a perspectiva do eleitor do Distrito Federal acerca das principais instituições políticas nacionais. Também são analisados dados secundários coletados pelo Instituto de Pesquisa Soma, no ano de 2005, e pelo Instituto Latinobarômeto, no ano de 2004.

Este artigo está dividido em cinco seções. A primeira seção apresenta uma breve introdução ao leitor, dando uma visão geral dos objetivos do artigo. A segunda seção faz considerações acerca do conceito e da aplicabilidade das medidas de confiança. Posteriormente, a terceira seção apresenta e analisa os dados coletados sobre a percepção da corrupção pelo eleitorado do Distrito Federal. A quarta seção discute a questão da confiança depositada nas instituições públicas pela população do Distrito Federal. Por fim, na quinta e última seção são apresentadas as conclusões gerais acerca dos resultados obtidos com as pesquisas.

Medidas de Confiança

A utilização de pesquisas de *survey* para a construção de medidas de fenômenos políticos ganhou um grande espaço com a abordagem culturalista, inaugurada nos anos 60. Almond e Verba (1965) partiam da hipótese de que a democracia possuía mais chances de se desenvolver em países detentores de uma cultura política democrática. A pesquisa empírica coletou dados acerca do comportamento político de populações de cinco países – Itália, México, Alemanha, Estados Unidos e Grã-Bretanha – e concluiu que a democracia desenvolvia-se em uma "'cultura política mista' de ativistas cívicos, sujeitos passivos e algumas pessoas sem contato com a política" (ROSE, 2002, p. 6).

As pesquisas de *survey* de atitudes e valores são largamente empregadas na produção de medidas de confiança interpessoal, associadas à democracia, pelo trabalho de Putnam (1996). As medidas de confiança são utilizadas para identificar elementos relativos aos contextos vivenciados pela população observada. A análise das relações inter-pessoais indica a existência ou não de vínculos de confiança entre os indivíduos. A presença da confiança pode significar uma facilidade maior para empreender ações coletivas, acumular e trocar experiências pertinentes ao desenvolvimento das instituições (MOISÉS, 2005, p. 39).

As medidas de confiança também são utilizadas para avaliar o grau de credibilidade das instituições públicas. Segundo Moisés (2005), as regras constitutivas das instituições estão de acordo com conteúdos normativos que os cidadãos tomam como referência para estabelecer suas funções e seu papel no funcionamento da comunidade política (MOISÉS, 2005, p. 42). A partir desses valores, a sociedade cria expectativas quanto ao desempenho das instituições e quanto ao comportamento de seus principais dirigentes e ocupantes.

Os critérios utilizados pelos entrevistados para avaliar as instituições públicas são subjetivos e nem sempre estão dentro das expectativas e previsões do pesquisador. Segundo dados obtidos junto ao instituto Latinobarômetro, os principais fatores que determinam da confiança nas instituições públicas na América do Sul dizem respeito ao tratamento isonômico que dispensam à população, o cumprimento das suas promessas e objetivos, a adequação dos serviços prestados às necessidades das pessoas, à qualidade da gestão, à transparência da gestão e da informação e às opiniões manifestadas por amigos, familiares e meios de comunicação a seu respeito.

Dessa forma, a confiança depositada ou não nas instituições sugere informações quanto à percepção da população acerca da sua performance no atendimento dos objetivos estritos aos quais se propõe, à coerência entre suas normas constitutivas e os valores prezados pela sociedade e quanto ao comportamento daqueles que desempenham a função pública.

Corrupção

Segundo Araújo (2005) a corrupção deixa de ser um tema marginal para a ciência política apenas em 1978, quando se começa a analisar seus custos para a Administração Pública e suas implicações nas economias nacionais. Dessa forma, trata-se de um campo relativamente novo e ainda há controvérsias sobre métodos e forma de medir os impactos desse problema.

No caso da América Latina, o problema da corrupção tornou-se mais debatido na medida em que os processos de democratização se aprofundaram. A abertura política, a inauguração de órgãos de controle da atividade administrativa, a liberdade dos meios de comunicação e a demanda da sociedade civil por transparência nos negócios públicos ajudou a tornar essa questão mais visível, transformando-a em um item prioritário na agenda política desses países.

As causas da corrupção são interpretadas de diversas maneiras. A perspectiva institucionalista aponta como principais responsáveis a ausência de mecanismos de controle, falhas na legislação e precariedade dos procedimentos de apuração e condenação dos acusados. Por outro lado, a visão culturalista (Putnam, 1996) percebe o fenômeno da corrupção como algo decorrente de processos histórico-culturais específicos vivenciados por alguns tipos de sociedades.

Entretanto, independente da visão adotada, a corrupção mantém correlação direta com o grau de confiança que as pessoas depositam nas instituições públicas. Segundo entendimento da corrente que trabalha esse fenômeno no âmbito da cultura política, a corrupção e a ausência de credibilidade nas instituições públicas produz um círculo vicioso: as práticas delituosas minam a confiança e a falta de confiança estimula as condutas delituosas. "Esses autores demonstram que quando os cidadãos não confiam no Estado para resolver disputas com justiça e eficiência, buscam alternativas como o pagamento de suborno e outros comportamentos corruptos" (POWER, 2003, p. 51).

Tabela 1: A corrupção aumentou no Brasil?

Aumentou	59,5%
Permaneceu Igual	31,7%
Diminuiu	6,7%
NS/NR	2%
Total	100%

Fonte: Pesquisa - IPOL

A maioria da população do Distrito Federal (59,5%) acredita que nos últimos anos houve aumento dos casos de corrupção. É importante ressaltar que o alto índice de percepção do crescimento da corrupção não significa necessariamente a existência de um maior número de casos relacionados a esse tipo de crime (apesar da probabilidade disso ter acontecido ser muito grande), mas pode ser o efeito de uma maior cobertura dada pelos meios de comunicação ou a influência de algum acontecimento recente que tenha gerado comoção pública. De qualquer maneira, esses indicadores se tornam mais preocupantes quando se observa que apenas 6,7% dos entrevistados disseram acreditar que a corrupção regrediu, o que poder ser interpretado como a ausência de uma avaliação positiva quanto às medidas adotadas para sua coibição e falta de credibilidade nas instituições responsáveis pelo seu combate.

Tabela 2: O sr(a). já presenciou uma situação envolvendo corrupção?

Sim	24,1%
Não	72,5%
NS/NR	3,4%
Total	100%

Fonte: Pesquisa - IPOL

Conforme os dados apresentados na tabela acima, 24,1% dos entrevistados admitiram já ter presenciado situações envolvendo corrupção. Trata-se de um percentual bastante significativo e oferece uma base de dados mais concreta para medir o tamanho desse fenômeno no Distrito Federal.

Tabela 3: A Corrupção Prejudica a Economia?

Sim	90%
Não	6,3%
NS/NR	3,7%
Total	100%

Fonte: Pesquisa – IPOL

Além da constatação da presença da corrupção, a população entrevistada percebe seus efeitos danosos na economia (90%) e na democracia (90,2%). Dessa forma, o cidadão demonstra compreender que os prejuízos gerados pela corrupção não são apenas de ordem contábil, mas compromete também o funcionamento das instituições políticas como um todo e retira legitimidade do regime democrático.

Tabela 4: A corrupção é ruim para a democracia?

Sim	90,2%
Não	3,9%
Não Afeta	2,5%
NS/NR	3,4%
Total	100%

Fonte: Pesquisa – IPOL

Os indicadores apresentados na tabela 5 apontam que os respondentes consideram o Governo Federal é a instância de poder mais suscetível a casos de corrupção (36,6%), seguida pelo Município (32,5%) e pelo Governo Estadual (18,4%). Apesar do Distrito Federal não estar organizado segundo essa estrutura administrativa, os dados servem para ilustrar que a população percebe a corrupção como um fenômeno universalizado, que atinge todas as esferas de poder, sejam elas nacionais, regionais ou locais.

Tabela 5: Onde ocorre mais corrupção?

Governo Federal	36,6%
Governo Estadual	18,4%
Governo Municipal	32,5%
NS/NR	12,5%
Total	100%

Fonte: Pesquisa – IPOL

Apesar da enorme abrangência que a corrupção ocupa na opinião da população do Distrito Federal, a grande maioria das pessoas não aceita esse fenômeno como um mal insanável. A corrupção pode ser combatida para 81,5% dos entrevistados, dado que indica que esta prática delituosa não é considerada uma falha intrínseca ao brasileiro e que, portanto, impossível de ser remediada. Em grande medida, acredita-se que a atuação efetiva das instituições de fiscalização e punição pode remediar o problema.

Tabela 6: A corrupção pode ser combatida?

Sim	81,5%
Não	15,2%
NS/NR	3,4%
Total	100%

Fonte: Pesquisa – IPOL

Confiança

De maneira geral, o grau de confiança nas instituições políticas na América Latina, no Brasil e no Distrito Federal são muito baixos. Power (2005) destaca que a generalização desse quadro seria o reflexo da combinação entre resultados insatisfatórios na economia, a freqüência dos escândalos de corrupção e a utilização instrumental das instituições políticas por parte dos seus dirigentes.

Entretanto, as instituições políticas compõem um universo heterogêneo, no qual realizam funções distintas, possuem desempenhos diferenciados e podem ocupar, muitas vezes, posições conflituosas e antagônicas em relação a outras instituições, como é o caso dos órgãos fiscalizadores, por exemplo.

A população consegue realizar essas diferenciações e atribui uma avaliação diferente às várias instituições públicas. As instituições legislativas obtiveram os menores indicadores de confiança, considerada a exceção dos políticos (6,6%). Câmara dos Deputados e Câmara Legislativa do Distrito Federal obtiveram ambas 13% de aprovação. Esse resultado não deixa de ser curioso quando se considera que essas duas casas concentraram, na última legislatura, os maiores escândalos políticos assim como seus processos de apuração. Desde meados de 2004 a Câmara dos Deputados sofre com o escândalo conhecido como "mensalão" que envolvia pagamentos não declarados por parte de integrantes do Partido dos Trabalhadores (PT) a parlamentares de diversas siglas em troca de apoio político. Além disso, o desempenho legislativo da Câmara Federal foi muito criticado em razão das dificuldades de mobilização e de votação de projetos de lei. Nesse caso, a responsabilidade é atribuída ao grande número de medidas provisórias emitidas pelo poder Executivo e que "trancavam" a pauta e ao difícil processo de investigação e responsabilização de parlamentares denunciados por corrupção.

Tabela 7: O sr.(a) confia nas Instituições Políticas?

Instituição/Confiança	Sim	Não	NS/NR	Total
Senado Federal	21,00%	70,10%	8,90%	100%
Câmara dos Deputados	13%	80,20%	6,80%	100%
Câmara Legislativa do DF[1]	13%	71%	16%	100%
Poder Executivo ("Governo")	30,80%	61%	8,20%	100%

Fonte: Pesquisa – IPOL

A Câmara Legislativa do Distrito Federal passou igualmente por escândalos éticos e recebeu críticas quanto à sua baixa produtividade legislativa. Problemas sobre a contratação de equipamentos eletrônicos, ameaças de morte entre deputados, envolvimento de parlamentares em homicídios, festas sexuais e atuação ilegal em secretarias do Poder Executivo parecem ter causado efeitos negativos à imagem da casa, dando ensejo inclusive a movimentos na sociedade civil pela sua extinção.

O Senado Federal obteve o melhor desempenho dentre os órgãos legislativos (21%). A diferença de 8 pontos em relação às outras duas casas podem ser explicadas pela ausência de seus parlamentares em escândalos que acometeram as outras duas instituições. Entretanto, o baixo percentual de confiança indica que o Senado pode sofrer algum reflexo das denúncias realizadas contra as outras instituições e que não possui um desempenho nas suas atividades que sirva para diferenciá-lo efetivamente dentro do cenário de desconfiança geral.

Apesar do envolvimento de membros importantes do Governo Federal nos principais escândalos de corrupção, constatou-se que o desempenho do Poder Executivo foi bastante superior ao das instituições legislativas. Isso pode ser explicado por duas variáveis: a) o processo de apuração ocorreu principalmente em comissões parlamentares de inquérito na Câmara dos Deputados e no Senado Federal, o que acarreta no envolvimento direto dos parlamentares no debate e causa um desgaste natural dos envolvidos; b) a confiança no governo está "contaminada" pelas avaliações positivas conferidas ao seu principal protagonista, o presidente Lula.

Os políticos apresentam o menor índice de confiança de todas as instituições pesquisadas (6,6%). Esse indicador sugere que a população diferencia as instituições políticas e seus ocupantes e dirigentes. Além disso, as questões éticas parecem ter um lugar de destaque junto à percepção da população, quanto às suas instituições políticas e os escândalos vivenciados podem ter contaminado toda a "classe política" e não apenas àqueles pertencentes a uma ou outra legenda.

Tabela 8: O sr.(a) confia Instituições Partidos e nos Políticos?

Instituição/Confiança	Sim	Não	NS/NR	Total
Políticos	6,60%	87,00%	6,40%	100%
Partidos	19,20%	73%	7,80%	100%

Fonte: Pesquisa – IPOL

Os partidos políticos possuem a confiança de 19,2% da população. Esse indicador demonstra a dificuldade que os partidos políticos ainda encontram para institucionalizarem-se como canais de mediação política entre a sociedade civil e as esferas governamentais.

Tomados em conjunto, a média aritmética dos valores de confiança positiva de Senado Federal, Câmara dos Deputados, Câmara Legislativa do Distrito Federal, Políticos e Partidos Políticos e o Poder Executivo ("Governo") é 18,4%. O desvio padrão foi calculado em 9,67 pontos. Esses valores demonstram que as percepções acerca desse grupo de instituições são relativamente homogêneas, à exceção dos valores discrepantes apresentados pelas variáveis "políticos" e "governo". Sugere-se que há uma identificação comum dos elementos, devido à proximidade de suas funções ou por manterem campos de atuação integrados, como as esferas legislativa e eleitoral, e que há dificuldade para distinguir e julgar essas instituições políticas a partir de parâmetros diferenciados.

Tabela 9: O sr(a). confia nas Forças Armadas?

Instituição/Confiança	Sim	Não	NS/NR	Total
Forças Armadas	67.3%	23.3%	9.4%	100%

Fonte: Pesquisa – IPOL

O segundo conjunto de instituições pesquisadas é composto por Forças Armadas, Justiça, Juízes e Polícia Federal (tabelas 3 e 4). Elas mantêm em comum o fato de não desempenharem funções essencialmente políticas, estando concentradas no ramo de atividades técnicas. Entretanto, deve-se considerar que o período 21 anos de governos militares (1964-1985) pode ter contribuído para modificar a percepção da população sobre o papel das Forças Armadas, atribuindo-lhe uma conotação político-administrativa.

As Forças Armadas, juntamente com a Polícia Federal, apresentaram o maior indicador de confiança (67,3%). Nesse caso, deve-se verificar se os parâmetros utilizados para avaliar a instituição militar (não houve desagregação entre Exército, Marinha e Aeronáutica) estão mais ligados ao passado e ao exercício da função político-administrativa ou se estão restritos ao cumprimento dos deveres constitucionais de defesa do País de ameaças externas. Considera-se ainda que o emprego recente das Forças Armadas como órgãos de segurança pública em situações de crise, prestador de serviços de saúde (intervenção federal nos hospitais municipais da cidade do Rio de Janeiro em 2005) e de força de paz em países em reconstrução (mais notadamente no Timor Leste e no Haiti) podem contribuir para alargar o conjunto de atividades e de expectativas que a população lhes confere. Além disso, para os entrevistados, o militares aparentam ter um conteúdo ético que os políticos não possuem.

A Justiça e os Juízes apresentam resultados próximos, 40,9% e 42,2% respectivamente. Nesse caso, levanta-se a hipótese de que os entrevistados não realizam uma separação marcante entre as duas instituições. É provável que a morosidade do judiciário e as acusações de nepotismos realizadas pelo Conselho Nacional de Justiça afetem tanto a avaliação da justiça como conjunto de instâncias e regras para prestação jurisdicional quanto dos juízes como seus dirigentes e principais protagonistas.

Tabela 10: O sr.(a) confia nas seguintes Instituições?

Instituição/Confiança	Sim	Não	NS/NR	Total
Justiça	40,90%	49,60%	9,40%	100%
Juízes	42,20%	49,30%	8,50%	100%
Polícia Federal	67,30%	25,60%	7,10%	100%

Fonte: Pesquisa – IPOL

A Polícia Federal possui a confiança de 67,3% da população entrevistada. Esse dado constituiu uma surpresa para esse estudo, dado à tradição de desconfiança nas instituições policiais. Por exemplo, segundo dados do Instituto Latinobarômetro, o indicador médio de confiança das polícias latino-americanas nos últimos oito anos é de 32%[2]. Em grande medida, o bom desempenho dessa instituição pode ser explicado por dois fatores. Nos últimos anos a Polícia Federal protagonizou as ações mais bem sucedidas no combate ao crime organizado e à corrupção, ganhando um destaque bastante positivo nos meios de comunicação. Além disso, o serviço prestado pela Polícia Federal é de natureza e abrangência diferenciada das polícias civil e militar, não atuando no combate à criminalidade comum, que está mais presente no cotidiano das pessoas e, conseqüentemente, é mais percebida pela população.

A média de avaliação positiva obtida por Justiça, Juízes e Polícia Federal chega a 50,1%, 31 pontos acima da média de confiança depositada nas casas legislativas e nos políticos e partidos (14,56%). Esse dado demonstra que, nesse caso, a população realiza uma diferenciação bastante clara entre os órgãos políticos e judiciários, depreendendo o caráter heterogêneo do universo das instituições públicas.

Tabela 11: O sr.(a) confia Instituições de Controle Administrativo?

Instituição/Confiança	Sim	Não	NS/NR	Total
CGU	18,80%	11,20%	69%	100%
TCU	25,10%	14,90%	60%	100%

Fonte: Pesquisa – IPOL

Os indicadores da Tabela 11 apontam o grau de confiança conferido à Controladoria Geral da União (18,8%) e ao Tribunal de Contas da União (25,1%), órgão de controle interno vinculados ao Poder Executivo e ao Poder Legislativo respectivamente. Desperta atenção os indicadores de respostas *Não Sabe/Não Respondeu*, o que indica um baixo nível de conhecimento da existência e das atividades desenvolvidas por estas instituições. Dessa forma, a avaliação negativa encontrada deriva mais do desconhecimento do que de um julgamento contrário quanto ao desempenho suas atribuições.

Conclusões

Os objetivos desse estudo eram: I) apresentar e analisar dados quanto à percepção das instituições e da corrupção pela população do Distrito Federal; II) apresentar e analisar dados quanto o grau de confiança que a população do Distrito Federal deposita nas suas principais instituições públicas e; III) demonstrar que o contexto de insatisfação generalizada criado pelas recentes crises não impede a população de realizar diferenciações entre elas atribuindo-lhes valorações, reconhecimento e papéis distintos.

Os dados sobre a percepção da corrupção por parte da população pesquisada do Distrito Federal sugerem cautela aos analistas e tomadores de decisão. A corrupção é vista como um mal que acomete todas as instâncias de governo e tem crescido ou despertado uma maior atenção do público ultimamente. Percebe-se que ela gera prejuízos econômicos, institucionais e compromete o funcionamento do sistema político. Entretanto, o problema não é encarado de maneira conformista. A grande maioria dos entrevistados (81,5%) acredita que a corrupção pode ser combatida, dado que pode indicar uma predisposição maior das pessoas para apoiar iniciativas nesse sentido.

Os indicadores de confiança desenham uma situação preocupante no Distrito Federal. Nesse sentido, os percentuais sugerem uma correlação negativa entre envolvimento em casos de corrupção e confiança política: as instituições que mais possuem membros denunciados por comportamentos desviantes, tais como a Câmara do Deputados e a Câmara Legislativa do Distrito Federal, obtiveram as menores taxas de confiança, em torno de 13% em ambos os casos.

As duas instituições que se inter-relacionam com a Classe Política mais bem avaliadas foram as Forças Armadas e a Polícia Federal, ambas com 67,3% de credibilidade positiva[3]. Ambas são associadas com elementos anti-partidários e anti-corrupção, respectivamente. Os Militares ainda são reconhecidos por parcela da população como detentores de uma reserva ética e continuam sendo lembrados como a alternativa mais direta aos Políticos Profissionais (Latinobarômetro, 2004). Por sua vez, a Polícia Federal tem ganhado ultimamente bastante destaque positivo por parte dos meios de comunicação devido a operações bem-sucedidas empreendidas contra o crime organizado.

Por fim, a correlação negativa entre corrupção e confiança também serve para demonstrar que, por mais que exista a generalização de um contexto de crise ética, a população realiza distinções e distribui responsabilidades em escalas diferentes entre as diversas Instituições Públicas. O reconhecimento dessa heterogeneidade apresenta-se na diferença substantiva dos indicadores de confiança obtidos pelas instâncias políticas e pelas instâncias encarregadas de apuração dos crimes, tais como a Polícia Federal, cuja imagem não foi atingida pela crise. Por outro lado,

---

[1] Os dados foram coletados por alunos do curso de Ciência Política e de Relações Internacionais da Universidade de Brasília (UnB) em junho de 2006 para as disciplinas Teoria da Corrupção e Teoria Política Contemporânea (TPC), ambas integrantes do currículo de graduação do Instituto de Ciência Política (IPOL) no primeiro semestre de 2006.

[2] Dados de 2004.

[3] Fora da classe política, as profissões/instituições mais bem avaliadas foram: o Corpo de Bombeiros, os Professores e os Médicos, nesta ordem.

instituições como o TCU e o CGU, que deveriam investigar acusações de corrupções e desvios de verbas públicas, não tiveram seus trabalhos avaliados pela população, que ignoram ou desconhecem suas atribuições, atividades ou o resultado das mesmas.

Referências

ALMOND, Gabriel; VERBA, Sidney. *The Civic Culture*. Boston/Toronto: Little, Brown and Company, 1965.

ARAUJO, Marcelo; SANCHEZ, Oscar Adolfo. Corruption and the state's internal controls. *Lua Nova*, May/Aug. 2005, nº 65, p. 137-173.

LATINOBARÓMETRO. *Informe-Resumen Latinobarómetro 2004. Una década de mediciones*. Santiago: Corporación Latinobarômetro, 2004.

MOISÈS, J. A. A Desconfiança nas Instituições Democráticas. *Opinião Pública*. Mar. 2005, vol. XI, nº 1, p. 33-63.

POWER, Timothy J.; GONZALEZ, Júlio. Political culture, social capital and perceptions of corruptions: quantitative research at a world level. *Rev. Sociol. Polit.*, nov. 2003, nº 21, p. 51-69.

POWER, Timothy J.; JAMISON, Giselle D. Desconfiança política na América Latina. *Opin. Publica*, mar. 2005, vol. 11, nº 1, p. 64-93.

PUTNAM, Robert D. *Comunidade e Democracia*: a experiência da Itália moderna. Tradução de Luiz Alberto Monjardim. Rio de Janeiro: Fundação Getúlio Vargas, 1996.

ROSE, Richard. Medidas de Democracia em Surveys. *Opinião Pública*, 2002, vol. VIII. nº 01, p. 1-29.

Esta obra foi composta em Garamond e impressa na Estação Gráfica,
no sistema off-set sobre papel alto-alvura 75g/m2,
com capa em papel cartão supremo 250g/m2.